das aktuelle
Ullstein Buch

das aktuelle Ullstein Buch
Ullstein Buch Nr. 34525
im Verlag Ullstein GmbH,
Frankfurt/M – Berlin – Wien

Originalausgabe

Umschlagentwurf:
Hansbernd Lindemann

Printed in Germany 1981
Gesamtherstellung: Mohndruck
Graphische Betriebe GmbH, Gütersloh
ISBN 3 548 34525 5

November 1981

CIP-Kurztitelaufnahme
der Deutschen Bibliothek

Vilmar, Fritz:
Was heißt hier kommunistische Unterwanderung? Eine notwendige Analyse – u. wie d. Linke darauf reagiert / Fritz Vilmar. In Zusammenarbeit mit Wolfgang Rudzio u. Manfred Wilke. – Orig.-Ausg.
– Frankfurt/M; Berlin; Wien: Ullstein,
1981. (Ullstein-Buch; Nr. 34525: Das aktuelle Ullstein-Buch)
ISBN 3-548-34525-5
NE: GT

Fritz Vilmar

in Zusammenarbeit
mit Wolfgang Rudzio
und Manfred Wilke

Was heißt hier kommunistische Unterwanderung?

Eine notwendige Analyse – und wie die Linke darauf reagiert

das aktuelle
Ullstein Buch

Wir wehren uns dagegen, wenn durch eine Bündnis-Kaderpolitik in den Gewerkschaften Positionen hoffähig gemacht werden sollen, die die Zusammensetzung unserer Mitgliedschaft in keiner Weise repräsentieren und bei einer offenen Auseinandersetzung auch keine Chance hätten, mehrheitsfähig zu werden.

Heinz Oskar Vetter
Referat im IG Metall-Bildungszentrum Sprockhövel, am 18. 10. 1979 (vgl. S. 66)

Biedermann: Sie versprechen es mir aber: Sie sind aber wirklich kein Brandstifter?

Schmitz muß lachen

. . .

Chor: Blinder als blind ist der Ängstliche,
Zitternd vor Hoffnung, es sei nicht das Böse,
Freundlich empfängt er's.
Wehrlos, ach, müde der Angst,
Hoffend das beste . . .
Bis es zu spät ist.

Max Frisch
(Biedermann und die Brandstifter)

Inhalt

Nachträge

Zusammenfassung als Vorwort

Nach dem »Marsch der DKP durch die Institutionen«[1] ist eine zweite Analyse, mit konkreten gesellschaftspolitischen Schlußfolgerungen, zum Problem kommunistischer Unterwanderung notwendig geworden, weil allzu viele linke »Biedermänner« sich taub und stumm zu stellen versuchen – und allzu viele kommunistische »Brandstifter« sich als Feuerwehrleute tarnen.
Bevor ich die Hauptinhalte dieser 4teiligen Antwort an die »Biedermänner« und die »Brandstifter« vorstelle, ist es notwendig, den Begriff der *Unterwanderung* zu klären. Seine Verwendung ruft insbesondere in »linken« Kreisen regelmäßig Stirnrunzeln hervor – als sei man einem Klischee des emotionalen Antikommunismus zum Opfer gefallen. Hier gilt es, genauer zu unterscheiden. Natürlich wird der Begriff zum inhaltsleeren diffamatorischen Klischee, wo allein schon die Anwendung radikalsozialistischer Kategorien der Sozialkritik (z. B. »Klassenkampf«) oder sozialer Neuordnung (z. B. »Sozialisierung der Produktionsmittel«) einer Gruppe den Verdacht kommunistischer Unterwanderung einträgt. Präzisen Inhalt jedoch hat der Begriff überall dort, *wo innerhalb einer Gruppe oder Organisation eine von außen gesteuerte Minorität* – egal welcher Couleur –, *ohne ihre politische Identität offenzulegen und nur mit Hilfe dieses Unerkanntbleibens Machtpositionen erobert.* Von dieser Definition ist hier auszugehen.

Nun hat im Januar '80 das Mitglied des DKP-Parteipräsidiums, Ludwig Müller, den scheinbar plausiblen – seither von vielen DKP-Bündnispartnern wiederholten[2] – Einwand gebracht, Arbeitnehmer könnten eine Arbeitnehmerorganisation gar nicht unterwandern, das wäre genauso unsinnig wie die Behauptung, der HSV würde von Fußballspielern unterwandert. Der 1. Vorsit-

---

[1] O. Flechtheim, W. Rudzio, F. Vilmar, M. Wilke, Der Marsch der DKP durch die Institutionen. Sowjetmarxistische Einflußstrategien und Ideologien. Fischer-TB, Frankfurt 1980. Da ich auf viele dort bereits analysierte Tatbestände hier nur verweisen und die Gegenkritik berücksichtigen will, bitte ich den Leser um Verständnis, daß häufiger auf dieses Buch (zitiert als »Marsch der DKP . . .«) Bezug genommen werden muß. Für den Interessierten empfiehlt es sich unbedingt, diesen grundlegenden »Basistext« zur Kenntnis zu nehmen.

[2] Vgl. z. B. Richter/Pinkall, in: Der Gewerkschafter (Funktionärsorgan der IG Metall) 1/81, S. 48.

zende der IG Chemie hat demgegenüber eine Definition und Erläuterung von »kommunistischer Unterwanderung« in den Gewerkschaften formuliert, die sich mit der hier formulierten weitgehend deckt und sie konkretisiert[1]: »Es ist gesagt worden: ›Arbeitnehmer können eine Arbeitnehmerorganisation nicht unterwandern.‹ Natürlich sind die allermeisten KP-Funktionäre Arbeitnehmer. Sie sind aber andere Arbeitnehmer als die Mitglieder und Anhänger demokratischer Parteien.

Ohne Zweifel können Arbeitnehmer, die politische Auffassungen haben, die zu gewerkschaftlichen Grundauffassungen im Widerspruch stehen, unsere Arbeitnehmerorganisationen im Sinne dieser abweichenden Auffassungen unterwandern. Ich verstehe unter ›unterwandern‹ dabei:

a) ein Ausmaß an Einfluß zu gewinnen, das der zahlenmäßigen Stärke dieses Einflusses (d. h., derer, die diesen Einfluß ausüben innerhalb einer Organisation; F. V.) nicht entspricht.
b) Einfluß auf die gewerkschaftlichen Entscheidungen zu nehmen, der nicht von den Interessen der Mehrheit unserer Mitglieder ausgeht, sondern von den Interessen und von den Aufträgen einer Partei oder politischen Gruppierung.

Der Hinweis ›das tun die Mitglieder anderer Parteien auch‹ geht an der Sache vorbei. Die Mitglieder anderer Parteien tun es aus eigener Erkenntnis und nach eigenem Entschluß. Sie tun es sowohl in die eigene Partei hinein wie in die Gewerkschaften. DKP-Mitglieder haben in die eigene Partei hinein keinen Einfluß. Nach dem Prinzip des ›demokratischen Zentralismus‹ entscheidet die jeweilige Parteispitze, was die Mitglieder zu denken und zu tun haben. Die Parteispitze wiederum tut und denkt das, was die KP der UdSSR will. Mitglieder der DKP können nur Meinungen und Auffassungen ihrer Partei in den Gewerkschaften vertreten, und sie tun das nicht nur, sie müssen das tun, wenn sie nicht gegen die Disziplin ihrer Partei verstoßen wollen.«

Kommen wir nun zum Aufbau dieses Buches:

Zur Einleitung scheint es mir spannend und fair zugleich zu sein, unsere Kritik mit den Ansichten zu konfrontieren, die zwei prominente Vertreter des Sowjetmarxismus in einem öffentlichen Streitgespräch (im NDR) dagegen formulierten. Das Streitge-

---

[1] Karl Hauenschild, Zur Situation und zur Diskussion in der und um die IG Chemie-Papier-Keramik, in: Gewerkschaftliche Umschau 1/81, Dokumentation S. VI.

spräch macht bereits zentrale Kontroversen deutlich: die Rolle der Sowjetkommunisten in der Einheitsgewerkschaft, ihre »Bündnis«-Politik im Schatten ideologisch-politischer Hegemonie der Sowjetunion und ihre damit gegebene fatale anti-reformsozialistische Wirkung im gewerkschaftlichen und allgemeinen Bildungsbereich.

In den folgenden Teilen geht es in die Details. Das Problem kommunistischer Unterwanderung ist in den Gewerkschaften mehr unter den Teppich gekehrt als in Angriff genommen worden. Dies wird *im 1. Teil* aufgezeigt: die wichtigsten Unterwanderungstatbestände werden zusammenfassend dargestellt, um aufgrund dessen – gegen erschreckende Tabuisierungstendenzen – deutlich zu machen, daß die Auseinandersetzung um den sowjetkommunistischen[1] Einfluß in den Gewerkschaften (wie auch in Hochschulen u. Jugendgruppen etc.) weder durch unsere obengenannte Analyse (»Marsch der DKP ...«), noch durch die Präambel des neuen DGB-Grundsatzprogramms beendet worden ist. Sie steht den Verantwortlichen und Betroffenen erst noch *bevor* – ganz im Gegensatz zu verbreiteten Wunschvorstellungen, die ausgerechnet der »Vorwärts«-Redakteur Rudi Mews artikulierte: das Votum dieses Programmkongresses gegen eine Einbeziehung der Kommunisten in die Tradition der Einheitsgewerkschaft (vgl. S. 67ff.) habe »das Schreiben weiterer Bücher über die angebliche (!) kommunistische Unterwanderung des DGB unnötig gemacht« (Vorwärts v. 19. 3. 81, S. 9f).

Was dieser 1. Teil bloßlegt, ist im Grunde ein handfester Skandal: Aufgrund der bekanntgewordenen bedrohlichen Unterwanderungstatbestände (Kap. 1.1) sind die so gern als »bürgerlich« abqualifizierte Presse und einige ebenso billig als »rechts stehend« abgetane Gewerkschaften (IG Bergbau, IG Chemie, IG Bau, ÖTV) zwar ernsthaft und sachlich auf die von uns und anderen aufgedeckten Erfolge der Sowjetkommunisten in den Ge-

---

[1] Um der Klarheit der Begriffe willen ist es notwendig, nicht einfach von kommunistischen, sondern von sowjetkommunistischen Organisationen und Strategien zu sprechen, da der von der Sowjetunion gesteuerte und sie als führende Macht anerkennende Kommunismus streng etwa von eurokommunistischen, trotzkistischen oder sinokommunistischen Positionen zu unterscheiden ist. Ebenso ist Sowjetmarxismus genau von unabhängigen marxistischen Positionen zu unterscheiden: Für Sowjetmarxisten dient der marxistische Sprachgebrauch immer wesentlich auch zur Rechtfertigung sowjetischer Politik.

werkschaften eingegangen; relevante linksliberale bzw. linke Organe und Organisationen jedoch versuchten unsere Analysen entweder totzuschweigen oder – mit stereotyp wiederkehrenden Klischees – als »rechtssozialdemokratisch«, »unseriös« und gegen die Einheitsgewerkschaft gerichtet unglaubwürdig zu machen, um auf diese Weise von der dargestellten Gefahr und der offensiven Auseinandersetzung mit der sowjetkommunistischen Unterwanderung in gewerkschaftlichen Teilbereichen abzulenken.

Gleichzeitig wird in diesem 1. Teil (1.2.4.) auf die in Details durchaus berechtigte Kritik an unserem Buch »Der Marsch der DKP durch die Institutionen« eingegangen. Darüber hinaus ist bereits das als Einleitung dokumentierte Streitgespräch mit zwei Vertretern des Sowjetmarxismus hervorragend geeignet, grundlegende Kontroversen zur Sprache zu bringen.

Im *zweiten* Teil wird – in exemplarischen Fallstudien – auf wesentliche, von sowjetmarxistischer Indoktrination und sowjetkommunistischer Unterwanderung bedrohte gesellschaftliche Bereiche *außerhalb der Gewerkschaften* aufmerksam gemacht: auf bestimmte Hochschulen – auf »antifaschistische« und »Friedens«-Erziehung in Schulen – auf publizistische Indoktrination – auf die Unterwanderung in der Friedensbewegung und die sowjetmarxistische Fraktion bei den Jungsozialisten (die um ein Haar im Juni 1981 ihren Kandidaten – K.-P. Wolf aus Berlin – als Juso-Bundesvorsitzenden durchgebracht hätte!). Dieser 2. Teil zeigt in besonderer Weise, durch seine Methode der *Falldarstellungen,* welch immense *systematische* Analysenarbeit in den genannten gesellschaftlichen Bereichen, was sowjetkommunistischen Machtgewinn betrifft, noch zu leisten ist (die Einführungen zu den exemplarischen Fällen geben davon einen Begriff).

Im *dritten* Teil wird versucht, *das vielleicht Wichtigste* wenigstens in Umrissen herauszuarbeiten: Wie kann es überhaupt zur kommunistischen Unterwanderung kommen, wenn nur 0,3% der Bürger für die (Sowjet-)Kommunisten optieren?

Hier habe ich mich, als einer der Begründer der Theorie einer sozialistischen Reform durch gesamtgesellschaftliche Demokratisierung[1], zu der überaus schmerzhaften soziologischen Erkenntnis durchringen müssen, daß *die politische Apathie, das Nicht-En-*

---

[1] Vgl. Fritz Vilmar, Strategien der Demokratisierung, 2 Bände, Darmstadt (Luchterhand) 1973.

gagement der großen Mehrheit (von Gewerkschaftern, Parteimitgliedern, Studenten, [Hochschul]-Lehrern etc.) *sehr kleinen, aber hochaktiven Minderheiten (»Kadern«) erlaubt,* Demokratisierung ad absurdum zu führen, indem sie unverhältnismäßig großen Einfluß, schließlich Mehrheiten und Führungspositionen in Gremien, Initiativen, Friedensbewegungen, »Vollversammlungen«, Verbandstagen erringen.

Das Schicksal der britischen Labour-Party ist das aktuell-bedrohlichste Exempel einer solchen Machtübernahme; es zeigt zugleich (wie auch das vorangestellte Münchner Beispiel!), daß das »Durchregieren« von hochaktiven Kadern aufgrund der Apathie der Mehrheit keineswegs allein für *sowjetkommunistische* Gruppierungen typisch ist.

Damit ergibt sich, im *vierten,* abschließenden Teil, notwendigerweise die Frage: Was tun? *Soll die für eine friedliche und demokratische Reform der Gesellschaft grundlegende Konzeption innerorganisatorischer und innergesellschaftlicher Basis-Demokratisierung in wesentlichen Bereichen mangels aktiver Basis durch hochaktive Minderheiten zum Scheitern gebracht werden?*

Solange diese aktiven Minderheiten in ihrer politischen *Grund*haltung in etwa der ihrer »apathischen« Basis entsprachen, blieb das »Basis-Dilemma« der Demokratisierung verdeckt und ungefährlich: Es gab – und gibt – die Hoffnung, daß immer größere Minderheiten in (Hoch-)Schulen, Partei- und Gewerkschaftsorganisationen, Bürgerinitiativen, Friedenskampagnen und in den dort entscheidenden »VVs« (Vollversammlungen) bzw. Gremien allmählich die *Idee* der Basisdemokratie zu gelebter Wirklichkeit bringen werden.

Wo immer aber solche Bedingungen sich *nicht* entwickeln, statt dessen intern straff organisierte, ideologisch extreme, der politischen Einstellung der großen Mehrheit entgegengesetzte (daher meist sich gut tarnende) Aktivistenkader in den genannten gesellschaftlichen Teilbereichen zunehmend Macht gewinnen, dort findet nicht Demokratisierung statt, sondern lediglich die Ablösung der *alten* Machteliten durch *neue* – im Falle der ferngelenkten Sowjetkommunisten und ihrer Bündnispartner: weitaus gefährlichere. Im 4. Teil werden demgemäß konkrete Vorschläge zur Diskussion gestellt, wie verhindert werden kann, daß solche extremistischen Aktivistenkader

a) unerkannt, »unidentifizierbar« (I. Brusis) bleiben und

b) durch eine *Pseudobasis,* d.h. zufällige »VVs«, selbsternannte Gruppensprecher, Geschäftsordnungstricks etc. sich eine verfälschte »basisdemokratische« Legitimität und Gremienmacht verschaffen.

Einige wichtige Informationen, die mich erst erreichten, als das Manuskript bereits gesetzt war, sind als »Nachträge« angefügt, auf die im Text verwiesen wird.

Das Buch entstand wiederum in enger Zusammenarbeit mit Manfred Wilke und vor allem mit Wolfgang Rudzio, der nicht nur die Uni-Oldenburg-Analyse (2.1.) beisteuerte, sondern große Teile des Textes kritisch gegenlas. Gedankt sei ferner Klaus Rainer Röhl, der als Betroffener und Zeuge kommunistischer Unterwanderung wichtige persönliche Erfahrungen (vgl. 2.3. u. 2.4.) beisteuerte, sowie den »undogmatischen« Jusos in Berlin, die endlich darangegangen sind, den Stamokap-Jusofilz in Berlin zu analysieren und ihm eine demokratisch-sozialistische Alternative gegenüberzustellen (2.5. u. 4.2.)

Ein besonderer Dank gebührt Dr. Klaus Wippermann (Redaktion der »Beilage« zum »Parlament«): Seine Zusage, die wichtigsten Analyseergebnisse und Reaktionen in der »Beilage« zu publizieren, gaben den Hauptanstoß zu dieser Arbeit, die dann freilich weit über einen Aufsatz hinauswuchs; einige Essentials aber erscheinen nun als Vorabdruck im Oktober in der »Beilage« und ermöglichen damit eine breite Nutzung in der politischen Bildungsarbeit, die durch die Buchausgabe allerdings wesentlich fundamentiert und konkretisiert wird.

Berlin und Saas-Grund, im Sommer 1981 Fritz Vilmar

Zur Einleitung:

Ein Streitgespräch mit zwei prominenten Sowjetmarxisten[1]

Moderator: Ihre Thesen vom »Marsch der DKP durch die Gewerkschaften« hat Detlef Hensche von der IG Druck und Papier kritisiert – ja er hat sie als ein »Produkt verwirrter Geister« bezeichnet. Lassen Sie mich etwas sachlicher beginnen. 30 000 DKP-Mitglieder im Deutschen Gewerkschaftsbund, der 8 Millionen Mitglieder zählt – ein Anteil also von weniger als 0,4%. Welches Unheil also kann nach diesem Kongreß und seinen Beschlüssen von dieser Minderheit ausgehen, Herr Vilmar?

Vilmar: Ja, ich glaube, da ist zunächst einmal ein Trick von dem Herrn Hensche (im Vorspann; F. V.) benutzt worden, indem er sagte, man spricht von Unterwanderung *des* DGB. Und das stimmt nicht. Dies ist von keinem Kritiker je behauptet worden – und deshalb ist auch seine Kritik Unsinn. Richtig ist, daß es erhebliche und sehr erfolgreiche Einflußstrategien *in bestimmten Bereichen*[2] gibt; daß es beispielsweise bereits 1977 einen DGB-Jugendkongreß, eine Jugendkonferenz gab, wo man sich mit Mehrheit geweigert hat, eine Solidaritätsadresse für Bahro zu verabschieden; wo man sich geweigert hat, eine kritische Resolution gegenüber der Sowjetunion zu den Weltjugendfestspielen zu verabschieden. Wahr ist, daß Heinz Oskar Vetter 1979 bei dem Anti-Kriegstag ausgepfiffen worden ist, als er den Hitler-Stalin-Pakt erwähnte. Richtig ist, daß es in den beiden Funktionärshochschulen des DGB – hier in Hamburg in der Hochschule für Wirtschaft und Politik und in der AdA (Akademie der Arbeit) in Frankfurt – nachweislich ganz erhebliche und nicht zurückgewiesene sowjetmarxistische Strömungen gibt; daß beispielsweise in Frankfurt

---

1 Streitgespräch zwischen den Professoren Frank Deppe (Uni Marburg), Josef Schleifstein (DKP-Institut für Marxismus-Lenismus-Studien), Wolfgang Rudzio (Uni Oldenburg) und Fritz Vilmar im 3. Programm des NDR-Fernsehens; Moderation: Lutz Mahlerwein und Rudi Lauschke. (Einleitung: Filmausschnitte des NDR-Fernsehens aus dem DGB-Kongreß und einem Interview mit Heinz Oskar Vetter – auf sie wird im Gespräch Bezug genommen.) Das Gespräch wurde am 18. 3. 81 gesendet.

2 Die hier nur auszugsweise und stichwortartig benannten Fakten werden S. 35–56 genauer erläutert.

eine angebliche Trotzkistin in einer zynischen Weise in einem Sketch angesprochen worden ist, ohne daß die Leitung oder die Mehrheit der Hörer gegen eine solche Anfeindung einer Andersdenkenden protestiert hätte; daß beispielsweise in dem großen Bildungszentrum Sprockhövel der IG Metall fast geschlossen die Referenten für den nun als ein heftiger Vertreter eines DKP-Bündnisses bekannten Prof. Abendroth eine Resolution mitunterschrieben haben, nachdem Peter von Oertzen ihn kritisiert hatte wegen opportunistischer Äußerungen zu Bahro –

Moderator: – ich befürchte, wir kommen ein bißchen ab von der letzten Frage –

Vilmar: – das Problem also, das ich klarmachen wollte, ist, daß es hier nicht um *den* DGB geht; sondern es geht darum, daß in sehr entscheidenden Bereichen, und zwar im Bildungsbereich, im Jugendbereich, hier doch ein sehr mächtiger Einfluß deutlich geworden ist – auch durch ganz bestimmte Bücher – und daß man dies nicht als unwichtig abtun kann. Darauf kam es mir an. Nicht die Quantität macht es. Sie haben die kleinen Zahlen genannt – das ist aber vollkommen unwesentlich; sondern wesentlich ist, ob an Schaltstellen einer Organisation Einfluß ausgeübt wird, und da ist es egal – da können 100 oder 200 oder 1000 Leute außerordentlich viel Unheil oder falsche Ideologie anrichten.

Moderator: Ein ganzes Bündel von Details, Herr Vilmar, das Sie angeführt haben. Ich möchte allerdings ganz gern noch etwas bei dem außerordentlichen Kongreß des DGB verweilen ... Der Kongreß hat unter anderem beschlossen – in seiner Präambel –, daß ein Mehrparteiensystem, daß die parlamentarische Demokratie für jeden Gewerkschafter verbindlich sei. Es ist auch beschlossen worden, daß die Einheitsgewerkschaft nicht ... gespeist wird aus einer kommunistischen Quelle. Können DKP-Mitglieder mit diesen Erklärungen, die ja sicherlich für mehrere Jahre verbindlich sind, leben – Herr Schleifstein?

Schleifstein: Ja – sie können sicherlich damit leben; nur beantwortet das natürlich nicht die Frage, ob diese Feststellungen richtig sind oder ob sie falsch sind – ob sie mit der historischen Wahrheit übereinstimmen oder nicht. Es ist absolut unrichtig, zu behaupten, daß die Einheitsgewerkschaft nicht auch aus der Tradition der Kommunisten herrührt. Das läßt sich sowohl beweisen damit, daß die Kommunisten als *erste* nach 1933 – 1935 auf ihrem Brüsseler Parteitag – für die Einheitsgewerkschaften eingetreten sind; aber es läßt sich praktisch auch dadurch beweisen – und ich bin ein Augenzeuge für diesen Beweis –, daß in den Emigrationsländern, in Großbritannien, in Schweden, die Vorbereitungen für künftige Einheitsgewerkschaften von Kommunisten gemeinsam mit Sozialdemokraten und anderen getroffen wurden: in Großbritannien, in London, wo ich in der Emigration war, durch die Gruppe deutscher Gewerkschafter. Man kann das noch erweitern dadurch, daß der berühmte Schwur von Buchenwald – der die Forderung nach Einheitsgewerkschaften enthielt –, daß dieser Schwur ein gemeinsamer Schwur von Sozialdemokraten, Kommunisten und Christen war. – Und was die Situation nach 1945 betrifft, so haben die Kommunisten einen großen Anteil am Aufbau der Einheitsgewerkschaft gehabt – man könnte das durch Dutzende von Namen illustrieren –, und kommunistische Arbeitsminister in Nordrhein-Westfalen, in Hessen und in anderen Ländern in Koalitionsregierungen mit Sozialdemokraten und Christdemokraten haben sehr viel getan, um auf sozialrechtlichem und arbeitsrechtlichem Gebiet die ersten Schritte in einer fortschrittlichen Richtung mitzugestalten.

Moderator: Wenn das tatsächlich so ist, dann spricht ja die Beschlußlage diesen historischen Gegebenheiten hohn. Verletzt das nicht Einheitskommunisten?

Schleifstein: Ja, sicher verletzt einen das. Das verletzt sehr viele Kommunisten, und ich glaube auch keineswegs, daß alle Sozialdemokraten mit diesem Beschluß einverstanden waren – und ich möchte folgendes hinzufügen: Leider hat ja Heinz Oskar Vetter das, was er in seiner Rede gesagt hat – nämlich zu den gemeinsamen Traditionen des Widerstandes, die die Gewerkschaften pflegen, und wo er die Kommunisten ausdrücklich genannt hat –, leider hat er das in dem Interview (im Vorspann der Sendung; F. V.) nicht wiederholt.

Rudzio: Ich glaube, Herr Schleifstein, Sie haben doch ein wenig ausgeblendet – nämlich die Weimarer Republik und die damalige Position und Haltung der Kommunisten in und zu den Gewerkschaften: etwa, indem man eigene Gewerkschaften bildete – die »Revolutionäre Gewerkschaftsopposition« –, dann die Politik wieder wechselte; dann mit der Parole die Arbeiterbewegung vollends spaltete, die Sozialdemokraten seien Sozialfaschisten. Dies alles hat ja dann schließlich den Hintergrund abgegeben für den berühmten Streik bei der Berliner Verkehrsgesellschaft kurz vor der Machtergreifung, bei dem Nationalsozialisten und Kommunisten gemeinsame Front gegen Sozialdemokraten machten. Dies alles muß man auch sehen! – Und zweitens: Sie blenden aus, was nach 1945 in Osteuropa und auch im östlichen Teil Deutschlands mit freien Gewerkschaften geschah – daß sie nämlich ihre Funktion als unabhängige Gewerkschaften – und als solche versteht sich der DGB – nun dort verloren haben. Sie wurden umfunktioniert zu Transmissionsriemen der herrschenden Staatspartei. Auch *dies* sind kommunistische Traditionen der Gewerkschaften, und diese machen es verständlich, daß Vetter – meines Erachtens zu Recht – sagt, daß bestimmte inhaltliche kommunistische Positionen mit einer freien Gewerkschaft nicht vereinbar sind. Das heißt nicht, daß jetzt *Personen* ausgeschlossen werden müssen. Es geht vielmehr um *Positionen, um Inhalte* – nicht um den Ausschluß von Personen. Es scheint mir unzweifelhaft, daß unabhängig vom Parteibuch jedermann Mitglied dieser DGB-Gewerkschaften sein kann – mit den Eingrenzungen, die Vetter genannt hat. Aber es geht um die Klarheit von Positionen.

Moderator: Herr Deppe, Sie haben ja nun auch eine Geschichte der Gewerkschaftsbewegung mitgeschrieben, in der Sie ja mit Kommunisten – nun, sagen wir einmal: sehr zart – umgehen. Sicherlich sind Sie anderer Meinung?

Deppe: Da bin ich sicher anderer Meinung! Wir haben in dieser Gewerkschaftsgeschichte Fehler der Kommunisten, z. B. die, die von Herrn Rudzio gerade angesprochen worden sind, benannt und kritisiert. Wir haben diese Fehler in den Zusammenhang eines geschichtlichen Ablaufs gestellt – und das berührt die Problematik, die wir diskutieren, und das berührt auch die Problematik Ihres Buches (»Der Marsch der DKP durch die Institutionen«; F. V.). In Ihrem Buch wird nirgendwo historisch-genetisch argumentiert. Es ist aber wichtig, daß man die Fehler und die Selbstkritik von Kommunisten zu diesen Fehlern in die historischen Zusammenhänge stellt und z. B. fragt: Was hat eigentlich diese Fehler – auch in der Weimarer Republik – hervorgebracht? – Lassen Sie mich aber noch einen zweiten Punkt nennen. Heinz Oskar Vetter und Sie sagen: Kommunisten sind nicht ausgeschlossen. Ihr *Buch* zielt auf Ausgrenzung – von Positionen, aber auch von Personen! Es heißt dort z. B.: »Was hindert die Gewerkschaften, eine solche Abgrenzung in ihren Satzungen zu verankern?« Ich könnte Ihnen noch weitere Beispiele nennen, wir wollen aber keine Philologie betreiben. Das ist ein wesentlicher Unterschied zwischen der Position von Heinz Oskar Vetter und der Position, wie sie in dem Buch vertreten wird . . .

Ich habe mich zu dieser Kontroverse in der Präambel des Grundsatzprogramms selbst auch schriftlich geäußert, und ich vertrete als Wissenschaftler nach wie vor die Position – ungeachtet des Beschlusses des DGB-Bundeskongresses –, daß hier ein Beschluß gefaßt worden ist mit der deutlichen Hervorhebung insbesondere der christlich-sozialen Tendenz, die ich gar nicht abwerten will; aber es geht um ihren historischen Beitrag. Ich meine, daß dieser Beschluß dem wirklichen geschichtlichen Ablauf nicht entspricht, und ich finde es eigentlich sehr bedauerlich, daß auch in der Rede von Heinz Oskar Vetter Bezug genommen worden ist auf eine Tradition von Einheitsgewerkschaft, die angeblich mit dem Führerkreis im Jahre 1933 begründet worden sein soll – also Gesprächen von christlichen, hirsch-dunckerschen und ADGB-Gewerkschaftlern über die Einheitsgewerkschaft. Meine Auffassung ist, daß man das Verständnis von Einheitsgewerkschaften, so wie es im Widerstand gegen den Faschismus und in der Nachkriegsperiode aufgebaut worden ist, nicht auf den Führerkreis beziehen kann. Und niemals hat ein Gewerkschafter – schon gar nicht Hans Böckler – in der Nachkriegszeit sich auf diese Tradition bezogen, denn das war – ich glaube, das muß man offen sagen – eines der dunkelsten Kapitel in der Geschichte der deutschen Arbeiterbewegung. Denn es ist die unmittelbare Vorstufe zu jenem unseligen 1. Mai, den man, ohne der geschichtlichen Wahrheit Abbruch zu tun, als Kapitulation der Gewerkschaften bezeichen muß.

Vilmar: Ich muß hier eine Ergänzung zu dem machen, was Herr Rudzio gesagt hat. Herr Schleifstein, es ist ja leider nicht damit getan, daß man immer wieder diese Schwüre von Buchenwald und dergleichen zitiert; es kann leicht sein, daß man da auch Mißbrauch treibt mit diesen Menschen, die hier etwas Gutes gewollt haben. Sie vergessen dabei, daß nicht nur vor 1933 – wie Herr Rudzio sagt –, sondern auch nach 1945 sehr bald die KPD wieder auf Konfliktkurs gegangen ist und genau das Gegenteil einer einheitsgewerkschaftlichen Linie verfochten hat. Ich habe hier die berühmte These 37 des Programms der KPD vor mir liegen, in der ganz knallhart gesagt wird, daß Kommunisten in den Gewerkschaften in Widerspruch zur Führung Kampfhandlungen, Konflikte ingang zu setzen haben. Und Sie wissen ja auch ganz genau, daß dann –

Schleifstein: – Den Satz »in Widerspruch zu...« finde ich nicht –

Vilmar: Ich kann ihn Ihnen ja vorlesen: »In dieser Lage ergibt sich die Aufgabe, den wachsenden Kampf- und Widerstandswillen der Arbeiter zu entwickeln und *Kampfhandlungen auszudehnen auch gegen den Willen rechter Gewerkschaftsführer.*« Sie wissen ja nun, daß dieser Ausdruck »rechte Gewerkschaftsführer« heißt – da brauchen Sie keine Philologie betreiben –: die gewählten Gewerkschaftsführungen. Und die haben dann die Gewerkschafter – die kommunistischen Gewerkschafter – damals ein Revers unterschreiben müssen, daß für sie diese These 37 nicht gültig ist; und die einen haben unterschrieben und sind in den Gewerkschaften geblieben; die anderen haben nicht unterschrieben und sind leider dann herausgeflogen. Die unterschrieben haben, sind aus der KPD herausgeflogen. Das heißt: Sie können hier nicht so tun, als wenn durch die Erfahrungen des Nazi-Terrors – schön wär's, Herr Schleifstein, ich wäre froh, wenn es so gekommen wäre! – alle die Schlußfolgerung gezogen hätten: wir müssen zusammenhalten. Aber *es ist genau die kommunistische Partei gewesen, die die Einheit zerstört hat – auch nach 1945:* Im Osten dadurch, daß sie freie Gewerkschaften zerschlagen hat, und bei uns dadurch, daß sie gesagt hat: jawohl, geht 'rein, aber macht dort Politik am Gängelband der Partei.

Schleifstein: Zu den historischen Dingen: Ich glaube, Sie verwechseln oft genug – und besonders deutlich in Ihrem Buch – Ursache und Wirkung. Beides gehört aber untrennbar zusammen. Man kann natürlich nicht so tun, als ob es vor 1933 keine Massenausschlüsse kommunistischer Gewerkschafter gegeben hätte. Und man kann 1950 und '51 nicht so tun, als ob der offizielle Antikommunismus der Adenauer-Regierung – wie er sich bereits an Strafverfolgungen und Hunderten eingeleiteter Strafverfahren festmachte – nicht durch antikommunistische Maßnahmen in den Gewerkschaften provoziert worden wäre. Dies war der Grund einer These (der zit. These 37 des KPD-Programms; F. V.), die falsch war, die eine falsche Reaktion war, was die Kommunisten sehr bald selbst gesagt haben. Wie manche Gewerkschaftsführer damals agiert haben, und wie die Gewerkschaften selbst auf einen Herrn Fette später reagiert haben, das ist ja auch geschichtsnotorisch.

Deppe: Sie haben das jetzt angesprochen, Herr Vilmar, und es ist eine durchgängige These, die Hauptargumentation Ihres Buches sozusagen, daß Kommunisten sich an die Beschlüsse ihrer Partei halten, auch wenn sie in den Gewerkschaften arbeiten – Sie sprechen von ferngesteuert und Unterwanderung –

Vilmar: – nicht alle, aber viele –

Deppe: Gut. Das ist die generelle These, mit der Sie auch die Ausgrenzung begründen – nicht nur von Kommunisten übrigens. Wir haben die Einheitsgewerkschaft, und Sie wissen, daß es ein großes Problem eines ständigen Diskussionsprozesses ist, die Unabhängigkeit dieser Einheitsgewerkschaft zu wahren. Jedermann weiß, daß in dieser Einheitsgewerkschaft – und das ist zunächst keine Tatsache, die zu kritisieren ist – politisch ein eindeutiges Übergewicht der sozialdemokratischen Funktionäre, der sozialdemokratisch orientierten Mitglieder usw. besteht. Herr Vilmar, Sie kennen sicher das Buch Ihres Freundes Theo Pirker: »Die blinde Macht«. Theo Pirker ist ein sehr kritischer Mensch – insbesondere, was das Verhältnis von SPD und Gewerkschaften betrifft. Gerade weil Sie die Zeit Anfang der fünfziger Jahre ansprechen – etwa den DGB-Kongreß 1952 in West-Berlin –, was sagt Pirker da – sinngemäß –: Dort wurde mit der Abwahl Fettes der DGB auf SPD-Kurs gebracht. Das war ein Ergebnis des direkten Einflusses des SPD-Parteivorstandes ... Und Pirker gibt dafür unzählige weitere Beispiele an. Sie können also in der ganzen Diskussion nicht so tun, als ob es für die Unabhängigkeit der Einheitsgewerkschaft nur das Problem – und da stimme ich Ihnen in der Quantität zunächst einmal zu – *einer* Gruppierung gäbe, die sich nach den Beschlüssen einer ›fremden Macht‹ richtet – wie Sie das formulieren – und gleichzeitig unterstellen – und da kommen wir dann wohl mehr in die Gegenwart –, das seien nur die Kommunisten. Es ist auch gar nicht so sehr meine Aufgabe, hier nur über die Kommunisten zu reden. Wir linken Kräfte brauchen die Unabhängigkeit der Gewerkschaften heute, in der Entwicklung ihrer Politik, in der Auseinandersetzung mit den gegenwärtigen Krisenprozessen – eine Unabhängigkeit auch von der Regierungspolitik und von der sozialdemokratischen Politik; das ist eine zentrale Frage, die einen ständigen Prozeß der Diskussion in den Einheitsgewerkschaften notwendig macht. Das ist das zentrale Problem.

Vilmar: Das ist richtig.

Moderator: Ich glaube, diese Frage sollten wir aufgreifen.

Wenn ich aber zunächst noch eine andere Frage stellen kann, dann ist es eine, die damit in unmittelbarem Zusammenhang steht. Ich möchte noch einmal auf die Beschlüsse von Düsseldorf zurückkommen. Meinen Sie denn – ich habe es vorhin etwas gutwillig ausgedrückt –, daß ein Kommunist tatsächlich mit einem Beschluß leben kann, der besagt, daß man für das Mehrparteiensystem und für die parlamentarische Demokratie ist – wohinter ja nichts anderes steht als die Abwählbarkeit einer Regierung. Ist das etwas, womit ein Kommunist leben kann, wo doch im real existierenden Sozialismus so etwas a priori ausgeschlossen ist?

Vilmar: Man muß noch einen Satz hinzufügen: Und wo im kommunistischen Programm das Maß allen Sozialismus' die Sowjetunion ist, wo alles dies nicht existiert. Die Sowjetunion ist das Vorbild schlechthin einer künftigen Gesellschaft für den Kommunisten. Das ist nicht zum Lachen – es kommt Ihnen sehr teuer zu stehen, wenn Sie als DKP-Mann über dieses Vorbild lachen ...

Schleifstein: ... Nur es stimmt nicht ...

Vilmar: Ich kann es Ihnen vorlesen – es steht haargenau so im DKP-Programm.

...

Schleifstein: ... Wenn Sie unser Programm lesen, werden Sie feststellen, daß die Kommunisten in der Bundesrepublik ihre sozialistischen oder auch schon antimonopolistische Ziele auf der Basis des Grundgesetzes anstreben, auf der Basis der Verfassung. Das schließt die von Ihnen genannten Punkte ein. Wir gehen aufgrund der gegebenen historischen Bedingungen, aufgrund unserer Zielsetzung, davon aus, daß z. B. jede sozialistische Zielsetzung ohne Zusammenarbeit von Kommunisten und Sozialdemokraten absurd und utopisch wäre. Das bedeutet also, daß wir von vornherein die Existenz und die künftige angestrebte Zusammenarbeit z. B. der kommunistischen und der sozialdemokratischen Partei einkalkulieren. Und wir gehen davon aus ...

Moderator: ... Das ist doch ein bißchen albern, wenn nun also 40% und 0,2% koalieren sollen ...

Schleifstein: Man soll historische Prozesse nicht in Stunden, Minuten, Tagen oder Wochen kalkulieren. Wir denken – ich gestehe das – sehr weit voraus. Wissen Sie – über die alte deutsche Arbeiterbewegung haben die Leute auch gelacht, als sie noch klein war; 1918 – zur Zeit einer Revolution – haben sie nicht mehr gelacht. Das heißt, das müssen Sie schon der Geschichte überlassen.

Moderator: . . . Ich glaube, Herr Rudzio, Sie wollten dazu etwas sagen? Wir wollen uns aber daran erinnern, daß wir noch auf die Fragestellung zurückkommen: Sind nicht die Gewerkschaften auch abhängig von der SPD?

Rudzio: Vielleicht dazu gleich einen Satz: Es gibt natürlich historisch eine enge Verbindung zwischen Sozialdemokratie und Gewerkschaften – in erster Linie aufgrund naher Positionen, weitgehend übereinstimmender Vorstellungen von Arbeiterbewegung – im Unterschied zu Kommunisten, die ja ein tradeunionistisches Bewußtsein (d. h. parteiunabhängige eigenständige Gewerkschaftspolitik; F. V.) schon seit Lenin immer wieder als ein nicht zum Ziel führendes Bewußtsein betrachtet haben. Zum zweiten: Ich wundere mich, Herr Schleifstein, daß Sie . . . sagen, die DKP bekenne sich zum Grundgesetz, wenn Sie gleichzeitig keine – jedenfalls keine relevante – Kritik an den Verhältnissen in der Sowjetunion und in der DDR anmelden können, wo Ihre Bruderparteien regieren, die Ihnen Vorbild sind. Da kann ich nur staunen.

Aber Sie haben – drittens – das »antimonopolistische Bündnis«[1] angesprochen. Ich glaube, das ist ein wichtiger Punkt für unseren Zusammenhang hier: Tatsächlich muß man ja die Aktivitäten der Kommunisten – besser gesagt: der kommunistischen Partei – in den Gewerkschaften im Rahmen einer Strategie sehen. Es ist ja nicht so, daß da . . . lauter Einzelne tätig werden, sondern es gibt eine politische Grundsatzvorstellung der DKP von der Rolle der Kommunisten in den Gewerkschaften und von der Rolle, die die Gewerkschaften spielen sollen: Sie sollen ein Stück Aktionseinheit schaffen – das sagt ja der Vorsitzende Mies –, aber warum eigentlich diese Aktionseinheit? Warum verkündet man nicht sein eigenes Ziel für sich in der Erwartung und Hoffnung, daß es eben überzeugend auf die Massen wirkt? *Genau das geschieht nicht, weil nirgendwo auf der Welt jemals in einem Lande eine Mehrheit sich für eine kommunistische Regierung entschieden hat . . . Die Problematik ist also, daß hier eine politische Gruppierung, die keine Mehrheiten für sich erwarten kann, offenbar nun versucht, auf Um-*

---

[1] Strategischer Begriff der sowjetmarxistischen Stamokap-Theorie, wonach alle nicht zum Großkapital gehörigen Klassen und Schichten, unter Führung der Arbeiterpartei, koalieren und die Wende zum Sozialismus herbeiführen können.

wegen die Macht zu erreichen – und einer der Umwege ist eben das breite Bündnis, bei dem eine politische Kaderpartei mit langfristigen Zielen und mit einem mehr oder weniger auch geschulten politischen Personal von einem lockeren Umfeld von Mitläufern – ich will nicht den bösen Ausdruck ›nützliche Idioten‹ benutzen – begleitet wird, die dann die Massenbasis liefern sollen, die die eigentlichen Ziele nicht kennen, und die ihnen auch noch nicht genannt werden. Da wird nur von der »antimonopolistischen Demokratie« gesprochen – nicht von dem Modell Sowjetunion. Auch die Oktoberrevolution ist ja so – unter dem Motto »Land und Frieden« – nicht: »Sozialismus« – gelaufen; nur unter diesem Modell agierte man.

Moderator: Wobei ich auch noch eine Frage habe: Mir fiel bei der »Geschichte der deutschen Gewerkschaftsbewegung« auf, daß Sie eigentlich den kurzen Abriß über den FDGB – den Freien Deutschen Gewerkschaftsbund – in der damaligen sowjetischen Besatzungszone und dann später in der DDR so positiv darstellen, wie es bei der westdeutschen Gewerkschaft überhaupt nicht vorkam.

Deppe: Das glaube ich so nicht. Sie können sich vorstellen, daß wir beim Schreiben natürlich ein Problem hatten: Wir haben eine Geschichte der deutschen Gewerkschaftsbewegung geschrieben, und dann haben wir auch diskutiert, wie das mit dieser Geschichte nach 1945 weitergeht. Wir sind für unsere Darstellungsform zu dem Ergebnis gekommen – was man sicher kritisieren kann –, daß wir uns auf die notwendigsten Informationen für die unmittelbare Nachkriegszeit bis zu dem Punkt beschränken, wo die Entwicklung in der damaligen SBZ und in den Westzonen dann sehr stark auseinandergeht. Auf diese kurzen Informationen beschränkt sich dieser Abschnitt, der mit »Exkurs« überschrieben ist . . .

Rudzio: Ich hätte noch gerne einen Satz zitiert, der hier in diesen Zusammenhang paßt, einen Satz aus dem Buch von Herrn Deppe (siehe oben F. V.): Er schreibt nämlich an der hier wichtigen Stelle: »Während sich in der DDR die Gewerkschaftsbewegung voll und ganz in den Dienst des Aufbaus einer sozialistischen Gesellschafts- und Staatsordnung stellte, setzten sich im DGB die sozialdemokratischen gewerkschaftlichen Traditionen der Weimarer Republik fort.« Einen Satz später erwähnen Sie dann: »Diese DGB-Politik geriet in den Widerspruch, daß sie sogar die Kräfte der Restauration teilweise unterstützte.« Ich meine, da wird genau das unterstrichen und deutlich, was Ihnen hier vorgehalten wurde, daß Sie nämlich die Positionen des FDGB – genauer praktisch der SED – hier als sozialistisch, ja als Erreichung des Ziels der Arbeiterbewegung geradezu, bezeichnen, während auf der anderen Seite, beim DGB, eine einseitige Abwertung dessen stattfindet, was (sicherlich nur begrenzt) erreicht wurde ... Immerhin ist die Montan-Mitbestimmung auch ein Stück Nachkriegserfolg –

Deppe: – Das kommt wohl in unserem Buch nicht vor? –

Rudzio: In diesem Satz wird doch die entscheidende Bewertung deutlich, die Sie in Ihrem Buch vornehmen.

Vilmar: Es geht in der Tat darum, was man erwähnt und was man wegläßt – und es geht um die Bildungsarbeit in den Gewerkschaften, mit *Ihrem* Buch – oder mit anderen; und *das* ist die Frage. Wenn Sie sagen, zur Zeit der KPD sei ein kommunistischer Widerstand in den Gewerkschaften geleistet worden, weil es eine zu stark sozialdemokratische Orientierung gibt, dann würde ich Ihnen sagen: Okay – darüber können wir uns sehr rasch einigen, wenn es nur darum ginge, die Autonomie der Gewerkschaften herzustellen. Aber darum geht es seit den ersten Tagen Lenins, der ja mit aller Macht hier die Lehren formuliert hat, eben nicht. Sondern es geht erstens darum – und das ist nun in Ihrem Buch von Gerhard Beier und anderen nachgewiesen worden –, alle Fehler der Sozialdemokraten groß anzukreiden und alle Fehler der Kommunisten wegzulassen. Das ist also bis in die Zitate quantitativ nachgewiesen worden. Und dies hat nun für die gewerkschaftliche Bildungsarbeit ganz konkrete Folgen, *weil in der Tat diese Art von Schönfärberei des stalinistischen kommunistischen Weges zu einer ungeheuren Diskreditierung der linken Bewegung führt; weil das dazu führt, daß man in der Tat – wie Rudzio gerade hier zitiert hat – das, was in der DDR läuft, als Sozialismus bezeichnet.*

Schleifstein: Ist das kein Sozialismus?

Vilmar: Genau darüber müssen wir reden, Herr Schleifstein. Ich glaube, daß die überwältigende Mehrzahl der Menschen, auch der Wissenschaftler, in der Tat das, was drüben passiert, als alles andere, nur nicht als Sozialismus bezeichnet. Und genau darum geht es. Und genau darum ist es gefährlich, wenn so eine kleine Gruppe in der gewerkschaftlichen Bildungsarbeit einen so ungeheuren Einfluß gewinnt – weil dann tatsächlich nicht klar gesagt wird, dies sei eine kommunistische Position. Denn man tritt ja unter anderem Namen auf.

Jetzt kommen wir ins Zentrum der Frage: Warum nämlich ist das eigentlich ein Schaden für die Gewerkschaftsbewegung? Und da muß man ganz klar sagen: Wenn ein Sozialismus-Bild mit ständiger Rückbindung an die Sowjetunion, an den osteuropäischen Block entwickelt wird – das nicht glaubwürdig sein kann, für niemanden –, und wenn junge Gewerkschafter damit dann in die Öffentlichkeit treten, dann macht man damit diese Menschen in der Bildungsarbeit kaputt. Und – das ist das Entscheidendere: *Es wird hier systematisch* – und übrigens auch in den Programmen – *die Reformarbeit auf der Basis der parlamentarischen Demokratie in Zweifel gezogen, als sinnlos, als sozialdemokratischer Arbeiterverrat und dergleichen mehr diffamiert.* Und auf der anderen Seite wird ein vages Bild von der wahren, von der »Sozialistischen Demokratie« gezeichnet, die erst nach der Sozialisierung kommt, und wo niemand recht weiß, wie der Weg dahin gehen soll. Und da bin ich in der Tat der Auffassung, daß sehr deutlich ist, daß dies, *was nun seit hundert Jahren der Weg der Arbeiterbewegung nicht nur in Deutschland – in ganz Westeuropa, war, nämlich in der Demokratie durch Reformen vorwärts zu kommen, dies den jungen Menschen schlechtgemacht und die parlamentarische Demokratie in Frage gestellt wird.* In den Programmen heißt es, daß dies eine »bürgerliche Herrschaftsform« sei, die in erster Linie dem Kapital dient. Sie können hier doch nicht ausweichen und so tun, als wenn Sie wirklich auf der Basis des Grundgesetzes arbeiten. Man hat Sie gefragt, ob Sie mit dieser parlamentarischen Demokratie leben können. Alle Dokumente weisen darauf hin, daß Sie in der Tat in dieser parlamentarischen Demokratie eine bürgerlich-kapitalistische *Vor*form sehen.

Schleifstein: Na und?

Vilmar: Was heißt: Na und? Für uns ist es keine Vorform, verehrter Herr Schleifstein – für uns und die Gewerkschaften ist es die Basis, die wir nicht verlassen wollen. Und von dieser Basis wollen Sie im Grunde genommen die Menschen über Bildungsarbeit, über Ihre Bücher, wegbringen; das geht ganz klar aus dem Gegenbegriff hervor, nämlich »sozialistische Demokratie«. Und diese sozialistische Demokratie haben wir allerdings in Europa vor uns. Und das ist es, was wir nicht wollen.

Deppe: Also, Sie haben zu dem Buch gesprochen. Wir können

das hier nur sehr kurz machen. Erstens: Dieses Buch ist kein kommunistisches Buch, und jede Unterstellung in dieser Richtung ist falsch und infam. Würden Sie Otto Brenner als Kommunist bezeichnen? Sicher nicht, Sie kannten ihn noch persönlich. Die Rolle Otto Brenners, die Rolle Adolf Kummernuß', die Rolle derjenigen Gruppierungen beim DGB-Kongreß 1963, die gegen Leber und andere die Formulierung im Grundsatzprogramm über die Grundstruktur der kapitalistischen Gesellschaft durchgesetzt haben, all das wird in unserem Buch behandelt und positiv gewürdigt –

Vilmar: – Wir sprechen von der Beschönigung der kommunistischen Politik in diesem Buch –

Deppe: – Ich rede vom Inhalt dieses Buches ... Wir sprechen von verschiedenen Dingen ...

Schleifstein: Erstens – zu Reformen und den Erfolgen der Reformen: Ihr Geschichtsbewußtsein hat große Lücken, Herr Vilmar.

a) Alle großen Reformen der Weimarer Republik sind das Ergebnis einer Revolution, der Novemberrevolution von 1918: Der 8-Stundentag, die Abschaffung des Drei-Klassen-Wahlrechts, die Betriebsräte – das sind Ergebnisse einer Revolution.

b) Alles, was nach 1945 erreicht wurde, ist das Ergebnis der Revolution von außen, des Weltkrieges gegen den Hitler-Faschismus –

Vilmar: – Von Sozialdemokraten geschaffen –

Schleifstein: – Nein, nicht von Sozialdemokraten, auch von Kommunisten geschaffen, wie Sie sehr gut wissen –

Vilmar: – Sie haben gegen Weimar gekämpft, Herr Schleifstein; nicht Weimar getragen –

Schleifstein: Der Hitler-Faschismus wurde von außen besiegt, unter anderem durch die Sowjetunion, die dafür 20 Millionen Menschenleben geopfert hat, und nur deshalb wurden auch die Reformen auf bundesdeutschem Boden später möglich ...

Was nun die Reformpolitik angeht – der große Irrtum bei Ihnen besteht, glaube ich, darin, daß Sie zweierlei verwechseln. Man kann als Revolutionär sehr wohl für Reformen sein. Ich würde sogar behaupten, in der Geschichte waren die Revolutionäre sehr viel bessere Reformisten; *das Problem bleibt nur, ob für alle historischen Aufgaben oder Notwendigkeiten die reformistische Methode die geeignete ist.* Womit hat denn die reformistische Methode der

ADGB-Führung in der Weimarer Republik geendet? Was geschah denn im März 1933?

Vilmar: – Aber nicht wegen der Reformen –

Schleifstein: – Aber Sie behaupten doch: es war eine demokratisch-sozialistische und reformistische Gewerkschaftspolitik.

Vilmar: Sie müssen mich richtig zitieren. Ich habe gesagt, die Erfolge in den letzten hundert Jahren seien Reformerfolge. Es sind Erfolge *gegen* die Kommunisten und nicht *mit* den Kommunisten.

Schleifstein: Es sind Erfolge mit den Kommunisten ... Wenn die Gewerkschaftspolitik wirklich reformistisch gewesen wäre – übrigens erweisen Sie Ihren eigenen Ideen damit einen schlechten Dienst –, und wenn sie nicht im wesentlichen sozialpartnerschaftlich gewesen wäre, hätte sie ja nicht mit der Anbiederung an Hitler enden können, mit dem Aufruf zum 1. Mai ...

Rudzio: ... Aber die Anbiederung an Hitler ist Ihnen ja letztendlich mit dem Berliner Verkehrsarbeiterstreik auch vorgeworfen worden –

Moderator: ... Wir sollten wieder zu der Frage kommen: *Kann sich ein Kommunist mit der Zielprojektion zufriedengeben, daß Reformen auf der Grundlage der parlamentarisch-demokratischen Verfassung erreichbar sind, oder hat er im Hinterstübchen nicht doch eine ganz andere Verfassung im Auge,* die er dabei letzten Endes anpeilt – und zwar eine Verfassung oder einen Staat, der so ist, wie man es in den Ländern des real existierenden Sozialismus vorfindet? Und ich würde bitten, daß Sie, Herr Rudzio, dazu vielleicht etwas sagen.

Rudzio: Ja, das wird in den kommunistischen Programmen und Theorien nicht bestritten, daß man zwar Reformen durchaus bejaht, wie Herr Schleifstein sagt – *allerdings haben sie einen ganz anderen Stellenwert.* Sie haben nämlich nur dann Sinn in einer kommunistischen Strategie, wenn sie mithelfen, den großen Sprung in ein anderes System zu bewerkstelligen – das wir nun leider inzwischen kennen. Das ist ein ganz anderer Stellenwert von Reformen ... Es kann kein Zweifel daran bestehen, daß hier gezielt auf ein total anderes System hingearbeitet wird. ...

Deppe: ... Ich kann jetzt als Nicht-Kommunist zu diesem Problem einmal etwas sagen: *Wie können Sie eigentlich daherkommen und einen Reformanspruch für ein bestimmtes Modell proklamieren* – woher leiten Sie das eigentlich ab?

Vilmar: – aus den Erfahrungen der Arbeiterbewegung –

Deppe: – Ich werde Ihnen jetzt Erfahrungen der Arbeiterbewegung präsentieren. Es ist ja nicht nur das Problem von Kommunisten. Sozialisten setzen sich heute in der Bundesrepublik dafür ein – auch wenn sie wissen, daß die unmittelbare Perspektive dafür nicht realisierbar ist –, daß eine qualitative Veränderung von Gesellschaftsstrukturen als Antwort auf die kapitalistische Krise natürlich ein Prozeß ist, in dem kein Mensch voraussagen kann, ob das etwa durch die von Ihnen vorgeschlagenen schrittweisen Reformen geschieht, oder ob eine gesellschaftliche Situation, eine geschichtliche Situation eintritt, in der tatsächlich *die Frage einer grundlegenden Veränderung, einer politischen Wende* entsteht. Das können Sie doch nicht einfach dekretieren. –

Vilmar: – notfalls mit Hilfe der Sowjetunion –

Deppe: – Das finde ich unverschämt, was Sie da sagen. Damit beleidigen Sie alle diejenigen Sozialisten in der Bundesrepublik, die auf diese Perspektive orientiert sind und zugleich eine distanzierte und kritische Position gegenüber der Sowjetunion haben. Sie erheben ein Monopol und tun nämlich folgendes in Ihrem Buch, Herr Vilmar: Sie grenzen ja da nicht nur Kommunisten aus, sondern – was viel schlimmer ist – Sie nennen doch Namen. Sie sagen, Sie nennen keine Namen, (aber) Sie nennen doch Namen, damit man ihnen in den Gewerkschaften das Handwerk legt. Sie ziehen doch den Kreis all derer, die man ausgrenzen soll, bis hin zu Drohungen gegen das Sozialistische Büro. Wer nicht Ihre Position unterstützt, den wollen Sie doch ausgrenzen – das ist das Problem –, den disqualifizieren Sie als Unterwanderer! Und das ist eine rechte Position, die Sie hier einnehmen, Herr Vilmar.

Vilmar: Wir müssen etwas konkreter werden. Ich habe Ihnen dazwischengerufen – nicht nur Reformen, haben Sie gesagt, es kann in bestimmten Situationen zur Revolution kommen. Da habe ich Ihnen dazwischengerufen: mit Hilfe der Sowjetunion. Da machen Sie ›Pffh‹ – aber das ist leider nicht so einfach. Wenn man in der gesamten Linie der Politik der DKP und ihrer Freunde nicht nur jegliche, auch nur andeutungsweise, Kritik der Sowjetunion unterdrückt, sondern im DKP-Programm nach wie vor dieses System als das vorbildliche und *die Bundesgenossenschaft mit ihm als unabdingbar nennt, dann ergibt sich zwingend, daß man im Falle einer von Ihnen auch als denkbar gesetzten »grundlegenden Veränderung« und »Wende« – jedenfalls einer nicht-reformerischen*

Bewegung – die Sowjetunion als den natürlichen Bundesgenossen sieht. Das ergibt sich mit zwingender Logik . . .

Als ich vor längerer Zeit meine Kritik der Bündnispolitik mit den Sowjetkommunisten vortrug, da sagte mir einer in der Diskussion: Ja bist du denn wirklich der Auffassung – du kritisierst hier dieses Zusammengehen mit den realsozialistischen Kräften –, bist du denn als Sozialist wirklich des Glaubens, daß man den Sozialismus in Europa ohne das Bündnis mit der Sowjetunion einführen kann? – Das ist genau der Hintergrund! Und diese Bündnisvorstellung geht mit zwingender Logik aus der sowjetmarxistischen Position hervor, Herr Deppe – und daß Sie davor hier ausweichen, das ist nämlich genau der Kernpunkt unserer Kritik: daß Sie nicht dazu stehen. Die kommunistische Partei Frankreichs steht – im Unterschied zu der Italiens – zu einer bestimmten, von ihr bejahten Bündnispolitik mit der Sowjetunion. Wenn man bei Ihnen aber, Herr Schleifstein –

Schleifstein: – Wer sagt denn, daß wir nicht dazu stehen? –

Vilmar: – Das ist eben eine Bündnispolitik, die weiter geht –

Schleifstein: – Sie haben das nur auf die innenpolitischen Verhältnisse gemünzt –

Vilmar: – Wir sprechen von Reformen und von *anderen* »grundlegenden Veränderungen«. Und da muß man Ihnen den Vorwurf machen – wenn Sie in die Dritte Welt schauen – ob in Angola, ob in Äthiopien, in Kuba, – jetzt ist es im Kommen in Nicaragua –, oder ob im ganzen osteuropäischen Bereich: überall, wo es die von Herrn Rudzio genannten Bündnisse gegeben hat, endete es damit, daß die Hegemoniemacht Sowjetunion die eigentlich wichtige Macht in diesem Bereich war. Sehen Sie – und das ist eine Sozialismus-Entwicklung, die wir nicht wollen –

Deppe: – Sie wären dafür, daß Südafrika Angola liquidiert hätte, oder? Wären Sie dafür gewesen? –

Vilmar: – Wir sind jedenfalls nicht dafür, daß eine Befreiung passiert, wo man aus dem Joch der südafrikanischen Herrschaft in das andere Joch der sowjetischen Vorherrschaft kommt.

Deppe: – Das ist die Alternative! – Sie haben klar gesprochen – Sie wollen die südafrikanische Beherrschung! –

Vilmar: – Wenn Sie fälschen wollen, dann fälschen Sie. Ich habe gesagt –

Moderator: – Ich glaube, wir gleiten jetzt in die Weltpolitik ab –

Vilmar: – der entscheidende Punkt ist, ob wir eine gewerkschaftliche Bildungsarbeit haben wollen, wo man mit dem Hintertürchen des Bündnisses mit dieser Diktatur operiert, die sich einen sozialistischen Anstrich gibt – und dieses dann auch noch tut, nicht etwa, indem man sagt: Jawohl: ich bin Kommunist, sondern indem man sagt: Ich bin Marxist, oder: Ich bin Antifaschist, oder sonst irgend etwas. Es ist doch wirklich ein Witz, Herr Deppe, wenn Sie sagen: ›Ich als Nicht-Kommunist‹ – Sie schreiben ein Buch nach dem anderen, in dem Sie die kommunistische Position als die gute Position und die westliche Position als die negative –

Deppe: – Haben Sie die Bücher gelesen? Haben Sie auch die Kritik von Kommunisten an meinen Positionen gelesen? Sie haben sie offensichtlich nicht gelesen –

Vilmar: – Aber sicher – ich kann Sie Ihnen zitieren.

Rudzio: Herr Deppe hatte vorhin gefragt, woher wir eigentlich die Berechtigung nähmen, für ein bestimmtes Reformmodell einzutreten –

Deppe: – *Monopol* habe ich gesagt – das ist ein Unterschied –

Rudzio: – die Frage ist tatsächlich: woher nimmt man die Berechtigung? Und dies ist in unserem Falle sehr eindeutig – nämlich: *Veränderungen der Gesellschaft sind soweit berechtigt, wie eine Mehrheit der Bevölkerung sie bejaht. Das ist die Reformlinie.* Das schließt nicht aus, daß es auch sehr weitreichende Veränderungen geben kann. Auch in einer parlamentarischen Demokratie wie der Bundesrepublik wäre es denkbar, etwa Groß- und Schwerindustrie eines Tages zu sozialisieren. Das würde ich in keiner Weise als einen großen Systembruch betrachten, sondern das ist eine Möglichkeit, die allerdings natürlich von den Linken – und da würde ich mich nicht ausnehmen – vielleicht überzeugender der Bevölkerung vor Augen geführt werden muß – wo meines Erachtens nun allerdings die nicht sozialisierte, sondern *verstaatlichte* Wirtschaft im Osten eher abschreckend wirkt. ... Herr Deppe, Sie sagen, Sie seien kein Kommunist. Ich will nicht in Ihrem Selbstverständnis wühlen, darum geht es nicht. Aber wenn man Ihr Buch nimmt: Die Wirkung Ihres Buches ist doch sehr eindeutig ...

Deppe: Erstens: Im Zentrum unseres Buches steht Gewerkschaftspolitik. Wenn es so etwas gibt wie eine Orientierung des Lesers, so ist das eine Orientierung – ich sage das jetzt sehr verkürzt – auf eine autonome und progressive Gewerkschaftspolitik und nicht auf eine Parteipolitik.

Zweitens: Herr Vilmar – die verheerende Wirkung Ihres Buches, das ist meine persönliche Auffassung, kommt eben darin zum Ausdruck, daß es Anhörungsverfahren über Berufsverbotsfälle gibt und jemand gefragt wird: ›Kennen Sie dieses Buch hier?‹ – und man zeigt ihm das Buch »Der Marsch der DKP durch die Institutionen«; das ist die Wirkung Ihres Buches. Darüber sollten Sie vielleicht einmal nachdenken.

Schleifstein: Ja, ich möchte zum Schluß auch nur sagen: Das Entscheidende in Ihrem Buch ist ja eben die Unterwanderungsthese. Zu den DKP-Unterwanderern gehören aber unvermeidlich die sozialdemokratischen Unterwanderten. Und es ist ja kein Wunder, daß die IG-Metall-Zeitschrift »Der Gewerkschafter« von einer Treibjagd gesprochen hat. *Und diese Treibjagd geht nicht nur gegen Kommunisten* (die können sich allein wehren), *sondern auch gegen linke Sozialdemokraten, gegen alle, die versuchen, eine Gewerkschaftspolitik nicht auf sozialpartnerschaftlicher, sondern auf der Basis der grundlegenden Arbeiterinteressen zu vollziehen* – der Auseinandersetzung zwischen Kapital und Arbeit –: das ist eigentlich der Angriffsgegenstand Ihres Buches; daher auch die Reaktion. Sie nennen viele Namen, das wissen Sie genau: Benz, Preiß, Hensche usw. – das sind Ihre eigentlichen Gegner!

Vilmar: Herr Deppe und Herr Schleifstein wissen ganz genau, daß sie hier mit ihren letzten Sätzen Stimmungsmache betrieben haben und daß es die absolute Unwahrheit ist. Hier wird nicht ein einziger Mensch als Person angegriffen. Und jeder in der Bundesrepublik, Herr Schleifstein, der nur etwas von meinen Arbeiten kennt, weiß, daß ich immer zu denen gehört habe, die eine ganz deutliche linke, auch konfliktbezogene Gewerkschaftspolitik befürwortet haben. Das, was Sie sagen, ist Brunnenvergiftung –

Schleifstein: – Sie wissen, das stammt aus dem »Gewerkschafter« –

Vilmar: – Ja, weil es leider auch in der IG Metall von einigen diesen Versuch des Untern-Teppich-Kehrens gibt – das ist das Bedauerliche. Dieses Buch wendet sich gegen Stalinisten und nicht gegen aufrechte Linke. Das ist der Punkt.

1. Teil:

Kommunistische Unterwanderung in den Gewerkschaften: Flagge zeigen oder untern Teppich kehren?

Die gesellschaftspolitischen Prozesse und ihre Diskussionen in der Bundesrepublik – Wirtschaftskrise, Arbeitslosigkeit, Hausbesetzungen, Jugendkrawalle, Ökologiebewegung, um nur einige zu nennen – sind so vielgestaltig und konfliktgeladen, daß selbst der politisch Interessierte und Aktive keine Detailkenntnis von allen Einzelkomplexen mehr haben kann. Dies gilt nicht zuletzt für die Auseinandersetzungen um den sowjetkommunistischen Machtgewinn in einigen gesellschaftlichen und speziell gewerkschaftlichen Teilbereichen der Bundesrepublik – zumal diese Vorgänge sich meist in einem Halbdunkel abspielen und von den Betroffenen auch in diesem Halbdunkel gehalten werden. Es ist deshalb nicht verwunderlich, daß Unkenntnis und Fehlurteile über die hier zur Debatte stehenden Zusammenhänge und ihr politisches Gewicht weit verbreitet sind: Im rechten politischen Spektrum, bis tief in die Reihen der Sozialdemokratie hinein, überwog seit jeher eine Tendenz, kommunistische Einflußagenten und -strategien am Werk zu sehen (Wehner!) und sozialistische Forderungen (z. B. die Sozialisierungsforderung im DGB-Grundsatzprogramm) als »Weg nach Moskau« zu diffamieren.

Im linken Spektrum dagegen neigt man dazu, die tatsächlich vorhandenen und in den siebziger Jahren besonders erfolgreichen Strategien sowjetkommunistischen Machtgewinns zu verharmlosen[1] – schließlich will sich hier niemand gern als Kalter Krieger

---

[1] Die – wie zu zeigen, massiv »betroffene« – IG Metall wählte die prima facie besonders geschickte Verharmlosungsstrategie, in einer Borschüre gegen die »Legende von der ›kommunistischen Unterwanderung‹« (Kämpfe und Kampagnen, Frankfurt, o. J. [1980]), eine Sammlung konservativer Statements vorzuführen, in denen jeder (spontane) Streik und jede Sozialisierungsforderung kommunistischer Indoktrination zugeschrieben wird.

Da jeder Informierte weiß, daß konsequente wirtschaftsdemokratische Forderungen und Kampfmaßnahmen guter gewerkschaftlicher Tradition entsprechen und mit (Sowjet-)Kommunismus nichts zu tun haben, können entsprechende Unterstellungen dann natürlich mühelos als »Legende« abgetan werden. Über den nachgewiese-

oder Antikommunist beschimpfen lassen. Aber auch viele relativ unpolitische, weder »links« noch »rechts« einzuordnende Bürger verweisen zunächst einmal achselzuckend auf die Bedeutungslosigkeit der DKP-Anhängerschaft: schließlich liege der DKP-Anteil bei Wahlen doch weit hinter der Kommastelle.

Stellen wir solchen Dramatisierungs- wie auch, andererseits, Verharmlosungstendenzen die im »Marsch der DKP ...« zusammengefaßten Analysen gegenüber, so ergeben sich drei grundlegende Ergebnisse:

Erstens kann von *generellen* Unterwanderungserfolgen in linken Partei- oder Gewerkschaftsorganisationen, Jugendgruppen oder Hochschulbereich bislang in der Bundesrepublik keine Rede sein – wer dergleichen behauptet oder den Autoren des »Marsches der DKP durch die Institutionen« als deren Aussage unterstellt, sagt bewußt die Unwahrheit. (Übrigens eine beliebte Taktik gerade auch von DKP-Anhängern oder -Bündnispartnern – vgl. z. B. Detlef Hensches Diskussionsbeitrag auf dem DGB-Programmkongreß am 12. März 1981: zunächst wird den Kritikern eine monströse Unterwanderungsthese unterstellt, um sie dann als nicht ernst zu nehmende Antikommunisten[1] abtun zu können!)

Zweitens aber haben DKP-Einflußstrategien in zukunftsentscheidenden gesellschaftlichen Teilbereichen, nämlich in der Jugend- und Bildungsarbeit, insbesondere in wichtigen Gewerkschaften, im Laufe der siebziger Jahre außerordentlich erfolgreich gewirkt. Sie haben in westdeutschen Gewerkschaften immerhin *zu einem derartigen Machtgewinn von DKP-nahen und äußerst ak-*

(F.note v. S. 33, Forts.)
nen sowjetkommunistischen Einfluß in der IGM-Jugend- und Bildungsarbeit ist damit freilich nichts ausgesagt. Der Vorsitzende der IG Metall, Eugen Loderer, wurde da schon wesentlich konkreter, indem er kürzlich vor »Panzerschrankkommunisten« in den Gewerkschaften warnte. Gefragt, was er darunter verstehe, präzisierte er: »Das sind Leute, die zumindest Kopf und Herz im Panzerschrank der DKP deponiert haben und dann u. a. vielleicht in Gewerkschaften oder Parteien gehen. Sie wollen die Burg von innen erobern, weil sie mit der DKP keine Massenbasis in der Bundesrepublik zustande bringen« (nach BILD v. 16. 3. 81).

[1] Dies ist allerdings eine fast zu tolerante Wiedergabe der Einschätzung der Autoren des »Marsches der DKP ...«: Wörtlich nannte er das Buch das Werk »verwirrter Geister« (vgl. Gewerkschaftliche Monatshefte 6/81) und bediente sich damit in kaum verhüllter Form stalinistischer Denk- und Ausgrenzungsschemata. Verwirrte Geister nämlich sind zu gut deutsch Geisteskranke – genau als solche aber werden speziell in der Sowjetunion Dissidenten eingestuft – und behandelt!

tiven Minderheiten und damit zu einer derartigen Konfliktunfähigkeit der Funktionärsmehrheit geführt, daß weithin eine offene Auseinandersetzung vermieden und statt dessen DKP-kritische Analysen wie das »Oberurseler Papier« der Referenten der DGB-Jugendschule oder unser »Marsch der DKP . . .« totgeschwiegen bzw. diffamiert werden.

Drittens ist mehr und mehr ein für den Fortbestand demokratischer Organisationsstrukturen höchst bedrohlicher Tatbestand offenbar geworden: die Möglichkeit kleiner, kadermäßig operierender, sich als »Basisdemokraten« kaschierender Minderheiten, aufgrund der Apathie der großen Mehrheit Machtpositionen in Jugend-, Gewerkschafts- und Bildungsorganisationen zu erobern.

1.1. Fakten

Wenden wir uns in diesem Sinne zunächst der »chronique scandaleuse« sowjetkommunistischen Machtgewinns zu – wobei wir uns auf einige der wichtigsten, hier exemplarisch vorzuführenden Beispiele beschränken. (Soweit es sich nicht um neueste Entwicklungen handelt, finden sich die detailliertere Darstellung und die Belege der Zitate, soweit nicht eigens angegeben, in unserer Analyse – im folgenden zitiert »Der Marsch der DKP . . .«) Dabei konzentrieren wir uns auf folgende Vorgänge:

- Sichtbar gewordene Mehrheits- bzw. Machtpositionen von DKP-nahen Fraktionen[1] in den Gewerkschaften;

---

[1] Wir verwenden um der Genauigkeit willen in diesem Aufsatz den scheinbar unbestimmten Begriff »DKP-nahe« Personen oder Gruppen bzw. »DKP-Bündnispartner«, da die Mehrheit derer, die de facto in wesentlichen Fragen DKP-Positionen vertreten, nicht (eingeschriebene) DKP-Mitglieder sind, sondern, wie die Vorsitzende der GEW in NRW, Ilse Brusis, zu Recht präzisierte, »die sogenannten Stamokaps, deren politische Heimat ideologisch eigentlich die DKP ist, die aber . . . ein Parteibuch einer der großen Parteien vorzeigen« (vgl. »Der Marsch der DKP . . .«, S. 37).
»Stamokaps« sind Anhänger der sowjetmarxistischen Ideologie des »Staatsmonopolistischen Kapitalismus«, die besagt, daß der Staat notwendigerweise den Interessen des (großen) Kapitals dienen muß und nur das »antimonopolistische Bündnis» die Wende bringen kann. Dieses Bündnis soll zwar alle »fortschrittlichen« bürgerlichen wie sozialistischen Gruppen umschließen, dient aber primär der Integration der DKP in den politischen Prozeß.
Wie S. 85ff. erörtert, hat sich allerdings die jungsozialistische Stamokap-Position teilweise in erheblichem Ausmaß von der sowjetmarxistischen wegentwickelt.

- »Import« sowjetmarxistisch orientierter Texte in die gewerkschaftliche Bildungsarbeit;
- sowjetkommunistischer Einfluß an gewerkschaftlichen oder gewerkschaftsnahen Bildungsstätten sowie in einzelnen Hochschulen (exemplarisch dargestellt am Fall der Uni Oldenburg).

1.1.1. DKP-Machtpositionen in den Gewerkschaften

Um deutlich zu machen, daß die Behauptung, es gäbe keine kommunistische Unterwanderung in den Gewerkschaften, genauso unrichtig ist wie die gegenteilige Behauptung, »die« Gewerkschaften seien unterwandert, muß zunächst auf diejenigen Organisationsbereiche hingewiesen werden, in denen sich tatsächlich sowjetkommunistische Mehrheitsbildung oder zumindest massive Macht während der letzten Jahre gezeigt hat.

1. Die aktuelle Diskussion um die kommunistische Unterwanderung begann nach der 10. DGB-Bundesjugendkonferenz im Dezember 1977. Auf dieser Jugendkonferenz wurde bereits von der Antragskommission ein Initiativantrag zur Solidarität mit dem damals inhaftierten Rudolf Bahro abgeblockt. Auch fand sich eine klare Mehrheit gegen den Antrag, in einer Resolution für die Weltjugendfestspiele in Kuba einen Passus aufzunehmen, der sich gegen die Hegemonieansprüche der Sowjetunion wandte. Auf der Konferenz selbst wurden Beschlüsse der SDAJ (der sowjetkommunistischen »Sozialistischen Deutschen Arbeiterjugend«) als Anträge aus gewerkschaftlichen Jugendgremien eingebracht. Die SDAJ zeigte auf dieser DGB-Bundesjugendkonferenz erstmalig Flagge. Das für die Jugend zuständige DGB-Vorstandsmitglied Karl Schwab schrieb daraufhin erschreckt einen Bericht, in dem er sich über solchen »kompromißlosen« Durchmarsch der jungen Sowjetkommunisten beklagte und den Erfolg der SDAJ auf die »Kaderpolitik der DKP« zurückführte. Diese völlig korrekte Einschätzung von Karl Schwab wurde heftig kritisiert von zwei – für die Entwicklung in der IG Metall verantwortlichen – Vorstandsmitgliedern, Hans Preiß (Bildung) und Georg Benz (Jugend und Betriebsräte), die in der Folge immer wieder die Kritiker der DKP-Freunde mundtot zu machen versuchten: »Der Kollege Schwab hat voreilig mit Rückschlüssen, die einer ernsthaften Prüfung nicht standhalten, dem Gerede von der ›kommunistischen

Unterwanderung‹ Vorschub geleistet.«[1] Vgl. dazu Nachtrag 1!

2. Bei seiner Rede zum Antikriegstag am 1. September 1979 trat dem DGB-Vorsitzenden unter 15000 Jugendlichen die geballte Wirkung DKP-naher Kräfte entgegen – und keine loyale Mehrheit ergriff für ihn Partei. Heinz Oskar Vetter selbst resümierte den Vorfall später auf dem geschichtswissenschaftlichen Kongreß des DGB in München: »Ein beachtlicher Teil der dort versammelten 16000 oder 17000 Jugendlichen (hat) meine Rede, die unmißverständlich gegen Rüstung, Kriegstreiberei und Krieg gerichtet war, nicht anhören wollen. Eine Stelle, und es gab da noch andere, an der der Anlaß zu einem Pfeifkonzert für mich erkennbar wurde, war die Erwähnung des Hitler-Stalin-Paktes als eine der Voraussetzungen für den Zweiten Weltkrieg. Das wurde später dahingehend kommentiert, ich hätte eine nicht der historischen Wahrheit entsprechende Wertung dieses Vertrages gegeben. Das habe die Störung provoziert ... Wenn sich hinter dieser Interpretation der Versuch verbirgt, historische Tabuzonen zu schaffen, dann entspricht das weder der Notwendigkeit von Meinungsvielfalt in der Einheitsgewerkschaft noch den Erfordernissen einer restlos aufklärenden Geschichtswissenschaft. Mir leuchtet es nicht ein, daß die gleichen, die den Hitler-Stalin-Pakt zu rechtfertigen suchen, die Gewerkschaftsführer von 1933 zu Sündenböcken machen wollen. Auch *deren* Politik gipfelte ja in dem Versuch, zur Rettung ihrer Organisation Zeit zu gewinnen.«[2]

1981 wurde der GEW-Vorsitzende noch brutaler niedergeschrien – s. Nachtrag 2!

3. Auf dem 10. Gewerkschaftstag der Gewerkschaft Handel, Banken und Versicherungen (HBV) im September 1980 wurde fast der gesamte geschäftsführende Hauptvorstand ausgewechselt. Mit Christian Götz und Lorenz Schwegler gehören ihm nun zwei ausgesprochene Befürworter der Zusammenarbeit mit der DKP an. Ein Schlaglicht auf die inneren Verhältnisse in dieser Gewerkschaft hatte bereits im Sommer 1980 die plötzliche Kündigung des Geschäftsführers des HBV-Bezirks Weser-Ems, Horst Albers, geworfen. Albers hatte es nämlich gewagt, einer Anti-DKP-Resolution der Oldenburger HBV-Konferenz nicht entge-

---

[1] Vgl. »Der Marsch der DKP ...«, S. 25.

[2] Heinz Oskar Vetter, Aus der Geschichte lernen – die Zukunft gestalten, in: Gewerkschaftliche Monatshefte 11/1979, S. 674.

genzutreten, sie nicht abzuwürgen, und wurde postwendend gefeuert. Auch empörte Proteste zahlloser Ortsverwaltungsmitglieder des Gebiets und ganzer Betriebsräte einschließlich des ehrenamtlichen HBV-Bezirksvorsitzenden Burkhardt Könisser (Könisser zur Kündigung: »Eine Schweinerei ... Man möchte offenbar die Diskussion über den DKP-Antrag abwürgen ...«), die sich alle hinter Albers stellten, hielten die HBV-Oberen nicht zurück, den achtzehn Jahre lang höchst erfolgreich arbeitenden Gewerkschaftsfunktionär in die Wüste zu schicken. Kühl nahm die HBV eine Austrittswelle von Mitgliedern in Kauf und suchte vergeblich, andere Kündigungsgründe aufzutischen (Nordwest-Zeitung insbes. 1., 2. und 4. Juli 1980). Eine Untersuchung des Vorgangs durch den DGB kam vielmehr zu dem Ergebnis, die Anti-DKP-Resolution der Oldenburger Delegiertenkonferenz sei »der wirkliche Kündigungsgrund« gegen Albers gewesen (zit. nach FAZ, 25. 8. 80), auch die später noch von der HBV nachgeschobene Behauptung, Albers habe einen Vorvertrag mit der DAG gehabt und sei deswegen gekündigt worden, blieb unbelegt und kann schon aus zeitlichen Gründen nicht Ursache für die Kündigung und die überfallartige Durchsuchung der Bezirksgeschäftsstelle gewesen sein. Albers, der ohne Rechtsschutz blieb und wegen des Kostenrisikos den Prozeß abbrach, ging *nicht* zur DAG, sondern als Angestellter in die Privatwirtschaft (vgl. dazu auch 2. 4.).

Hervorgetan hat sich der HBV-Vorstand auch im Vorfeld der DGB-Grundsatzprogrammdiskussion. Worum es ihm ging, formulierte Christian Götz in einem Interview mit der Gewerkschaftspostille der DKP, den »Nachrichten«: »Bei der Darstellung der Geschichte geht es um ›historisch korrekte‹ Aussagen, die zugleich die heutige Position der Einheitsgewerkschaft stärken.«[1]

Von welcher Qualität die von Götz geforderte »historisch korrekte Aussage« über die Gewerkschaftsgeschichte war, dies hat Müller-Vogg präzise dargestellt[2]: »Die HBV will unter scheinbarem Verzicht auf die Erwähnung parteipolitischer Richtungen besonders den Beitrag der *freigewerkschaftlichen* und christlichen Gewerkschaften bei der Entstehung des DGB hervorgehoben wis-

---

[1] Nachrichten, Heft 1/1981, Frankfurt, S. 2.

[2] Hugo Müller-Vogg, Die Gewerkschaften und ihre Geschichte, in: FAZ vom 3. 3. 1981, Hervorhebungen v.d. Verfasser.

sen ... Die scheinbare historische Genauigkeit der HBV machte es letztlich nur den Kommunisten leichter, mit dieser Formulierung zu leben. Die sogenannten freien Gewerkschaften waren nämlich bis zur Abspaltung der kommunistischen revolutionären Gewerkschaftspositionen Ende der 20er Jahre eine sozialistische Einheitsgewerkschaft, in der die freiheitliche, sozialdemokratische Richtung die Mehrheit *und der totalitäre kommunistische Flügel eine einflußreiche Minderheit* bildeten. An diese Tradition würde mancher Gewerkschafter gern wieder anknüpfen, und es dürfte kein Zufall sein, daß die drei Vorkämpfer für eine Änderung der vorgeschlagenen Präambel (Druck und Papier, HBV, Holz und Kunststoff) zu den Einzelgewerkschaften zählen, die das DKP-nahe Institut für marxistische Forschungen dem ›progressiven‹ Flügel des DGB zurechnet.«

Ein Gespräch mit dem HBV-Vorstandsmitglied Hans-Horst Viehoff (CDU) bestätigt die Darstellung Müller-Voggs. Angesprochen, wieso sie ausgerechnet den Begriff »freigewerkschaftlich« verwandt hätten, antwortete Viehoff: »Wir mußten eine Formulierung finden, die auch unsere Nicht-Godesberger akzeptieren.« Es ging also ganz und gar nicht »bei der Darstellung der Geschichte ... um ›historisch korrekte‹ Aussagen«, wie uns Christian Götz glauben machen will, sondern um Formeln, die innerhalb der HBV konsensfähig waren. Denn was HBV-Vorstandsmitglied Götz »die heutige Position der Einheitsgewerkschaft stärken« nennt, heißt im Klartext: Integration der DKP-Kommunisten und ihrer Bundesgenossen. Als »Nicht-Godesberger« bezeichnen sich vor allem diejenigen »linken« Sozialdemokraten, die sich selber als »Marxisten in der SPD« bezeichnen und deren wichtigste innen- und außenpolitische Position es ist, mit der DKP »antifaschistische Bündnisse« zu machen und außenpolitisch, bei aller Kritik an einzelnen Vorkommnissen, das realsozialistische Lager prinzipiell zu unterstützen.

4. Starke Tendenzen und Gefahren einer Machtübernahme der DKP-Bündnispartner bestehen innerhalb der Gewerkschaft Erziehung und Wissenschaft.

Im Landesverband Nordrhein-Westfalen der GEW stand im Herbst 1979 die Übernahme der Mehrheit des Landesvorstandes durch das »fortschrittliche Bündnis« auf der Tagesordnung. Im Vorfeld der Vertreterversammlung formulierte die Vorsitzende der GEW Nordrhein-Westfalen, Ilse Brusis, für den DGB-Landesbezirksvorstand von Nordrhein-Westfalen »Thesen zur Diskussion um kommunistische Aktivitäten in den DGB-Gewerkschaften«. In diesem Papier ging es um die Mechanismen des Machtgewinns der DKP in den Gewerkschaften: »In der gegenwärtigen gewerkschaftlichen Auseinandersetzung resultieren die größten Schwierigkeiten mit Kommunisten aus deren Streben, unidentifizierbar zu sein. Eine Sondergruppe ... betreibt objektiv die Politik der Kommunisten, aber in einer Weise, die sie in der Regel weder sprachlich noch aktionsmäßig besonders auffallen läßt«[1].

Durch die Hereinnahme eines DKP-Mitglieds als Leiter des wichtigsten Vorstandsreferates gelang es 1979 noch einmal, eine »fortschrittliche Mehrheit« im Landesvorstand der GEW Nordrhein-Westfalen abzuwenden. Der damalige Stadtverbandsvorsitzende der GEW in Köln, Fritz Bilz, erklärte dies im März 1981 in einem Gespräch so: 1979 habe personell und qualitativ die Gefahr der Spaltung des Verbandes bestanden, wenn die Linke auf der Vertreterversammlung »durchmarschiert« wäre; diese Gefahr bestehe 1981 nicht mehr, die Zeit »unserer« Rücksichtnahme sei vorbei.

1980 freilich unternahm die Landesverbands-Vorsitzende noch einen letzten, mutigen Versuch, die GEW-Verhältnisse im demokratischen Sinne zu konsolidieren: Sie holte den profilierten DKP-Kritiker Dr. Manfred Wilke als Geschäftsführer nach Essen. Das sollte diesem freilich schlecht bekommen: die DKP-hörigen GEW-Stadtverbände Essen und Düsseldorf bliesen zur Hatz.

---

[1] Vgl. dazu »Marsch der DKP ...« S. 36f. (Abs.) Die Feststellung, daß die Kommunisten versuchen, unidentifizierbar zu sein, und die Einordnung der Stamokaps, die ja in der Regel das Mitgliedsbuch der SPD in der Tasche haben, als Gruppe, die objektiv die Politik der Kommunisten in den Gewerkschaften betreibt, wird anderthalb Jahre später von dem Vorsitzenden der IG Metall, Eugen Loderer, in einem Handelsblatt-Gespräch im Zusammenhang mit dem 4. außerordentlichen Bundeskongreß des DGB noch einmal formuliert: »Schlimmer als eingetragene DKP-Mitglieder sind die ›Panzerschrank-Kommunisten‹, die Mitglieder in einer demokratischen Partei sind, in Wirklichkeit aber kommunistische Ziele verfolgen.« (Loderer) Die DGB-Gewerkschaften haben keine kommunistische Wurzel, in: Handelsblatt vom 13./14. 3. 1981). Vgl. dazu auch Fußnote 3.

[2] Ulrich Hecker: Muß ein entschiedener DKP-Gegner gehen? Manfred Wilke bleibt GEW-Geschäftsführer. In: Neue Deutsche Schule, Oktober 1980, S. 427ff. Der als Grund für den Rausschmiß von den DKP-Freunden genannte »spalterische« Aufsatz ist als Kapitel I, S. 23–43, im »Marsch der DKP ...« abgedruckt. Jeder kann sich aufgrund dessen ein eigenes Bild machen.

Ich dokumentiere aus der GEW-Zeitung von NRW[2]:

»Muß ein entschiedener DKP-Gegner gehen?« So oder ähnlich lauteten die Schlagzeilen in den meisten Tageszeitungen dieses Landes, die sich mit der Kontroverse um den Geschäftsführer unseres Landesverbandes befaßten. Nehmen wir das Ergebnis vorweg: Manfred Wilke wurde mit eindrucksvoller Mehrheit (bei 3 Gegenstimmen und 3 Enthaltungen) in seiner Funktion bestätigt.

Die Diskussion um Anträge der Stadtverbände Essen und Düsseldorf, die die Entlassung Wilkes gefordert hatten, wurde vor der entscheidenden Landesvorstandssitzung öffentlich.

Ilse Brusis erklärte auf der Landesvorstandssitzung: ›Es ist bedauerlich, daß dieser Vorgang in die Spalten der Presse gelangt ist. Die Anträge aus Essen und Düsseldorf wurden im ganzen Lande verschickt. Dieses Verfahren nützt unserer Gewerkschaft nicht. Es dient der GEW nicht, wenn Konflikte vor ihrer Klärung an die Öffentlichkeit gelangen.‹

Presse-Echo

›Die Stadtverbände Essen und Düsseldorf der Gewerkschaft Erziehung und Wissenschaft (GEW) haben den nordrhein-westfälischen Landesvorstand ihrer Gewerkschaft aufgefordert, sich von dem neuen Landesgeschäftsführer Wilke mit Ablauf der Probezeit zu trennen. Wilke wird neben ›organisatorischen Fehlleistungen‹ vorgeworfen, er habe sich mit einer Veröffentlichung über die Unterwanderung der Gewerkschaften durch die Deutsche Kommunistische Partei (DKP) ›spalterisch und polarisierend‹ betätigt!‹ (Frankfurter Allgemeine, 11. September 1980)

Die Rheinische Post nannte am 19. September den Stein des Anstoßes:

›Bei der jetzt von innergewerkschaftlichen Gegnern zum Anlaß für seinen ›Abschuß‹ genommenen Veröffentlichung handelt es sich um Wilkes Beitrag für ein Buch, das er im Spätherbst unter dem Titel ›Der Marsch der DKP durch die Institutionen‹ zusammen mit den Professoren Flechtheim, Vilmar und Rudzio herausbringen wird. Darin kommt der politisch am linken Rand des SPD-Spektrums angesiedelte Wilke zu dem Ergebnis, das eigentliche Anliegen der DKP bei ihrer intensiven Gewerkschaftsarbeit sei nicht, die Interessen der Belegschaft zu vertreten, sondern den Gewerkschaftsapparat in die Hand zu bekommen.‹

Die Westberliner Tageszeitung schließlich meinte:

›Wilkes inhaltliche Kritik an der DKP wurde durch den Kündigungsantrag erneut bestätigt. Wiederum wird versucht, gegen einen Kritiker administrativ vorzugehen. Statt Diskussion der geäußerten Position betreibt man den Rausschmiß. Alles wie gehabt.‹

(›Tageszeitung‹, 17. September 1980)

Soweit nur einige wenige Pressestimmen.

Die Position der Kritiker

Die Kritik an organisatorischen Fehlleistungen, die Wilke vorgeworfen wurden, war – und das zeigte die Diskussion eindeutig – nur sekundär. Sie konnte nicht konkretisiert werden. Der eigentliche Kern des Vorgehens gegen Manfred Wilke war politisch:

›Gewerkschaftspolitisch ist Dr. Manfred Wilke wegen eines von ihm verfaßten Artikels ›Es geht um Unterwanderung und Machtgewinn der DKP‹ für die Geschäftsführung eines so großen Landesverbandes – er ist Angestellter der GEW – eine Belastung geworden.‹ (Antrag StV Düsseldorf vom 14. August 1980)

›Wir sind der Auffassung, daß ein Landesgeschäftsführer mit Interessen und Intentionen, wie sie in diesem Papier dokumentiert sind, eine Belastung für den Landesverband ist.‹ (Arbeitsgruppenausschuß Gesamt- und Kollegschulen am 15. 9. 1980)

Ist die Kritik an der DKP bzw. ihrer Gewerkschaftspolitik ein Angriff auf die Einheitsgewerkschaft?« Soweit das GEW-Blatt.

Wie die Machtverhältnisse in der GEW von NRW sind, zeigte in Düsseldorf am 17. 3. 1981 eine Demonstration der Stadtverbände Düsseldorf, Essen, Bochum, Köln und Wuppertal gegen die Bildungspolitik der nordrhein-westfälischen Landesregierung. Das Besondere an dieser Demonstration: Sie wurde gegen den erklärten Willen des DGB-Landesbezirks und eines Beschlusses des GEW-Landesvorstandes durchgeführt.

Wie es in der GEW Niedersachsen aussieht, wurde grell beleuchtet durch eine »notwendige Rezension« des »Marschs der DKP ...« unter Mitwirkung des Landesgeschäftsführers Lehnert[1]: Kaum ein Klischee der sowjetkommunistischen Sprachregelung zur Diffamierung dieser Analyse (wie sie dann vom DKP-Chef Mies in einer Borschüre zusammengefaßt wurde[2]), das in

---

[1] H. Lehnert u. R. Lauenstein, Auf Umwegen zur Macht? Eine notwendige Rezension: Wilke, Vilmar u. a. »Der Marsch der DKP durch die Institutionen«, in: Erziehung und Wissenschaft Niedersachsen 3/81, S. 9.

[2] H. Mies, DKP und Gewerkschaften. Klarstellungen zum Buch »Der Marsch der DKP durch die Institutionen«. Broschüre d. DKP-Vorstandes, Düsseldorf, April 1981, 31 S.

dieser ganzseitigen Polemik nicht wiederkehrt. (Im Abschnitt 1.2. werden wir auf diese gleichlautenden »Stereotype der Diffamierung« gegen unsere Arbeit mit genauen Belegen zurückkommen.)

Der Einfluß von »fortschrittlichen Bündnissen« macht sich aber nicht nur in einigen Landesbezirken der GEW bemerkbar, er war auch auf dem Gewerkschaftstag der GEW im November 1980 in Mainz zu spüren. Die »linken Landesverbände« Hamburg, Berlin, Niedersachsen, Bayern und Hessen trafen vor dem Kongreß Wahlabsprachen. Der damalige Hamburger Landesvorsitzende Dietrich Lembke (SPD) kündigte auf dem Gewerkschaftstag an, daß man das nächstemal einen Vorstand wählen müsse, der die Beschlüsse dieses Gewerkschaftstages in die Tat umsetzen würde. Er formulierte damit siegesgewiß den Machtanspruch des den Mainzer Gewerkschaftstag bereits stimmungsmäßig beherrschenden Negativbündnisses aus Alternativen, DKP und sozialdemokratischen Bundesgenossen für die Zeit nach Frister, in dem die sowjetmarxistische Ideologie und Taktik eindeutig dominiert. (Vgl. dazu S. 105–128!)

Im Vorfeld des DGB-Programmkongresses wurden in den meisten GEW-Landesverbänden Formulierungsänderungen eingebracht, die die Kommunisten als konstituierende politische Kraft der Einheitsgewerkschaft definierten. Bei der Umsetzung des »Krefelder Appells« in den DGB-Gewerkschaften standen die GEW-Lehrer mit an der Spitze (s.u. S. 65). Diese beiden politischen Initiativen, die fast alle GEW-Gremien beschäftigten, runden das Bild ab über die in dieser Gewerkschaft sich durchsetzenden Mehrheitsverhältnisse.

1.1.2. Gewerkschaftliche Bildungsunterlagen mit sowjetmarxistischer Schlagseite

Seit 1978 wurden nicht weniger als fünf beachtenswerte Fälle bekannt, in denen – teils mit, teils ohne Erfolg – versucht wurde, Seminarleitfäden, Broschüren und Bücher in die gewerkschaftliche Bildungsarbeit einzuschleusen, die teilweise oder total aus sowjetmarxistischer Sicht geschrieben waren.

1. Besonders skandalös war der Fall eines »Arbeitsheftes« der IG Metall zur Erinnerung und politisch-didaktischen »Aufarbeitung« der vor 100 Jahren (1878) gegen die Sozialdemokratie erlas-

senen Sozialistengesetze[1], eine Broschüre, die sich in allen wesentlichen Teilen als ein – teilweise wörtliches – Plagiat der achtbändigen, von Ulbricht herausgegebenen (DDR-)»Geschichte der deutschen Arbeiterbewegung« herausstellte. Nur wegen des Plagiats, nicht wegen des Inhalts wurde dieses Pamphlet bald nach Erscheinen eingestampft, bevor es in noch größerer Menge die Organisation überschwemmen konnte.

Höchst bezeichnend freilich für den »Geist«, der derzeit die von Hans Preiß geleitete Abt. Bildung der IG Metall bestimmt, ist die Tatsache, daß man diesen Text nicht, auch ohne sein DDR-Vorbild zu kennen, dem Papierkorb statt dem Drucker übergab. Denn wie ein roter Faden zieht sich durch die Darstellung der Situation der Arbeiterbewegung vor und nach der Jahrhundertwende die »Lehre«, daß es damals noch den im guten marxistisch-revolutionären Denken geschulten Führern der Arbeiterbewegung gelang, die ständigen Versuche der »Reformisten« abzuwehren, Partei und Gewerkschaften auf einen reformpolitischen Kurs der Mitarbeit im bürgerlich-parlamentarischen System zu bringen. Mit anderen Worten: Das, was im Laufe der vergangenen hundert Jahre den Erfolg der gewerkschaftlichen und politischen Arbeiterbewegung ausmachte, nämlich eine Politik beharrlicher inner- wie außerparlamentarischer Reformschritte – eben dies wurde in jener von den Sowjetmarxisten abgeschriebenen Broschüre als Abfall vom rechten Wege, als Arbeiterverrat verketzert. Wäre sie nicht, mehr zufällig, als Plagiat entlarvt worden, so würde sie wahrscheinlich noch heute das »Geschichtsbild« der Metallfunktionäre prägen helfen.

2. Als ein weiteres unbrauchbares, weil dem sowjetkommunistischen Geschichtsbild teilweise zu nahe stehendes Druckwerk erwies sich die von der Abteilung Jugend beim Bundesvorstand des DGB zusammengestellte Broschüre zum Antikriegstag 1979 der Gewerkschaftsjugend (u.a. mit Beiträgen des IG Metall-Vorstandsmitglieds Georg Benz und des Vorsitzenden der Gewerkschaft Holz und Kunststoff, Kurt Georgi). Der Druck wurde vom DGB-Vorstand untersagt. In ihrem geschichtlichen Teil beispielsweise war weder vom Hitler-Stalin-Pakt die Rede, noch stand auch nur ein Wort darin vom sowjetischen Imperialismus, der im-

---

[1] Peter Scherer, Der Kampf gegen das Sozialistengesetz (Arbeitsheft 512 IG Metall), Frankfurt März 1978.

merhin für den Kalten Krieg zwischen den beiden Blöcken nach 1945 und das Wettrüsten mitverantwortlich zu machen ist.

3. Ein ähnliches Schicksal ereilte im Frühjahr 1981 einen für die Bildungsarbeit im DGB-Landesbezirk NRW erarbeiteten Leitfaden zum Thema »Faschismus/Neofaschismus«. Jutta Roitsch (Frankf. Rundschau vom 10. 3. 81) berichtete darüber: »Wegen Einseitigkeit, Dürftigkeit und ›DKP-Handschrift‹ hat der Landesbezirk Nordrhein-Westfalen des Deutschen Gewerkschaftsbundes einen in höherer Auflage gedruckten Referentenleitfaden zum Thema ›Faschismus-Neofaschismus‹ eingezogen. Wie zu erfahren war, untersagte der DGB-Vorsitzende von Nordrhein-Westfalen, Siegfried Bleicher, die weitere Auslieferung der Broschüre und die Anwendung in der gewerkschaftlichen Bildungsarbeit des DGB ... auch auf Druck der DGB-Zentrale in Düsseldorf und einiger Gewerkschaftsvorstände, insbesondere der Industriegewerkschaft Chemie-Papier-Keramik[1] ... Deren stellvertretender Vorsitzender, Hermann Rappe, hatte den DGB-Leitfaden zuvor in einem Bildungsseminar als ›das reinste Unterwanderungscurriculum‹ charakterisiert. Unter den Autoren des Leitfadens, für den der stellvertretende Landesbezirksvorsitzende Walter Haas verantwortlich zeichnete, befand sich auch Hans Preiß Vorstandsmitglied der IG Metall.« Die entscheidenden Gründe für die Ablehnung der Broschüre waren – laut Jutta Roitsch –

- die im Leitfaden vorgeschriebene Ablehnung der Totalitarismustheorie, weil durch sie mit dem Faschismus auch der (Sowjet-)Sozialismus »diskreditiert würde«.
- »Der vorgeschriebene Vergleich zwischen 1929 bis 1933 ... und 1973 bis 1981«, wobei als »Provokationsfrage« vorgegeben sei: »droht heute wie vor 33 eine faschistische Entwicklung?« – »Wobei in dem Referentenleitfaden wieder offengelassen wird, ob nach Einschätzung der Autoren das Jahr 1980 gleichzusetzen ist mit dem Jahr der Machtergreifung Hitlers.«

---

[1] Der Behauptung von Jutta Roitsch, Siegfried Bleicher habe den Leitfaden erst auf »Druck« zurückgezogen, hat der DGB-Landesbezirksvorsitzende öffentlich widersprochen: Von niemanden gedrängt, habe er Anfang Februar 1981 die Auslieferung gestoppt. Erst danach sei der DGB-Bundesvorstand informiert und begutachtet worden. Der Leitfaden, in einer Auflage von 3500 Exemplaren gedruckt, sollte zunächst überarbeitet werden, dies erwies sich als unmöglich; jetzt lagert der Leitfaden im Keller des DGB-Landesbezirks und über die Kosten von einigen Tausend DM spricht niemand mehr.

Schließlich wurde auch der extreme Schulungsstil in diesem Leitfaden abgelehnt – den Referenten wird für den Verlauf des mit diesem Leitfaden auszufüllenden Wochenendseminars in genauen Stunden- oder Dreiviertelstunden-Schritten vorgeschrieben, was sie jeweils inhaltlich zu lehren haben.

Exkurs: »Wer über Stalinismus nicht reden will, soll über Faschismus schweigen«
Stellenwert und Unglaubwürdigkeit sowjetkommunistischer Antifaschismus-Initiativen

Nicht nur im Indoktrinations-Stil, sondern auch inhaltlich hatten sich in die eingestampfte »Faschismus«-Broschüre des DGB – wenn auch in vorsichtiger Form – sowjetkommunistische Tendenzen und Absichten eingeschlichen. Denn es gilt zu erkennen, daß eine *bestimmte* Art von Antifaschismus zur einigenden Plattform gemacht werden soll für eine die Kommunisten integrierende Bündnispolitik. Dabei spielt *die Tabuierung des Totalitarismusbegriffs* eine wichtige Rolle.

Ausgerechnet Hans Preiß – dieser hohe IG Metall-Funktionär, in dem manche den zukünftigen Vorsitzenden der IG Metall sehen! – zeichnet für die beanstandete Verwerfung der Totalitarismustheorie verantwortlich und dient in der Broschüre dafür als Autorität (S. 71; 25; 49)! Die Beanstandung besteht allerdings völlig zu Recht. Denn der eingestampfte Schulungsleitfaden behauptet an den angegebenen Stellen, mit Berufung auf Preiß, der »unklare« Totalitarismus-Begriff sei unbrauchbar, da »er es erlaubt«, den Faschismus und die (»gesamte«!) Arbeiterbewegung, »Angreifer und Opfer«, »in einen Topf zu werfen«, einschließlich des »demokratischen Sozialismus«. Das ist keine überzeugende Begründung. Denn es gibt zwar Demagogen, die nach dem Motto: Nationalsozialismus ist auch ein Sozialismus, die Gleichung rot = braun herzustellen versuchen. Sie benutzen aber zu diesem Zweck meist den Oberbegriff *Kollektivismus,* kaum den des Totalitarismus. Denn dieser ist relativ fixiert – geradezu als *Gegen*-Begriff zum demokratischen Sozialismus! – *auf die historische Tatsache erschreckender Ähnlichkeiten faschistischer und sowjetkommunistischer Diktatur.*

Genau diesen Tatbestand aber, der jedes Aktionsbündnis mit DKP, SDAJ und anderen sowjetkommunistisch Orientierten im Zeichen des »Antifaschismus« verbietet, verdrängen diejenigen, die vom Gebrauch des Totalitarismus-Begriffs abraten.

Umgekehrt müßte die Empfehlung lauten: Wer vom Stalinismus (und Nachstalinismus) nicht reden will, sollte vom Faschismus schweigen. Denn das simple Einheitsfront-Bild: hier die »gesamte« Arbeiterbewegung (das »Opfer«) – dort der Faschismus (der »Angreifer«) verfälscht eben die Wirklichkeit: Wie Polen[1] nur allzu deutlich zeigt, ist ein pervertierter Teil der »Arbeiterbewegung« inzwischen, in Gestalt der totalitären sowjetischen Militär- und Diktaturmacht, zum »Angreifer« auf die freie demokratische Arbeiterbewegung geworden. Und der – freilich keineswegs *ausreichende* – Totalitarismusbegriff[2] (ich würde ihn nicht substantivisch, sondern adjektivisch verwenden: *totalitär* als ein Wesensmerkmal, aber nicht als »das« Wesen eines Systems) könnte genau auf diese *doppelte* Gefährdung der Arbeiterbewegung hinweisen – wobei die linkstotalitäre Gefahr de facto nicht nur im DGB zur Zeit die weitaus realere ist. (Vgl. Nachtrag!)

Daß der Begriff des Totalitären (Totalitarismus) keineswegs nur »formale« Ähnlichkeiten zwischen vielen Rechts- und Linksdiktaturen aufdeckt (oder bloße »Erscheinungsformen« des realen Sozialismus, wie der Leitfaden verharmlosend sagt), zeigt der Katalog von »Faschismus-Kriterien« im DGB-Leitfadens: von den 5 Kriterien: extrem ungleiche Verteilung des Sozialproduktes; Bündnis mit dem Kapital, Terror gegen Arbeiter, Antiparlamentarismus, undemokratische Willensbildung; Antisemitismus/Rassismus (S. 45ff.) gelten 4 – teils in geringerem, teils in noch größerem Ausmaß *auch als Wesensmerkmale des Sowjetkommunismus.* Für weitere wesentliche Kriterien, die der Leitfaden »vergaß«, gilt diese essentielle Übereinstimmung noch mehr: paramilitärische Mobilisierung der Jugend, totale Kontrolle der Menschen, totale Staatsmacht, totale geistige Festlegung auf eine Staatsideologie (»Weltanschauung«) etc.

Solche Nähe paßt freilich nicht ins Konzept von Sowjetkommunisten und ihren Bündnispartnern, von denen »Antifaschismus« als allumfassendes einigendes Band eines »antimonopoli-Volkes richtet, besteht sowohl die Notwendigkeit als auch die

---

1 Nicht erst seit 1980! Schließlich waren Hitler und Stalin zeitweilig Verbündete, und Stalin (das »Opfer«) beteiligte sich 1939 an der Besetzung und Vernichtung Polens.

2 Vgl. seine Diskussion in: M. Greiffenhagen u. a., Totalitarismus – Zur Problematik eines politischen Begriffs, München 1972.

stischen« Bündnisses aller »fortschrittlichen« Kräfte mißbraucht wird und als Sammelbegriff für alles, wofür und wogegen solche »Volksfront«-Bündnisse, stets unter Einschluß, wenn nicht unter Führung, der DKP-Freunde, kämpfen zu müssen glauben: »Da der Faschismus sich gegen die Lebensinteressen des gesamten Möglichkeit, weite Kreise der Bevölkerung für die antifaschistische Bewegung zu gewinnen und sie um die Arbeiterklasse und ihre revolutionäre Partei zu sammeln ... Antifaschismus ..., schließt objektiv stets den Kampf ... für Frieden, Demokratie, Völkerfreundschaft und Humanität sowie für die Verteidigung der sozialistischen Staaten (!) ein.« (Aus: Kleines politisches Wörterbuch, Berlin–DDR, 1973 S. 35f.).

Auf dieser Linie bewegte sich weithin auch die Antifaschismusdiskussion auf einem von der GEW-Niedersachsen im Juni 1979 organisierten Kongreß: zwei Autoren einer Untergruppe, nämlich des »Verbandes der Politiklehrer«, G. Battmer und W. Rischmüller, legten folgende Definition des Antifaschismus in einem offiziellen Thesenpapier »zur antifaschistischen Pädagogik« vor: Nach einer vehementen, auf die »Autorität« Abendroths sich beziehenden Abgrenzung vom Antikommunismus (»Antifaschismus und Antikommunismus schließen sich aus«) wird der Antifaschismus als gemeinsamer Nenner aller, die Kommunisten integrierenden, »fortschrittlichen Bewegungen« bestimmt: »Einzig ein umfassender Antifaschismus ist gegenwärtig in der Lage, Jugendlichen eine Orientierung zu geben; ... gleichzeitig den vorhandenen zersplitterten Initiativen und Bewegungen eine übergreifende Richtung (!) zu geben. Die Anti-AKW-Bewegung ..., Friedensbewegung ..., Frauenbewegung ..., Initiativen gegen Berufsverbote, gegen Diskriminierung in jeder Form u.a.m. (ist) in antifaschistischer Perspektive zusammenzuführen und damit gleichzeitig zu stärken, vor Isolierung, Zersplitterung und Resignation zu bewahren. In der Orientierung auf die Gewerkschaften, damit auf deren theoretische und ideologische Quellen, wie sie sich in der christlichen Soziallehre, in den Positionen der sozialistischen und (!) kommunistischen Arbeiterbewegung finden, gilt es gleichzeitig ein alternatives demokratisches antifaschistisches Wertsystem herauszustellen.«[1]

---

[1] Aus: GEW-Niedersachsen (Hg.), Zur Funktion der politischen Bildung in Schule und Gesellschaft; Ergebnisse der GEW-Fachtagung vom 28.–30. Juni 1979, Hannover 1979, S. 71.

Selbst diejenigen in dieser Unterwanderungs-Diskussion, die immer wieder vor einer unnötigen Dramatisierung warnen, werden zugeben müssen, daß es ein bedrohliches Faktum, ein beachtliches Signal darstellt, wenn innerhalb von nur drei Jahren drei bedeutsame Broschüren der gewerkschaftlichen Bildungsarbeit aus dem Verkehr gezogen werden müssen, weil sie sich als sowjetmarxistisch infiziert – in einem Fall sogar als von den Sowjetmarxisten direkt abgeschrieben herausstellen!

4. Mit diesen mehr oder weniger mißlungenen Versuchen der sowjetmarxistischen Einflußnahme über Bildungsmaterialien ist dieses Thema aber leider nicht abgeschlossen. Bereits seit Beginn der siebziger Jahre vollzog sich, insbesondere in der gewerkschaftlichen *Jugend-Bildungsarbeit,* eine Auseinandersetzung zwischen dem sogenannten »Erfahrungsansatz« und dem »Leitfadenansatz«. Während der erstere ohne vorgegebene starre Lernschritte, von den konkreten betrieblichen Erfahrungen der gewerkschaftlichen Lehrgangsteilnehmer ausgehend, das »Ziel der Entwicklung eigenständiger Handlungskompetenz der Teilnehmer« verfolgt, will der Leitfadenansatz zwar auch von unmittelbaren Erfahrungen der Kollegen ausgehen, diese jedoch lediglich als Anknüpfungspunkt benutzen für eine dann von dem oder den Referenten vorzutragende »objektive Lehre« über den Gegensatz von Kapital und Arbeit im Betrieb und die verschiedenen, von den Funktionären einzuhaltenen gewerkschaftlichen und betriebsverfassungsrechtlichen Handlungsstrategien.

Sowjetmarxistische Kräfte in der gewerkschaftlichen Jugend-Bildungsarbeit haben im Laufe der siebziger Jahre stark zur Ausbreitung eben dieses schulungsmäßigen »Leitfadenansatzes« und für die Herstellung der dazu notwendigen Bildungsleitfäden beigetragen. Brock/Mückenberger/Negt haben in einer ausgezeichneten Analyse[1] gezeigt, daß die DKP-Kritik des – vom Erfahrungsansatz ausgehenden – Oberurseler Teams genau in dieser bildungspolitisch-didaktischen Kontroverse wesentlich mitbe-

[1] Adolf Brock, Ulrich Mückenberger, Oskar Negt: Die Jugendschule wird erwachsen. 25jähriges Jubiläum der DGB-Schule Oberursel inmitten von Konflikten und innergewerkschaftlichen Kontroversen, in: Kritik Nr. 22/79, S. 55ff., hier S. 63. Vgl. zum Gesamtkomplex auch M. Dammeyer, Das alternative Bildungskonzept, Oberhausen 1980 (Asso-Verlag). Das Buch bietet viel sonst schwer zugängliches Material aus der gewerkschaftlichen Bildungsarbeit, ist aber dem »Leitfadenansatz« gegenüber nicht kritisch genug.

gründet ist: Die »Oberurseler mußten sich auseinandersetzen mit Publikationen aus dem gewerkschaftlichen Bereich ... von Brammerts/Trautwein/Gerlach ›Lernen in der Gewerkschaft‹ und Udo Achten ›Gemeinsam Lernen – Solidarisch handeln‹. Diesen Büchern ist gemeinsam, daß sie den ... Erfahrungsansatz zu liquidieren und durch stringentere curriculara Lernschemata zu ersetzen versuchen. Gemeinsam ist ihnen auch, daß sie durchweg auf einer Fehlinterpretation des Konzepts »Exemplarisches Lernen« beruhen – einer Fehlinterpretation, in der sie fast wortidentisch Mißverständnisse und Diffamierungen, die von DKP-Seite etwa durch Harald Werner und durch den IMSF-Forschungsbericht zur Jugendarbeit vorgetragen wurde, fortschreiben und ausgrenzend gegen die Verfechter des Erfahrungsansatzes ... wenden«. (Trautwein, einer der Hauptverfechter sowjetmarxistisch beeinflußter Bildungsstrategien im DGB, ist inzwischen aus der DGB-Vorstandsverwaltung als Abteilungsleiter in die Gewerkschaft Handel-Banken-Versicherungen übergewechselt.)

5. Gewiß nicht das geringste Beispiel sowjetmarxistischen Ideologieimports in die gewerkschaftliche Bildungsarbeit ist der Versuch einer Marburger Politologengruppe um Frank Deppe und Georg Fülberth, mit ihrer im DKP-nahen Pahl-Rugenstein-Verlag erschienenen »Geschichte der deutschen Gewerkschaftsbewegung« in die gewerkschaftliche Bildungsarbeit einzudringen. Zunächst schien dies auch unbemerkt zu gelingen – das zu einem Taschenbuchpreis vertriebene, fast 500 Seiten umfassende Buch fand ein Jahr lang ungehindert Verbreitung.

Erst im Herbst 1978 erschien in mehreren Zeitschriften[1] eine Rezension des Westberliner Soziologen Manfred Scharrer, der abschließend zu dem Urteil kam, daß dieses Buch der geschickteste Versuch sei, die sowjetkommunistische Geschichtsklitterung dem bundesrepublikanischen Leser und insbesondere den Gewerkschaftern nahezubringen. Selbst diese Rezension hätte wahrscheinlich nicht viel bewirkt, wenn nicht die Besprochenen geholfen hätten, ihr die gebührende Beachtung zu verschaffen. Bevor noch die Besprechung irgendwo erschienen war, schickten Deppe und Fülberth ein 10seitiges Gutachten (mit einem Kommentar

---

[1] Eine breite Dokumentation und Quellennachweise der hier erwähnten Kritik von Scharrer, Beier, Grebing und Pirker bietet das IX. Kapitel des »Marsches der DKP ...« (S. 187–206).

von Wolfgang Abendroth) an alle Gewerkschaftsvorstände und deren Presseabteilungen. Tenor der Marburger Stellungnahme: Scharrer hätte keine Buchbesprechung geliefert, »sondern eine Sammlung von hinterhältigen Unterstellungen, offenen Unwahrheiten und Verzerrungen«. Ausgesprochenes Ziel dieses Schreibens: Scharrers Buchkritik sollte unterdrückt werden.

Der Brief wurde im Gegensatz zu den Intentionen seiner Absender öffentlich. Die Absicht der sowjetmarxistischen Verfasser, eine wissenschaftliche und politische Auseinandersetzung über ihre Sicht der Gewerkschaftsgeschichte zu verhindern, kehrte sich ins Gegenteil um: Eine breite öffentliche Auseinandersetzung begann, in der renommierte Gewerkschaftshistoriker wie Theo Pirker, Helga Grebing und Gerhard Beier die eindeutig sowjetkommunistische Tendenz des Buches offenlegten: Selbstrechtfertigung der kommunistischen Position – Diffamierung der sozialdemokratischen Führungen und Politiken der deutschen Gewerkschaftsgeschichte des 20. Jahrhunderts.

Wenn auch nach der ziemlich einhelligen wissenschaftlichen Kritik die kommunistische Tendenz des Marburger »Geschichtswerks« den Eingeweihten allgemein bekannt und damit seine »offizielle« Verwendung in der gewerkschaftlichen Bildungsarbeit ausgeschlossen ist, so muß andererseits leider davon ausgegangen werden, daß es »inoffiziell« – angesichts der bedeutenden Zahl DKP-naher oder zumindest der Stamokap-Ideologie zuneigender Teilnehmer und Referenten – in der gewerkschaftlichen (Jugend)Bildungsarbeit weiterhin eine fatale Rolle spielt im Sinne der Vermittlung eines antireformerischen, dogmatisch-marxistischen und letzten Endes pro-sowjetkommunistischen, vage Volksfrontillusionen fördernden politischen Weltbildes.

Daß aber auch unabhängig von allen noch vorhandenen oder auch eingestampften sowjetmarxistisch orientierten gewerkschaftlichen Bildungsmaterialien der kommunistische bzw. auf »Volksfront«-Politik gerichtete Einfluß in der gewerkschaftlichen Bildungsarbeit aufgrund entsprechender Teilnehmer- bzw. Referentenauswahl erheblich ist, ergibt sich aus den im folgenden zu benennenden Fakten.

1.1.3. Sowjetkommunistischer Einfluß in inner- und außergewerkschaftlichen Bildungsinstitutionen

Nicht überall im Bildungsbereich ist sowjetkommunistischer Einfluß so spektakulär wie in Marburg, wo die beherrschende Position der Sowjetmarxisten im gesellschaftswissenschaftlichen Bereich der Universität seit Jahren einen derartigen Zustrom DKP-naher Studenten bewirkt hat, daß bei Wahlen in Marburg die DKP ein Vielfaches ihres »normalen« Stimmenanteils erhält (so bei der Kommunalwahl 1981 8,1%). Im allgemeinen dringt nur zufällig und schlaglichtartig aufklärendes Licht in die »black boxes« gewerkschaftlicher (Hoch-)Schulen.

1. Ein erstes grelles Schlaglicht auf Meinungs- und Machtverhältnisse in der gewerkschaftlichen Bildungsarbeit warf das »Oberurseler Papier«[1], in dem aufgrund jahrelanger bitterer Erfahrungen und Anfeindungen Inhalte (verbalradikale Indoktrination im Sinne des »Leitfaden«-Ansatzes s.o.!) und Methoden der Stamokap-Fraktion in der gewerkschaftlichen Bildungsarbeit beschrieben wurden. Selbstverständlich läßt sich die von dem Oberurseler Team beschriebene Gefahr im gewerkschaftlichen Bildungsbereich nicht direkt quantifizieren – die Autoren jener Kritik haben auch ganz bewußt darauf verzichtet, in diesem Sinne eine quantifizierende und personalisierende Analyse vorzulegen. Wer aber die links-sozialdemokratische Position von Hinrich Oetjen und seinen Kollegen kennt (eine Position, die genau wie die der Autoren des »Marsches der DKP ...« *völlig frei ist von jenem bürgerlichen Antikommunismus,* der dazu neigt, generell sozialistische bzw. marxistische Positionen als »kommunistisch« zu diffamieren), der kann getrost davon ausgehen, daß nur die praktische, jahrelange Erfahrung fortschreitender Ausdehnung des sowjetmarxistischen Einflusses innerhalb der gewerkschaftlichen (Jugend-)Bildungsarbeit jene Autoren dazu veranlassen konnte, in den Gewerkschaften Alarm zu schlagen, indem sie jenes DKP-kritische Papier verfaßten.

2. Spezielle Schlaglichter auf existierende sowjetkommunistische Meinungs- und Gruppenmacht im gewerkschaftlichen Bildungssystem warfen die Proteste einer studentischen Gruppe an der gewerkschaftsnahen Hamburger »Hochschule für Wirtschaft und Politik« (HWP) sowie der Protest einer Studentin und einiger

---

[1] Verfaßt vom Referententeam der DGB-Jugendschule in Oberursel und, in überarbeiteter und durch Fallbeispiele ergänzter Form, integriert in den »Marsch der DKP ...« (S. 64–120).

sich betroffen fühlender Dozenten an der gewerkschaftlichen »Akademie der Arbeit« (AdA) in Frankfurt.

Die kritischen Studenten der HWP zeigten in ihrer 10seitigen Analyse[1], daß DKP-nahe Studentenorganisationen seit Jahren an jener Hochschule, unter dem bei sowjetkommunistischen Studentengruppen üblichen, verharmlosenden Begriff der »gewerkschaftlichen Orientierung« eine nahezu totale Vertretungsmacht ausüben, Ansätze anders orientierter Gruppenbildungen unmöglich machen und dabei die Sympathie, zumindest aber die stillschweigende Duldung der meisten Dozenten genießen[2]. (Daß die Berufungsvorgänge an der HWP teilweise ähnliche Machtverhältnisse widerspiegeln, sei nur der Vollständigkeit halber vermerkt.)

Bezeichnend für das Klima der Auseinandersetzung in vielen DGB- und Gewerkschaftsbereichen ist, daß nach der Veröffentlichung dieser Kritik zuständige Funktionäre der »Hans-Böckler-Stiftung« nicht etwa eine offene Diskussion forderten, sondern in einem Anschreiben den Kritikern – bei indirekter Drohung des Stipendienentzugs – den Mund verbaten.

3. Die DKP-Einflüsse in der Hörerschaft der Frankfurter »Akademie der Arbeit« kamen zur Sprache, als eine als Trotzkistin verketzerte Studentin gegen eine »witzig« sein sollende Drohung in einem studentischen Sketch[3] protestierte, und die sich dadurch nicht etwa die Solidarität, sondern die Feindseligkeit fast des gesamten Lehrgangs (knapp 50 Studierende) zuzog. Ebenfalls in die Schußlinie geriet Manfred Wilke, der sich öffentlich mit der Studentin solidarisiert hatte und vom DGB eine Klärung des Vorfalls verlangte. Bezeichnend war wiederum die halbherzige, einer Auseinandersetzung ausweichende Art, wie sich sämtliche in der Aka-

---

1 Vgl. deren Dokumentation im »Marsch der DKP . . .«, S. 113–120.

2 Diese Duldung und Sympathie geht sehr weit: von den Kritikern des internen HWP-Regimes wurde u. a. als skandalöser Einzelfall berichtet, daß 1980 wochenlang eine großaufgemachte Wandzeitung unbeanstandet in der Schule hängen konnte, in der der Einmarsch der sowjetischen Truppen in Afghanistan begrüßt und gerechtfertigt wurde!

3 Frage: Kann außerhalb Mexikos ein Eispickel benutzt werden? Antwort: Benutzen ist eigentlich zu viel gesagt, allerdings treten in letzter Zeit Fälle auf, bei denen man annehmen muß, hier ist ein Eispickel im Spiel. Besonders im Frankfurter Uni-Bereich ist dieses Phänomen zu beobachten. Da ein Eispickel ja bekanntlich nicht aus Eis besteht . . ., sollte sich jeder vor diesem gefährlichen Instrument vorsehen.« Zitiert nach: Frankf. Rundsch. v. 15. 1. 81. Bekanntlich wurde Trotzki in Mexiko mit einem Eispickel ermordet.

demie wie im DGB Verantwortlichen von dem Vorfall als einer bloßen »Geschmacklosigkeit« distanzierten[1]. Noch bedenklicher aber war der massive Gruppendruck, der sich anschließend nicht etwa gegen die Verfasser des stalinistischen Sketchs, sondern gegen die Kritikerin erhob. Und als diese sich nach solchen Erfahrungen weigerte, mit jener feindseligen und teilweise ideologisch festgelegten Gruppe an einer gemeinsamen Ungarn-Fahrt (!) teilzunehmen, krönte der Schulleiter die Folge von Repressionen damit, daß er die Nicht-Teilnahme der Studentin als »Fernbleiben vom Unterricht« qualifizierte und eventuelle Folgen in Aussicht stellte. Dabei muß grundsätzlich bezweifelt werden, ob diese Fahrt in ein sowjetkommunistisches Land, die ohne konkrete kritische wissenschaftliche Vor- und Nachbereitung durchgeführt wurde und daher als didaktisch fragwürdig, wenn nicht desorientierend bezeichnet werden muß, als Lehrveranstaltung gewertet – und finanziert! – werden kann.

Eine Gruppe Frankfurter Hochschullehrer, u.a. Fetscher, Czempiel, Hennig, Buro, Kosta, veröffentlichte in diesem Zusammenhang (vgl. Frankfurter Rundschau vom 15. 1. 81) eine scharfe Kritik jenes pro-sowjetkommunistischen Vorfalls. Und der bekannte Gewerkschaftspublizist Heinz Brandt, der als Gastreferent das ideologische Klima[2] in der Studentengruppe in der Akademie kennengelernt hatte, charakterisierte dies am exemplarischen Beispiel: »Für das derzeitige politische Klima an der Akademie, die von hauptamtlichen Gewerkschaftsfunktionären zur Weiterbildung besucht wird, ist nach Meinung Brandts aufschlußreich, wie dort zum Beispiel der 17. Juni 1953 behandelt wird. Nach Ansicht der Mehrheit der Hörer sei der Aufstand eine ›Konterrevolution

---

[1] In dem für fast alle hier referierten Fakten höchst informativen Informationsdienst »Das Junge Wort«, Wiesbaden, wurden die Vorgänge detailliert dokumentiert: Nr. 1/81 v. 14. 1. 81.

[2] Der Politologe Michael Schröder hat nach sorgfältigen Recherchen die Einschätzung H. Brandts bestätigt gefunden: »... einer der Dozenten an der AdA (und er bittet, seinen Namen nicht zu nennen) klagt, daß sich ein Teil der rund 50 Hörer in einer DKP-nahen Fraktion zusammengefunden hätten. »Ich habe das Gefühl, daß sich die Leute vorbereiten«, formuliert er vorsichtig, »und blauäugige Hörer auf ihre Seite ziehen.« Aus Angst vor der beruflichen Zukunft habe bisher niemand den Mut gefunden, darüber offen zu sprechen. Er wundere sich, daß es einer so kleinen Partei wie der DKP gelinge, unverhältnismäßig viele Mitglieder auf die AdA zu entsenden.« (aus: Ein makabrer Eispickelsketch und seine Folgen, in: Mannheimer Morgen vom 5. 2. 81).

gegen den Sozialismus‹ gewesen, den man heute nur im Zusammenhang mit der NPD und Strauß zu behandeln brauche. Einer kritischen Minderheit sei es aber, so Brandt, gelungen, ihn dennoch für eine Diskussionsveranstaltung einzuladen. Allerdings ist der Marburger Politologe Abendroth (vgl. dazu die Fußnoten S. 55f. d. Verf.) als Koreferent hinzugezogen worden ... Wie der frühere Metall-Funktionär jetzt berichtete, habe er in der Akademie versucht, sowohl die westliche als auch die östliche ›Legende‹ von den damaligen Vorgängen zu widerlegen. Damit sei immerhin zum ersten Mal das ›Monopol der Verwaltung der Geschichte‹ durch DKP-nahe Kreise durchbrochen worden. In der Diskussion habe er dann freilich den Eindruck gewonnen, die Mehrheit der zuhörenden Gewerkschaftssekretäre hielte die damaligen Vorgänge für einen vom amerikanischen Geheimdienst finanzierten Putsch, wie das von der DKP behauptet werde.«[1]

4. Die bei weitem größte Bildungsstätte der Gewerkschaften ist das Bildungszentrum Sprockhövel der IG Metall – mehrere Seminare mit insgesamt bis zu 320 Teilnehmern können dort gleichzeitig durch die 35 Dozenten betreut werden. Wie das ideologisch-politische Klima an diesem sehr einflußreichen gewerkschaftlichen Bildungszentrum ist, zeigte sich wiederum »schlaglichtartig«: Einer der profiliertesten demokratisch-sozialistischen Linken (ehem. Vorsitzender der SPD in Niedersachsen), Prof. Peter von Oertzen veröffentlichte 1979 (vgl. Frankfurter Rundschau vom 3. 4. 79) eine Kritik an Wolfgang Abendroth[2], der sich im Laufe der siebziger Jahre von einem unabhängigen Marxisten

---

1 »Den Einfluß der DKP diskutieren«, in: FAZ vom 7. 1. 81.

2 Von Oertzen verband im März 1979 seine Kritik der »Marburger« Gewerkschaftsgeschichte mit einem Kommentar zu einem Aufsatz von Wolfgang Abendroth, in dem dieser – sowjetmarxistisch taktierend – zur Verurteilung Rudolf Bahros Stellung nahm. Oertzen gelangte zu der Schlußfolgerung: »Abendroth steht prinzipiell auf der Seite des politischen Systems des sogenannten realen Sozialismus. Er kritisiert ihre ›Unterdrückungshandlungen‹ nur aus taktischen Gründen. Er hält die Freiheit der Wissenschaft, der Meinung und der politischen Betätigung nicht prinzipiell für unantastbar, sondern fordert diese Freiheit nur für die ›bürgerliche Demokratie‹; dem ›sozialistischen‹ Staat gesteht er das Recht zu, diese Freiheiten aus politischen Opportunitätsgründen einzuschränken ... Die Auffassungen Abendroths (sind) unvereinbar mit den Grundsätzen der Demokratie, den Zielen des Sozialismus und den Traditionen der freiheitlichen Arbeiterbewegung.«

und Stalinismus-Kritiker[1] zu einem tonangebenden Sowjetmarxisten entwickelt hat. Die Mehrheit des Fachbereichs Gesellschaftswissenschaften verabschiedete daraufhin eine Solidaritätserklärung, in der von Oertzens Abendroth-Kritik »mit Empörung« zur Kenntnis genommen, und – ohne überhaupt inhaltlich Stellung zu nehmen – der »Angriff« auf Abendroth zurückgewiesen wurde. Bei einer Unterschriftenaktion versammelte sich ein Kreis von 2400 mit der Abendrothschen Position Symphatisierenden und einigen alten Freunden[2] auf den Listen – unter anderem die Gewerkschafts-Vorständler Benz, Preiß (IGM), Hensche (IG Druck) und Schwegler (HBV) – *vor allem aber war die Mehrheit der Dozenten des Bildungszentrums Sprockhövel der IG Metall unter den Unterzeichnern.* Man darf sicher sein, daß diese wohlinformierte Gruppe gewerkschaftlicher Funktionäre keineswegs blauäugig, sondern in genauer Kenntnis der Position, für die sie mit einer solchen Solidarisierung für Abendroth gegen von Oertzen Partei ergriffen, ihre Unterschrift geleistet haben. Und selbst wenn dies teilweise unter einem gewissen Gruppendruck geschah, so zeigt dies nur um so mehr, mit welcher prinzipiellen gesellschaftspolitischen Orientierung in der größten gewerkschaftlichen Bildungsstätte der BRD »gelehrt« wird – von den obengenannten »Leitfäden« einmal ganz abgesehen.

---

[1] Vgl. z. B. seine Leitartikel in der »Sozialistischen Politik« vom Mai 1959, Oktober 1961 oder Januar 1963, in denen er beispielsweise schrieb: »Jeder terroristische Wahnsinn der Ulbricht-Gruppe . . . stärkt . . . die soziale Grundlage der Herrschaft des Finanzkapitals« – oder er fordert (1961), die deutsche Sozialdemokratie solle eine Politik betreiben, mit der sie wirksam helfen könne, »der Bevölkerung der DDR den Spielraum zu verschaffen, gegen Ulbrichts unmenschliche bürokratische Diktatur den Kampf aufzunehmen« oder er stellt (1963) fest, die Sowjetunion sei nach dem Krieg in einen steigenden Gegensatz zu den Bevölkerungsmassen gelangt: »So war sie der Versuchung ausgesetzt, ihre eigenen Herrschaftsformen der stalinistischen bürokratischen Diktatur auch den Arbeiterorganisationen ihrer Zone aufzuzwingen.« Von dieser Stalinismuskritik ist beim heutigen Abendroth nichts mehr übriggeblieben – an ihre Stelle ist eine fast bedingungslose Bejahung des DDR-Regimes getreten.

[2] Zugleich tragisch und fatal ist das Spiel, das von den Sowjetmarxisten mit der Person und der ehemals geachteten marxistischen Position Abendroths, als Galionsfigur ihrer Einflußpolitik, betrieben wird, da in der Tat viele Uninformierte den totalen Positionswechsel des ehemaligen politischen DDR-Flüchtlings Abendroth nicht mitbekommen haben. Selbst die offizielle DGB-Zeitung »Welt der Arbeit« vom 23. 4. 1981 apostrophierte Abendroth noch euphorisch als »großen alten Mann der Arbeiterbewegung«.

1.2. Flagge zeigen oder untern Teppich kehren?
Wie auf den kommunistischen Machtgewinn und seine Analyse reagiert wurde

Die Fakten, die wir in Teil 1.1. zusammenfassend dargestellt haben (und die nach Lage der Dinge nur die Spitze eines Eisbergs sein können!), sollten in ihrer Gesamtheit alarmierend genug sein, um innerhalb wie außerhalb der Gewerkschaften intensives Nachdenken und eine aktive Auseinandersetzung auszulösen. Zu registrieren aber und zu analysieren ist inzwischen ein zweiter alarmierender Tatbestand: daß nämlich diese Auseinandersetzung nur in einem sehr begrenzten Ausmaß stattfindet – wesentlich stärker dagegen die Tendenz ist, weiterhin den Tatbestand der kommunistischen Unterwanderung »untern Teppich zu kehren«, seine Kritiker mundtot zu machen bzw. totzuschweigen – oder aber nicht etwa die Ideologien und Einflußtaktiken der Sowjetkommunisten zu kritisieren, sondern ganz im Gegenteil ihre Kritiker – ganz der Feststellung Tucholskys gemäß, daß in Deutschland nicht etwa derjenige ein Nestbeschmutzer genannt wird, der das Nest beschmutzt, sondern derjenige, der den Schmutz beim Namen nennt. (Tucholsky freilich wandte sich gegen rechte Untern-Teppich-Kehrer – und das ist natürlich ganz etwas anderes.)

Schon als 1974 die Kritik erschien über die kommunistischen Lehrinhalte und Personalpolitik am gesellschaftswissenschaftlichen Fachbereich in Marburg, kam zwar einiges an öffentlichen Diskussionen und Maßnahmen in Gang, der Autor jedoch erntete wenig Dank – im Gegenteil, es wurde ihm unter der Hand vorgehalten, er habe der CDU Munition geliefert. Diese sozusagen klassische, in allen politischen Lagern gebrauchte Rechtfertigung des Unternteppichkehrens (eine Methode, die nicht wahrhaben will, daß auch im sozialen Leben Verdrängung Probleme nicht löst, sondern verschlimmert) wurde dann auch gegenüber der DKP-Kritik des Oberurseler Teams und der Autoren des »Marsches der DKP ...« zu einem Hauptmotiv der Tabuierung und der Diffamierung (vgl. 2.3.). Die IG Metall ging, wie erwähnt, so weit, eine ganze Zitatensammlung als Broschüre herauszugeben, mit der gezeigt werden sollte, daß die These von der kommunistischen Unterwanderung nichts anderes sei als eine Legende der Gewerkschaftsgegner.

1.2.1. Die die Flagge zeigten: Rühmliche Ausnahmen

Wir werden uns mit solchen und anderen Mechanismen der Konfliktvermeidung im nächsten Abschnitt noch zu beschäftigen haben. Zunächst aber verdient der Tatbestand öffentliche Würdigung und Verbreitung, daß in einem immerhin beachtlichen Ausmaß liberale Medien, vor allem aber gewerkschaftliche Organe und Funktionsträger die Kritik an den kommunistischen Unterwanderungsmethoden und -ideologien aufgegriffen haben.

1. Im Gegensatz zu einem im linken Spektrum, nicht zuletzt in Statements einiger IG-Metall-Spitzenfunktionäre, immer wieder auftauchenden Feindbild von der »bürgerlichen Presse« (der Informationen zukommen zu lassen schon fast wie Klassenverrat angesehen wird), muß hier einmal ganz eindeutig festgestellt werden, daß bis zu einem bestimmten Zeitpunkt nicht nur die Frankfurter Rundschau durch Dokumentation fast aller relevanter »Papiere« und Statements in diese Auseinandersetzungen[1] Licht brachte – auch führende bürgerlich-liberale Zeitungen wie die Süddeutsche (27. 11. 1980), die Stuttgarter (13. 1. 1981), die Frankfurter Allgemeine Zeitung (15. 11. 1980), der Mannheimer Morgen (10./11. 1. 1981), das Handelsblatt (18. 11. 1980), der Kölner Stadtanzeiger (5. 3. 1981) und die »Zeit« (6. 2. 1981) lieferten präzise Berichte und Rezensionen und überzeichneten nicht tendenziös die von uns gelieferten Darstellungen im Sinne einer generellen Unterwanderungsthese oder dergleichen. Selbst konservativen Organen, wie dem »Rheinischer Merkur« (12. 12. 1980) oder dem »Deutschland-Magazin« (2. 1. 1981) der CDU muß dies bestätigt werden. Lediglich Springers »Welt am Sonntag« (25. 1. 1981) verband einen großen (im übrigen weitgehend faktengetreuen) Bericht mit einer Aufmachung, die führende, die DKP-Einflüsse verharmlosende Gewerkschaftsfunktionäre als »Brigade Honecker« diffamierte.

Was die Gewerkschaftspresse betrifft, so verdienen vor allen Dingen kommunismus-kritische Artikel in den »Gewerkschaftlichen Monatsheften«, im »ÖTV-Magazin«, in der »Gewerkschaftlichen Umschau« der IG Chemie und in der »Einheit« der IG Bergbau und Energie erwähnt zu werden (Zitate s. u.). Sie zeu-

---

[1] Die umfassende Analyse im »Marsch der DKP . . .« verdankt daher der Frankfurter Rundschau Wesentliches: vgl. dort die Fußnoten 3, 6, 10, 23, 41, 156, 193, 242.

gen von einem wiedererwachten Bewußtsein für die Gefahr kommunistischer Unterwanderung, die durch das Oberurseler Papier und durch die Kritik an der »Marburger« Gewerkschaftsgeschichte, vor allem aber natürlich durch den Skandal auf dem DGB-Jugendkongreß Ende 1977 erkennbar geworden war. – Schließlich darf das Oberurseler Papier selbst nicht vergessen werden, das die relevanteste innergewerkschaftliche Analyse und Kritik sowjetkommunistischer Einflußstrategien lieferte – nur daß es leider niemals zum Range eines offiziellen Diskussions- oder gar Positionspapiers des DGB avancierte, sondern ganz im Gegenteil, auf Druck der IG Metall, als »ungeeignet« für die gewerkschaftliche Jugend- und Bildungsarbeit auf den Index gesetzt wurde.

Es sei an dieser Stelle ausdrücklich darauf verwiesen, daß einige wesentliche Kapitel unseres Buches »Der Marsch der DKP . . .« weitgehend auf Analysen beruhen, die diesem innergewerkschaftlichen Diskussionszusammenhang entstammen bzw. für ihn erarbeitet wurden. Ja, mehr noch: Ohne – zeitweilige – Kooperation und Unterstützung der ÖTV für das Konzept, aus den vorliegenden und einigen neu zu erarbeitenden Analysen ein Arbeitsbuch für die politische und gewerkschaftliche Bildungsarbeit zu erstellen, wäre »Der Marsch der DKP durch die Institutionen« wahrscheinlich nicht zustande gekommen.

Als Resümee der Kommunismus-Diskussion in einem nicht unwichtigen Teil der gewerkschaftlichen Presse läßt sich formulieren, daß in einer meist relativ allgemein bleibenden, die konkreten gewerkschaftlichen Auseinandersetzungen nicht berührenden Form kommunistische Geschichtsklitterung, DKP- und Stamokapideologie, oder auch die Destruktivität kommunistischer Gewerkschaftsarbeit dargestellt wurde. Als wichtigstes Ergebnis dieser Erörterungen ist festzuhalten, daß nach den detaillierten Nachweisen massiver Fälschung der Gewerkschaftsgeschichte im sowjetmarxistischen Sinn, wie sie in den Gewerkschaftsorganen »Die Quelle« (Manfred Scharrer), »Gewerkschaftliche Monatshefte« (Helga Grebing) und »ÖTV-Magazin« (Gerhard Beier) vorgelegt wurden, die Marburger »Geschichte der deutschen Gewerkschaften« für jeden Gewerkschaftsfunktionär, der nicht selbst ein Anhänger einer solchen DKP-nahen Geschichtsauffassung ist, als nur sehr bedingt verwendungsfähig in der gewerkschaftlichen Bildungsarbeit gelten muß.

2. Allerdings blieb es in den »rühmlichen Ausnahmen«, von denen hier zu berichten ist, nicht bei solcher allgemein bleibenden Kritik. Ohne hier Vollständigkeit anstreben zu können, wollen wir auf wichtige aktuell-kritische Äußerungen im »ÖTV-Magazin«, in der Presse der IG Chemie und der IG Bergbau und Energie hinweisen.

Im »ÖTV-Magazin« suchte dessen Chefredakteur, das Vorstandsmitglied Dieter Schneider, die sehr dezidierte Konfrontation mit dem IG-Druck-Vorstandsmitglied Detlef Hensche – ein außergewöhnlicher Vorgang, da im allgemeinen zwischen den Gewerkschaften strikt das Prinzip der »Nichteinmischung«, also auch des Verzichts auf öffentliche kritische Stellungnahmen zu Äußerungen einer anderen Gewerkschaft des DGB eingehalten wird. Hensche hatte in mehreren Artikeln die kommunistische Unterwanderung in den DGB-Gewerkschaften verharmlost und als Legendenbildung abgetan. Seine Generalthese: »Bisher ist nirgends aufgezeigt worden, in welchen Fragen sich denn etwa kommunistische Gewerkschaftsarbeit von sonstiger, etwa sozialdemokratischer Gewerkschaftspolitik unterscheidet.«[1] Schneider hatte zunächst dem damaligen Juso-Vorsitzenden Schröder im »ÖTV-Magazin« (8/79, S. 6ff) Gelegenheit zu einer Kritik gegeben, anschließend aber auch Hensche zu einer Replik (10/79), in der dieser noch einmal wiederholte, im Bereich der »eigentlichen Gewerkschaftsarbeit« seien »bisher keine Kontroversen aufgetaucht«, Unterschiede und Konflikte gebe es nur in Randbereichen. In seinem sehr entschiedenen und kritischen Schlußkommentar zu dieser Kontroverse weist Dieter Schneider Hensche nach, daß er sich bewußt naiv verhalte, indem er unterschlage, daß Kommunisten seit jeher mit einem klaren parteipolitischen Auftrag und mit begrenzter Loyalität in den Gewerkschaften arbeiten. Dazu gehöre nicht nur, daß sie sich, laut DKP-Programm, nur für diejenigen Gewerkschaftsbeschlüsse einzusetzen haben, die nach der Festlegung des DKP-Parteivorstandes den »Interessen der Arbeiterklasse« dienen, sondern auch, jeden Kritiker des

---

[1] Detlef Hensche, Die Legende von der »Kommunistischen Unterwanderung«, in: Gewerkschaftl. Monatsh. 8/79, S. 471–483, hier: 479. Vgl. dagegen die Kommunismus-kritischen Aufsätze von Vilmar im selben Heft sowie von Helga Grebing und von Wolfgang Rudzio in 4/79. Die Redaktion der Gewerksch. Monatsh. brach später freilich die Debatte, wo sie konkret wurde, ab – *vgl. Nachtrag 3!*

sowjetkommunistischen Systems mit dem Hinweis mundtot zu machen, daß dies »bürgerlicher«, fortschrittsfeindlicher Antikommunismus sei.

Und in diesem Zusammenhang formulierte Dieter Schneider gegenüber den Versuchen Hensches und anderer DKP-Freunde, deren Kritiker als Antikommunisten zu diffamieren, eine sehr wesentliche grundsätzliche Feststellung: »Er ist eben nicht allein von bösen Kapitalisten erfunden und in die Arbeiterbewegung hineingetragen worden oder gar – wie uns Detlef Hensche glauben machen möchte – erst neuerdings wieder von der ›Frankfurter Allgemeinen Zeitung‹ oder von CSU-Generalsekretär Edmund Stoiber auf die Tagesordnung gesetzt worden. Antikommunismus ist vielmehr von den Kommunisten selber gefördert und wachgehalten worden: durch ihre eigene Herrschaftspraxis. Er ist gewachsen aus bitteren und leidvollen Erfahrungen unzähliger Menschen, von denen nicht wenige unter uns leben.«[1]

Schneider zeigt, daß sich die »Verniedlichung« der sowjetkommunistischen Gefahr wie ein roter Faden durch die Argumentation Hensches zieht, und er verweist als Beispiel auch auf dessen Reduzierung der Kontroverse um die gewerkschaftliche Jugendarbeit auf Methodenfragen. Das sei angesichts der Auseinandersetzung um Rudolf Bahro auf dem letzten DGB-Bundesjugendkongreß eine »unglaubliche Bewertung«. Aber Dieter Schneider beläßt es nicht bei dieser Kritik Hensches, sondern er formuliert mit außergewöhnlicher Kompromißlosigkeit die Unvereinbarkeit von gewerkschaftlicher Autonomie mit den Zielen kommunistischer Parteipolitik: Es geht »um Ziele, die eine Partei, in diesem Falle die DKP, *innerhalb* der Gewerkschaften verfolgt. Hier sind die Gewerkschaften betroffen und gefordert; hier geht es darum, sich von Positionen abzugrenzen, die niemals – es ist zu betonen: *niemals* – von freien Gewerkschaften akzeptiert werden können – es sei denn, sie wollten sich selber aufgeben.«[2]

Nicht vergessen werden darf ferner, daß Dieter Schneider einer der Hauptinitiatoren in der Entstehungsphase unserer zusammenfassenden, dann als Fischer-Taschenbuch erscheinenden Analyse »Der Marsch der DKP durch die Institutionen« war, und daß das »ÖTV-Magazin« eines der wenigen gewerkschaftlichen Organe

---

[1] ÖTV-Magazin 10/79, S. 11.
[2] ebenda

war, das eine ausführliche kritische Würdigung dieses Buches publizierte[1].

3. Im Gegensatz zur ÖTV, in der die Bereitschaft zur offensiven Auseinandersetzung seit 1980 (und auch auf dem DGB-Bundeskongreß im Frühjahr 1981) nachzulassen schien, profilierten sich der 1. und 2. Vorsitzende der IG Chemie in den letzten Jahren in immer deutlicherer Weise bei der klaren Auseinandersetzung mit dem sowjetmarxistischen bzw. -kommunistischen Einfluß. Bereits im Frühjahr 1979[2] hatte die IG Chemie Dieter Gaarz, Mitglied der Jugendabteilung beim DGB-Vorstand, Gelegenheit gegeben, in ihrer Funktionärszeitschrift eine nüchterne und konkrete Analyse »DKP-orientierte Gewerkschaftspolitik« zu veröffentlichen – zur selben Zeit, als G. Benz und H. Preiß von der IG Metall sich intensiv und erfolgreich darum bemühten, daß das »Diskussionspapier zur Strategie der DKP und SDAJ im gewerkschaftlichen Jugendbereich« (»das Oberurseler Papier«) als für »die gewerkschaftliche Jugendarbeit ungeeignet« erklärt wurde, mit der Folge, daß es »nicht weiter verbreitet werden darf«.[3] Im Februar 1980 bezog der Vorstand der IG Chemie offiziell gegen die Methode

---

[1] Vgl. ötv-magazin 6/81, S. 43: Hans Schwalbach, Die Geschichte des ständigen Kampfes um Einfluß. Einige der Einschätzungen lauten:
»Lenins Anweisungen für die Gewerkschaftsarbeit der Kommunisten waren eindeutig: sie müssen ›alle Listen und illegalen Methoden anwenden, die Wahrheit verschweigen und verheimlichen, nur um in die Gewerkschaften hineinzukommen, in ihnen zu bleiben und in ihnen um jeden Preis kommunistische Arbeit zu leisten . . .‹
Die Frage, was in den Strategien und Taktiken der Sowjetkommunisten sich in sechs Jahrzehnten verändert oder nicht verändert hat, wird von den Autoren umfassend beantwortet. Vergleichen wir Lenins Auftrag von 1920 mit dem Mannheimer Programm der DKP von 1978. Dort heißt es: »Für jeden kommunistischen Arbeiter, Angestellten und Beamten ist es selbstverständliche Pflicht, ein aktiver Gewerkschafter zu sein und für die Verwirklichung der den Interessen der Arbeiterklasse dienenden Gewerkschaftsbeschlüsse zu kämpfen.« Was hat sich geändert? Die elegantere (schlitzohrige) Formulierung von 1978 besagt: Kommunisten sind nur Beschlüssen verpflichtet, die »den Interessen der Arbeiterklasse« dienen. Was »Interessen der Arbeiterklasse« sind, entscheidet die Partei (oder genauer: das Politbüro).
Zwischen diesen beiden Zitaten liegt eine Geschichte ständigen Kampfes der Kommunisten um Einfluß auf die Gewerkschaften. Ihn belegen die Autoren für die jüngste Geschichte und bis in die unmittelbare Gegenwart hinein mit zahlreichen Beispielen . . .«

[2] Gewerkschaftliche Umschau 3/79, S. 19.

[3] Vgl. Georg Benz, Hans Preiss, »Vom Stolz über das Abfangen antiautoritärer Tendenzen I«, in: Frankfurter Rundschau vom 12. 1. 1980 (Dokumentation). Offensichtlich auf Druck der IG Metall-Vorständler gab Schwab diese Erklärung ab.

des Untern-Teppich-Kehrens Position: »Auf der 11. Bundesjugendkonferenz der IG Chemie ... in Augsburg übte der stellvertretende Vorsitzende, Hermann Rappe, Kritik an der Haltung der IG Metall im Streit über die Jugendarbeit und die Einschätzung der DKP sowie der ihr nahestehenden Sozialistischen Deutschen Arbeiterjugend (SDAJ). Rappe erklärte, er sei nicht der Meinung, daß die DGB-Jugendarbeit ein ›Ableger‹ der IG Metall-Jugendarbeit werden wird. Er sei nicht gewillt, ›Unterwanderungsabsichten der SDAJ oder der DKP mit dem Mantel gewerkschaftlicher Einheitsliebe zuzudecken‹. Gleichzeitig versicherte Rappe dem für die Jugendarbeit zuständigen, in Augsburg anwesenden DGB-Vorstandsmitglied, Karl Schwab, und dem ebenfalls anwesenden Leiter der DGB-Bundesjugendschule in Oberursel, Hinrich Oetjen, daß die IG Chemie sie auch weiter unterstützen werde. Die in der DGB-Bundesjugendschule erarbeiteten Materialien lobte Rappe als ›richtungsweisend‹. Er dankte Oetjen ausdrücklich für seinen Mut, ›Offenheit‹ in die Sache gebracht zu haben. Damit hat zum ersten Mal ein Vorstandsmitglied einer DGB-Gewerkschaft auch öffentlich in diesem Konflikt Partei ergriffen. Rappe betonte, daß es dabei nicht um Probleme von Einzelpersonen gehe, sondern um konzeptionell unterschiedliche Vorstellungen zwischen DGB-Gewerkschaften.«[1]

Vor allem aber im unmittelbaren Vorfeld des DGB-Grundsatzprogrammkongresses, auf dem es bekanntlich nur *eine* wirklich kontroverse Frage gab: ob die Kommunisten zu den »Traditionsströmungen« der Einheitsgewerkschaft zu zählen sind, bezogen der 1. und 2. Vorsitzende der IG Chemie mit großer Entschiedenheit Position. Angesichts vorliegender Formulierungsvorschläge von GEW, IG Druck und HBV, die die Kommunisten in der Präambel des neuen Grundsatzprogramms als »Traditionsströmung« der Einheitsgewerkschaft einschließen – oder zumindest nicht ausschließen – sollten, formulierte das stellvertretende Vorstandsmitglied der IG Chemie eine unmißverständliche Gegenposition: Er begründete, warum die sozialdemokratischen, die christlich-sozialen und liberalen Gewerkschaften, nicht aber die kommunistischen die Basis der heutigen Einheitsgewerkschaft bilden können: »Die demokratische Republik war die Staatsform, die alle drei Richtungen wollten. Den demokratischen Staat wollten

---

[1] Bericht der Frankfurter Rundschau vom 23. 2. 1980.

sie bewußt mittragen. Mittragen heißt aber auch: ihn mit Entschiedenheit verteidigen und schützen. Schon diese drei Punkte markierten deutlich den Unterschied zu den Kommunisten und ihre Vorstellung von Gewerkschaften.«

Rappe wies darauf hin, daß die kommunistischen Gewerkschaften in den zwanziger Jahren einen eindeutig spalterischen und gewerkschaftszerstörerischen Kurs verfolgt haben, und fuhr fort: »Heute wird nun von der DKP und ihren Freunden so getan, als seien diese Fehler alle revidiert, und nach 1945 hätte man doch auch nur die Einheit gewollt. Dabei wird allerdings unterschlagen, daß es eine Einheit unter kommunistischer Führung sein sollte. So wie es im anderen Teil Deutschlands (ist), wo der FDGB in Satzung und Programm die Führungsrolle der SED hervorhebt ... Trotz aller wohlklingenden Erklärungen: Die Kommunisten haben weder in den deutschen Gewerkschaften noch anderswo das Selbstbestimmungsrecht der Arbeiter und Angestellten respektiert. In Deutschland rollten Panzer nach 1945 nur einmal gegen streikende Arbeiter, und das war am 17. Juni 1953 in der DDR. Auf diesem Hintergrund ist die schlaue Diskussion über das (in den o. g. Änderungsanträgen verdeckt eingebaute; d. Verf.) Hintertürchen im Grundsatzprogramm, daß es auch den Kommunisten erlaubt sein soll, als eine Traditionsströmung des DGB aufzutreten, einfach erbärmlich. Kommunisten wollten Gewerkschaften immer nur erobern oder spalten. Sind es dann ›ihre‹ Gewerkschaften, werden die Andersdenkenden rücksichtslos ›ausgeschaltet‹, und statt innergewerkschaftlicher Wahlen regiert die Partei. Solche Gewerkschaften wollen wir nicht, und daß die Gewerkschaftszerstörer ebenfalls zu unserer Tradition gehören sollen, vermag ich deshalb nicht einzusehen.«[1]

Der 1. Vorsitzende der IG Chemie, Karl Hauenschild, ging in einer Funktionärskonferenz kurz vor dem DGB-Programmkongreß noch einen Schritt weiter. Nachdem er begründet hatte, warum der Begriff der Unterwanderung im Gegensatz zu DKP-nahen Auffassungen sehr wohl auch in der Gewerkschaftsorganisation zutreffend sein kann (vgl. oben, S. 10), erörterte er das Problem administrativer Maßnahmen. Er verwies darauf, daß es Anlaß zu solchen Maßnahmen im Jahre 1951 gegeben habe, als die

---

[1] Hermann Rappe, Auf dem Prüfstand. Die Einheitsgewerkschaft und ihre Tradition, in: Gewerkschaftspost der IG Chemie 3/81, S. 16.

KPD ein Parteiprogramm beschloß, in dessen These 37 praktisch die Spaltungspolitik der »Revolutionären Gewerkschaftsopposition« (RGO) der zwanziger Jahre wieder aufgegriffen wurde[1].

Für die aktuelle Situation empfahl Hauenschild: »Es gibt derzeit keinen Anlaß, uns administrativ mit DKP-Anhängern unter unseren Mitgliedern und Funktionären auseinanderzusetzen. Trotzdem haben wir aber keinen Anlaß, Kommunisten zur Mitarbeit in unserer Gewerkschaft ›einzuladen‹. Noch viel weniger gibt es einen Anlaß, ihnen mit den Stimmen von Sozial- und Christdemokraten Mehrheiten und Funktionen und damit Einfluß in unserer Organisation zu verschaffen.«[2]

3. Nicht zuletzt ist auf die wiederholten kritischen Beiträge in der Zeitschrift der IG Bergbau und Energie »Einheit« hinzuweisen, in denen immer wieder auf sowjetkommunistische Tendenzen im DGB hingewiesen worden ist – zuletzt am 15. Mai 1981 (Nr. 10/81), als die Redaktion in einem vollkommen einseitigen Abrüstungsappell eines »Hamburger Forums« (einem Ableger des »Krefelder Appells«), der »die seit '77 fortlaufend produzierten . . . sowjetischen Mittelstreckenraketen . . . verschweigt« (S. 3) unter den 905 Unterzeichneten 40% Lehrer ausmachte, mit dem Kommentar: »Alarmsirenen auch im DGB muß allerdings der erdrückende hohe Anteil von Lehrern mit dem Hamburger GEW-Landesvorsitzenden an der Spitze schrillen lassen. An diesem zumeist im sicheren Schutz des staatlich finanzierten öffentlichen Dienstes gebetteten Lehrern sind die Warnungen des im Umgang mit kommunistischer Praxis erfahrenen ehemaligen Bergmanns Heinz Oskar Vetter vor politisch einseitigen Abrüstungsforderun-

---

1 Karl Hauenschild, Zur Situation und zur Diskussion in der und um die IG Chemie-Papier-Keramik, in: Gewerkschaftliche Umschau 1/81, Dokumentation S. VII. Dort zitiert er aus jener These 37: »Aus dieser Lage heraus (nämlich aufgrund der »Politik der rechten Gewerkschaftsführer«; die Verf.) ergibt sich die Aufgabe, den wachsenden Kampf- und Widerstandswillen der Arbeiter zu entwickeln und zu festigen und Kampfhandlungen auszulösen auch gegen den Willen rechter Gewerkschaftsführer . . .« Er erinnert daran, daß damals jeder Gewerkschaftsfunktionär einen Revers unterschreiben mußte, in dem er sich ausdrücklich von dieser These 37 lossagte (was zur Folge hatte, daß die Kommunisten entweder unterschrieben und aus der KPD herausflogen, oder nicht unterschrieben und nicht Gewerkschaftsmitglieder bleiben konnten).

2 Vgl. a.a.O., S. VIff.

gen offenbar spurlos vorübergegangen. Das wird auf Dauer nicht ohne Spuren im DGB bleiben können« (S. 2.)[1]

Die IG Bergbau hat auch – wie die IG Chemie und IG Bau – den »Marsch der DKP ...« für ihre Funktionäre und die Bildungsarbeit als Aufklärungsmaterial beschafft – vor allem aber hat sie, in schroffem Gegensatz zur Verketzerung des Buches durch die DGB-»Welt der Arbeit«, die IG Metall-Funktionäsrzeitschrift »Der Gewerkschafter« und die Zeitschrift der GEW-Niedersachsen (vgl. Abs. 2. 3.), den Beitrag jener Analyse für die politische Bildungsarbeit ausführlich gewürdigt als ein »wichtiges Buch ... gerade für die junge Generation«[2]. (Vgl. ferner den »Einheit«-Artikel im Nachtrag 1).

1.2.2. Heinz Oskar Vetters Politik: Flagge zeigen – aber nicht zu sehr

Der Vorsitzende des DGB, Heinz Oskar Vetter, verhielt sich, obwohl ihm die Gefahren kommunistischer Unterwanderung sehr wohl bekannt sind[3], gegenüber den Analytikern der kommunisti-

---

[1] Auch eine weitere Feststellung der Hamburger-Forum-Analyse in der »Einheit« ergänzt unsere Fakten-Analyse des ersten Teils: »Ebenfalls dabei ist der zum Stamokap-Flügel zählende Juso-Landesvorstand der Hansestadt. Auch viele Dozenten von der gewerkschaftsnahen Hochschule für Politik (HWP) mit dem HWP-Präsidenten Norbert Aust an der Spitze stehen in trauter Eintracht mit DKP-Funktionären ... auf der Liste.« (S. 3)

[2] Norbert Römer, Endlich. Buch über »Marsch der DKP« liegt vor, in Einheit Nr. 23 v. 1. 12. 1980, S. 4.

[3] Vetter hat bereits am 18. 10. 1979 vor den Referenten und Seminarteilnehmern in dem IG Metall-Bildungszentrum Sprockhövel gegen diese Art von Einflußstrategie Stellung genommen: »Politische ... Diskussion in ..., (den) Gewerkschaften ... bedeutet auch – ich sage das im Hinblick auf jüngste Auseinandersetzungen nicht nur in der Gewerkschaftsjugend –, daß alle Versuche abgewehrt werden müssen, in die Willensbildung der Gewerkschaften politische Konzepte hineinzutragen und durchsetzen zu wollen, die nicht von dem Willen der Mitglieder ausgehen, sondern in Parteien – welche auch immer – vorformuliert werden. Wir bestreiten keinem Mitglied das Recht, sich zu einer Partei zu bekennen – und sei es die DKP. *Wir wehren uns aber dagegen, wenn durch eine Bündnis- und Kaderpolitik in den Gewerkschaften Positionen hoffähig gemacht werden sollen, die die Zusammensetzung unserer Mitgliedschaft in keiner Weise repräsentieren und bei einer offenen Auseinandersetzung auch keine Chance hätten, mehrheitsfähig zu werden.«* (Redemanuskript S. 5; Hervorhebung v. d. Verf., vgl. auch Tagesspiegel v. 19. 10. 1979). Aber wie wehrt sich der DGB?

schen Einflußstrategien nicht so wie die erwähnten Gewerkschaften. Kein Wort der Anerkennung für die Leistung seines Oberurseler Referententeams, durch ihre Ausarbeitung »Offenheit in die Sache gebracht zu haben« – ganz zu schweigen von einem positiven Echo für das wissenschaftliche (und den Gewerkschaften nahestehende) Autorenteam, das immerhin, auf der Basis von über 200 Einzelbelegen bzw. -Quellen, den Gewerkschaften ein umfassendes Arbeitsbuch geliefert hat, dem der Rezensent der ÖTV attestiert, »es könnte manchem die Augen öffnen« (a.a.O. Fußn. Seite 62) und der Rezensent der IG Bergbau »verständliche Sprache« bescheinigt hatte sowie Orientierung auf die praktische Bildungsarbeit, »ohne daß die wichtigen theoretischen Grundlagen vernachlässigt werden« (a.a.O.). Statt dessen versuchte Vetter auf dem DGB-Programmkongreß mit einer etwas schäbigen und, wie sich zeigen wird, politisch ganz unklugen Strategie der Konfliktvermeidung *einerseits,* auf der *konkreten* Ebene der aktuellen DGB-Kontroversen, die Warner vor kommunistischer Unterwanderung als »Amokläufer«, »Randgruppen« oder »Eiferer« abzuqualifizieren – und *andererseits,* auf der *allgemeinen* Ebene des geschichtlichen Selbstverständnisses der Gewerkschaften, den Kommunisten einen »Anteil am Zustandekommen der Einheitsgewerkschaft« zu bestreiten[1].

H. O. Vetter demonstrierte also auf dem DGB-Programmkongreß eine gemischte Strategie von »Flagge zeigen« und »Untern-Teppich-Kehren«, – er grenzte die Kommunisten ebenso aus wie die, die vor den Kommunisten konkret warnen. Nun mag man fragen, wieso er nicht eine totale Konfliktvermeidung praktizierte, warum das Kommunismus-Thema überhaupt vom DGB-Vorsitzenden aufgegriffen wurde. Die Antwort: Nicht allein aus eigenem Antrieb, sondern vor allem, weil diese Diskussion ihm von

---

1 Heinz Oskar Vetter, Rede vor dem 4. außerordentlichen Bundeskongreß des DGB, Manuskript der Pressestelle v. 12. 3. 81, S. 17f.; jetzt abgedruckt in »Gew. Monatshefte« 5/81. Für seine Verbandszeitung, die »Welt der Arbeit«, gab er damit das Signal für eine allerdings noch weitaus schäbigere Abqualifizierung: Ohne einen einzigen stichhaltigen Beleg anzuführen, wurde dort (Nr. 15/81 v. 16. 4. 81) dem Buch »Der Marsch der DKP...« Mangel an wissenschaftlicher Redlichkeit vorgeworfen und das Vettersche Stichwort – Eiferertum – genüßlich aufgegriffen. Der Rezension ist denn auch eine ganz besondere Ehre zuteil geworden: Sie wurde in der Parteizeitung der DKP, »Unsere Zeit«, am 5. 5. 81 wörtlich nachgedruckt; ebenso übrigens wie die »Kritik« der IG Metall-Zeitschrift (s.u.).

den vier Gewerkschaften aufgezwungen wurde, die, wie Hermann Rappe sagt, in die Präambel ein »Hintertürchen« einbauen wollten, mit dessen Hilfe die Kommunisten sich in die Tradition der Einheitsgewerkschaft, im Gegensatz zur Absicht des Programmentwurfs, hätten einschleichen können. Einer der bestinformierten Gewerkschafts-Journalisten, Hugo Müller-Vogg, hat diese Versuche knapp und präzise zusammengefaßt[1]:

»Die Debatte über die Wurzeln der Einheitsgewerkschaft hat sich an dem Vorschlag des Bundesvorstandes entzündet, den Beitrag der freiheitlich-sozialistischen und der christlich-sozialen Richtungen der Arbeiterbewegung bei der Entstehung des Gewerkschaftsbundes besonders hervorzuheben. Die Formulierung, die neue Gewerkschaftsbewegung habe ›insbesondere‹ diese beiden selbständigen Arbeitnehmerorganisationen aus der Weimarer Zeit zusammengeführt, macht deutlich, daß daneben noch andere ihren Beitrag zur Neuformierung geleistet haben. ... Ausgerechnet die gewerkschaftlichen Gruppierungen, die in der Präambel die Würdigung des kommunistischen Engagements bei der DGB-Gründung vermissen, berufen sich nun auf die fehlende Erwähnung der Liberalen. Da sie sich für eine ausdrückliche Erwähnung der Kommunisten auf dem Kongreß keine Mehrheit ausrechnen, wenden sie sich ... gegen jede ›Gewichtung‹ der verschiedenen gewerkschaftlichen Richtungen, die 1949 im DGB aufgegangen sind. Statt dessen soll der Antifaschismus[2] zum einigenden Band der deutschen Gewerkschaften ... ausgerufen wurde. Dafür machen sich neben anderen die Gewerkschaft Erziehung und Wissenschaft, die Industriegewerkschaft Druck und Papier und die Gewerkschaft Holz und Kunststoff stark.« (Über die mit einer anderen Taktik – nämlich dem Begriff »freigewerkschaftlich«! – operierende Gewerkschaft Handel, Banken und Versicherungen (HBV) haben wir oben schon berichtet.)

So also sahen die Vorschläge der verbalen »Hintertürchen« aus, mit deren Hilfe die Kommunisten sich als nicht aus der Tradition der Einheitsgewerkschaft ausgeschlossen hätten betrachten müssen – Formulierungskünste, die der 2. Vorsitzende der IG Chemie mit vollem Recht »erbärmlich« nannte. Gegen diese Absichten mobilisierte der DGB-Bundesvorstand zunächst mit einer

---

1 Hugo Müller-Vogg, Die Gewerkschaften und ihre Geschichte (FAZ vom 3. 3. 81.)
2 Zum Mißbrauch des Topos »Antifaschismus« vgl. S. 46 ff.

Dokumentation, in der die Hintertürchen-Funktion der Abänderungsanträge aufgedeckt wurde[1]. Und in einer Klausurtagung im Dezember 1980 einigte sich der DGB-Vorsitzende mit wichtigen Einzelgewerkschafts-Vorsitzenden (Hauenschild, IG Chemie; Kluncker, ÖTV; Eugen Loderer, IG Metall), den Kongreß auf eine Einheitslinie einzuschwören, d.h., die von der Antragskommission vorgelegte Fassung nicht verändern zu lassen. Demgemäß zeigte Heinz Oskar Vetter damit in dem bereits zitierten Einleitungsreferat »Flagge«: »Ich bin fest davon überzeugt, daß die von der Antragskommission empfohlene Fassung nicht nur historisch korrekt, sondern auch programmatisch angemessen ist.

Ich will das begründen: Einige Diskussionsbeiträge zu diesem Satz wie auch einige Anträge laufen darauf hinaus, einen Anteil der Kommunisten am Zustandekommen der Einheitsgewerkschaft – wie auch immer – sichtbar zu machen. Ich sage dazu mit aller Klarheit: Kommunisten bestreiten den Gewerkschaften seit jeher die Autonomie. Sie dulden die Gewerkschaften letztlich nur am Gängelband – neuerdings vielleicht sogar an der langen Leine – der Partei. Genau dies bekämpfen die polnischen Arbeiter.

Freie und demokratische Gewerkschaften können mit dem Führungsanspruch einer sich als Vorhut verstehenden Partei nicht leben. Wir bestimmen uns, wir bestimmen unsere Ziele selbst. Wir arbeiten mit den Parteien zusammen, die das respektieren, die bereit und in der Lage sind, unsere Forderungen auf dem Boden der parlamentarischen Demokratie durchzusetzen. Eine Diktatur, und sei es die des Proletariats, lehnen wir ab!

Wir haben nichts dagegen, wenn Parteien sich Arbeiterparteien nennen. Über diesen Anspruch entscheiden letztlich die Wähler. Wir haben etwas dagegen, wenn Parteien oder Gruppen – mangels Massen – versuchen, über die Gewerkschaften das Schwungrad des von ihnen vorausgesagten revolutionären Prozesses in Gang zu bringen.«

Mit solchen Fanfarenstößen verbanden sich jedoch eigentümliche Absetzbewegungen: eine pauschale Distanzierung von denen, die statt mit Gemeinplätzen mit konkreten Analysen auf die sowjetkommunistischen Unterwanderungstendenzen hier und jetzt

[1] Der Wortlaut dieser Dokumentation liegt uns leider nur in einem Nachdruck der DKP-nahen »Neuen« vom 5. 3. 1981, S. 5 vor – die Authentizität des Textes ist jedoch vom DGB nicht dementiert worden.

hinweisen: »Aber wenn wir so Flagge zeigen, schlagen wir uns doch nicht auf die Seite derer, die Amok laufen gegen eine angebliche kommunistische Unterwanderung ... Wir wissen um die Praxis kommunistischer Gewerkschaftsstrategie und ihre Absichten. Darüber müssen wir unsere Mitglieder informieren, dagegen müssen wir uns wappnen, da sind Leichtfertigkeit und Naivität fehl am Platz. Das alles müssen wir aber in eigener Verantwortung durchstehen. Das können wir nicht Randgruppen oder Eiferern überlassen.«

Es darf füglich bezweifelt werden, ob der DGB, nachdem er dem Machtgewinn der DKP-naher Kräfte jahrelang, auch nach dem skandalösen Jugendkongreß von 1977, nahezu tatenlos zugesehen hat, den allzu pathetisch klingenden Worten Vetters – »das alles müssen wir in eigener Verantwortung durchstehen« – Taten wird folgen lassen – zumal dann, wenn man die kritischen Freunde im eigenen Lager, die tatsächlich etwas zur Aufklärung über die »Praxis kommunistischer Gewerkschaftsstrategie und ihre Absichten« beigesteuert haben, im gleichen Atemzug ausgrenzt[1]. Eines jedenfalls ist sicher: Im Gegensatz zu der allzu naiven Meinung des Vorwärts-Redakteurs Rudi Mews (s. o. S. 11), nach dem Ausschluß der Kommunisten aus der in der Programm-Präambel festgelegten Traditionslinie der Gewerkschaften erübrige sich eine weitere Auseinandersetzung über deren Einflußstrategien, ist mit dieser – durchaus begrüßenswerten – Grundsatzklärung für die gewerkschaftliche Alltagspraxis nur wenig verändert, geschweige denn das kommunistische Problem gelöst worden. Die DKP gibt sich denn auch gelassen:

»Große Diskussionen hat die Feststellung des Programmentwurfs über die Grundlagen der Einheitsgewerkschaft ausgelöst, die das Ziel hatte, die DKP sowie Gewerkschaftsmitglieder, die der DKP angehörten, aber auch andere progressive Kollegen aus der Gewerkschaft und ihren Traditionslinien auszugrenzen ... Nun können progressive Gewerkschafter sicherlich auch damit le-

---

[1] Und dies, nicht zuletzt unter dem Druck der tonangebenden IG Metall und der ihr nahestehenden Gewerkschaftsgruppe, mit sehr konkreten Folgen: Bestand vor dem Kongreß eine – nach unserer Information von Erich Frister eingebrachte – konkrete Überlegung, 5000 Exemplare des »Marsch der DKP ...« in der Bildungsarbeit einzusetzen, so war nach dem Kongreß davon keine Rede mehr. Auch die »Gewerksch. Monatshefte« schweigen das Buch und die innergewerkschaftliche Kontroverse tot: vgl. Nachtag 3.

ben, wenn sie nicht ausdrücklich genannt werden und sich unter dem Wort ›vor allem‹ wiederfinden (die Präambel betont, daß die ›Einheitsgewerkschaft ... die historischen Traditionen, politischen Richtungen und geistigen Ströme der Arbeiterbewegung, *vor allem* der freiheitlich-sozialistischen und der christlich-sozialen Richtungen, in eine gemeinsame Organisation zusammengeführt‹[1] hat; d. Verf.–), auch wenn das nicht der historischen Wahrheit und den vielfältigen historischen und aktuellen, tagtäglichen Anstrengungen und Aktivitäten kommunistischer Kollegen gerecht wird.«[2]

1.2.3. Die Mechanismen der Untern-Teppichkehrmaschine

Den oben ausführlich resümierten Bemühungen in wichtigen allgemeinen Medien und in einigen Gewerkschaften, eine offensive und sachliche Auseinandersetzung um die sowjetkommunistischen Einflußstrategien zu führen, stehen leider – zumindest in den Gewerkschaften – weit stärkere Tendenzen gegenüber, die ans Licht gekommenen Tatbestände und Kritiken mit Schweigen zu übergehen – oder aber die Kritik pauschal zu diffamieren. Von den Hauptmethoden der Tabuierung muß hier berichtet werden, oder, wie es im Organisationsdeutsch heißt: Wie die Dinge unter den Teppich gekehrt werden.

a) »... diese Broschüre zu ignorieren«

Der Rezensent der »Zeit« hatte sich zu früh gefreut, als er unsere kommunismuskritischen Analysen als »Bruch eines Tabus« begrüßte – eines Tabus, das er wie folgt beschrieb: »Dieses Buch ist ein Politikum. Bisher wurden die Probleme kommunistischer Infiltration in den Gewerkschaften behandelt, als ob man eine Familienschande verbergen müsse. Man kannte die Organisation, die Organisationseinheit oder den Aufgabenbereich, der vom Krebs befallen war; man dachte aber nicht daran, den Krankheitsherd zu isolieren, geschweige denn, den Patienten zu operie-

---

[1] Zitiert nach dem Abdruck des neuen DGB-Grundsatzprogramms im gewerkschaftlichen Funktionärsorgan »Die Quelle« 11/81, S. 212.

[2] Ludwig Müller: Zum neuen Grundsatzprogramm des DGB, in: Unsere Zeit (UZ) vom 20. 3. 1981.

ren. Die Familienmitglieder, welche von der Gefahr von Metastasen warnten, wurden verfemt. Man bekämpfte nicht den Virus, sondern die Diagnose und diejenigen, die sie stellten ... Man glaubte, die Krankheit sei so lange nicht gefährlich, als man sie nicht zur Kenntnis nehme.«[1]

Genau dies aber: Die Krankheit heilen wollen durch Nicht-zur-Kenntnis-Nehmen, ist leider nach wie vor eine sehr verbreitete Methode im »linken« und gewerkschaftlichen Spektrum. Sie wurde schon gegenüber der DKP-Analyse des Oberurseler Referententeams angewandt: Seine Verbreitung im DGB wurde verboten – freilich mit dem Erfolg, daß die Analyse durch verschiedene Nachdrucke weiteste Verbreitung erfuhr. Nun wird dieselbe Methode gegenüber der Analyse im »Marsch der DKP durch die Institutionen« angewandt. Den Vogel schoß dabei der 1. Vorsitzende der Gewerkschaft Holz und Kunststoff, Kurt Georgi, ab. In einem Brief[2] an die Funktionäre seiner Gewerkschaft empfahl er ganz offen gleich beide Methoden: Totschweigen und Diffamieren: »Ich möchte Euch sehr herzlich bitten, überall dort, wo diese Broschüre erörtert bzw. zitiert wird, deutlich zu machen, daß es sich bei ihren Darstellungen um Halbwahrheiten, Unterstellungen und blinde Verdächtigungen handelt. *Ansonsten haben wir allen Grund, diese Broschüre zu ignorieren und dafür zu sorgen (!), daß sie in unserer Organisation weder Beachtung noch Anklang findet.«*

Aber die gleiche Politik des Nicht-zur-Kenntnis-Nehmens wird, wenn auch meist nicht so ausgesprochenermaßen, in vielen anderen »fortschrittlichen« Bereichen praktiziert. Dazu gehört, daß mehrere Vorhaben, den »Marsch der DKP ...« in größerem Umfang in der gewerkschaftlichen Bildungsarbeit einzusetzen, stillschweigend liquidiert wurden[3], und daß in der linksliberalen, linken oder gewerkschaftlichen Presse – von Klaus Rainer Röhls

---

[1] H. J. Horchem, Bruch eines Tabus. Linke kritisieren die Infiltration, in: Die Zeit vom 6. 2. 81.

[2] Nachgedruckt in: Informationsdienst Junges Wort vom 8. 4. 81, S. 1 (Hervorhebung v. d. Verf.).

[3] Auch das bei dem prominenten wissenschaftlichen Publizisten und Kenner der europäischen KP-Entwicklungen, Heinz Abosch, in Auftrag gegebene Manuskript über die kommunistische Gewerkschaftspolitik in Deutschland, liegt, obwohl die Publikation als Arbeitsheft für die gewerkschaftliche Bildungsarbeit bereits 1980 angekündigt wurde – seit bald 2 Jahren im ÖTV-Vorstand auf Eis.

»Spontan«[1] Nr. 1 und 2/81 abgesehen! – weithin peinliches Schweigen über das Buch vorherrscht, soweit nicht geradezu diffamiert wird (vgl. 2.3.2).

Eine besonders schlitzohrige Variante des Totschweigens verdient dabei, niedriger gehängt zu werden – zumal die Redaktion des »Stern« wochenlang überhaupt nicht bereit war, die nachgewiesene Irreführung zu korrigieren und schließlich, nach massiven Beschwerden, nur einen total verstümmelten Text brachte (Nr. 23 vom 27. Mai '81). Zwei Redakteure hatten im »Stern«[2] die Auseinandersetzung um die kommunistische Unterwanderung im DGB nicht nur in eine rechtssozialdemokratische »Hatz auf linke

---

[1] Eine – von dem in vieler Hinsicht verdienstvollen Gewerkschaftsjournalisten W. G. Brügmann freilich bestrittene – höchst problematische Wende scheint uns in der Berichterstattung der Frankfurter Rundschau eingetreten zu sein, wo nicht nur zu der zusammenfassenden Darstellung der ja von der FR selbst jahrelang dokumentierten DKP-Einflußpolitik geschwiegen wird, sondern plötzlich gewerkschaftliche DKP-Kritiker als »antikommunistische Chef-Missionare« abqualifiziert werden und der Ausschluß der Kommunisten aus der einheitsgewerkschaftlichen Tradition eine »Tendenzwende« genannt wird (FR vom 11. 3. 81). Brügmann mußte sich entgegenhalten lassen: »Der Bericht W. G. Brügmanns zur DGB-Programmdiskussion (2.3.) enthält neben vielen wichtigen Informationen leider auch Fehlinformationen und falsche Zungenschläge. Was soll z. B. die Abqualifizierung der IG Bergbau und Hermann Rappes (IG Chemie) als ›antikommunistische Chef-Missionare‹, wenn diese lediglich mit Nachdruck auf die – historisch wie aktuell – unleugbare Tatsache hinweisen, daß die Sowjetkommunisten zu keiner Zeit das demokratische Bekenntnis und die Praxis der freien Einheitsgewerkschaft akzeptiert haben? Ist vielleicht Vetter nach seiner großen Düsseldorfer Rede auch ein ›Chef-Missionar‹? Brügmann irrt, wenn er die Nicht-Einbeziehung der Kommunisten in den einheitsgewerkschaftlichen Prozeß und Konsens einer (lies: konservativen) ›Tendenzwende‹ zuschreibt und behauptet, deren Einbeziehung bei der ›Entstehung der Einheitsgewerkschaft‹ habe ›bis vor einiger Zeit . . . zum selbstverständlichen Bestandteil gewerkschaftlicher Bildungsarbeit‹ gehört. Ich selbst habe seit 1959 viele Jahre lang als Referent des Vorstandes der IG Metall in zentralen Lehrgängen das Thema ›Gewerkschaftsgeschichte‹ zu behandeln gehabt – die vom Vorstand autorisierte Arbeitsunterlage für die Kollegen steht jedem Interessenten zur Verfügung –: Wie heute wurden von uns auch damals sozialdemokratische, christliche und – mit Abstand – liberale, niemals aber kommunistische Organisationen als Wurzel genannt, aus denen sich nach 1945 die Einheitsgewerkschaft bildete. (Was niemals ausschloß, die Mitgliedschaft und Aktivität einzelner Kommunisten im DGB ausdrücklich zu respektieren.) Von einer Tendenzwende müßte Kollege Brügmann vielmehr im Blick auf die IG Metall sprechen, in deren Zeitschrift ›Gewerkschafter‹ neuerdings (Nr. 1/81) die Kritik der DKP-Einflußstrategien als Gefährdung der Einheitsgewerkschaft verteufelt wird.« (Zuschr. v. F. Vilmar, FR v. 17. 3. 81, S. 2)

[2] D. Straubert, H. Tornow, Hatz auf linke Kollegen, in: Der Stern, Nr. 12/81, S. 220f.

Kollegen« umgefälscht, sondern auch das Zur-Kenntnis-Nehmen unserer Analyse durch irreführende Bibliographie (als handele es sich um eine Gewerkschaftsbroschüre!) den STERN-Lesern nahezu unmöglich gemacht. Auf die Verfälschung aufmerksam gemacht, erschien nicht etwa im STERN der eingesandte Leserbrief, sondern der Autor erhielt einen Brief von dem Redakteur Straubert, in dem dieser den irreführenden Buchhinweis ganz unverfroren als Mittel des Totschweigens offenbarte: sie hielten dieses Buch für so unwissenschaftlich, so wurde ihm erklärt, daß sie es für ihre »journalistische Sorgfaltspflicht« (!) angesehen hätten, es nicht auch noch Millionen STERN-Lesern nahezubringen. Sorgfaltspflicht in Gestalt verfälschter Quellenangabe – Respekt!

Respekt, ungeachtet solcher unsauberen Methoden, verdient allerdings auch die medienpolitische Durchsetzungsfähigkeit, mit der Anhängern des »fortschrittlichen«, »antimonopolistischen« Bündnisses kritikfreies Wirken sogar in dem zweifellos bedeutsamen Wirkungsbereich einer STERN-Redaktion gelingt.

b) Stereotypen der Diffamierung

Die beiden STERN-Redakteure Tornow und Straubert verwendeten nicht etwa aufgrund oberflächlicher Informationen, sondern wider besseres Wissen (Straubert teilte Vilmar mit, sie hätten den »Marsch der DKP . . .« vor dem Verfassen ihres Artikels »sehr gründlich« gelesen!) in ihrem Artikel exakt dieselben diffamatorischen Stereotype, die kurz vorher oder nachher auch in der gegen den »Marsch der DKP . . .« geschriebenen Broschüre des DKP-Vorsitzenden Herbert Mies[1] sowie in den DKP-nahen Argumentationen von Pinkall und Richter im »Gewerkschafter« der IG Metall[2], von Lehnert und Lauenstein in »Erziehung und Wissen-

---

[1] Herbert Mies, DKP und Gewerkschaften. Klarstellungen zum Buch »Der Marsch der DKP durch die Institutionen«, Düsseldorf (DKP-Parteivorstand) 1980 (künftig im Text zitiert als »Mies«.)

[2] R. Pl. (Richter/Pinkall), Aus der Geschichte nichts gelernt, in: Der Gewerkschafter (Funktionärszeitschrift der IG Metall) 1/81 S. 48. Wörtlich nachgedruckt in der UZ der DKP v. 27. 1. 81 (künftig zitiert als »Richter/Pinkall«.)

schaft Niedersachsen«[1] und von Keuter in der »Welt der Arbeit«[2] gebraucht werden.

Folgende vier Abwehrargumentationen tauchen in diesen Artikeln mit erstaunlicher Gleichförmigkeit auf – und sie bilden in ihrer Gesamtheit ein beachtliches diffamatorisches Syndrom, mit dem man die Kritiker anschwärzt, dadurch von der Problemlage ablenkt und auf diese Weise sowjetmarxistische Positionen gegen Kritik abschottet. Diese vier wichtigsten Stereotype lauten:

1. Es geht eigentlich gar nicht um die Kritik an den Sowjetkommunisten und ihren Freunden, sondern um den Kampf »rechter«, sozialpartnerschaftlich eingestellter Sozialdemokraten gegen »linke«, aufrechte Sozialisten und Marxisten.
2. Die Autoren betreiben die Ausgrenzung der Kommunisten aus der Gewerkschaft und gefährden damit das Prinzip der Einheitsgewerkschaft.
3. Die Autoren tuten in das Horn von CSU-Generalsekretär Stoiber – sie verfallen in den reaktionären Antikommunismus und nutzen daher nur den Gewerkschaftsgegnern.
4. Die Analyse ist »unwissenschaftlich«, »unseriös« etc.

Im folgenden sollen, um die ideologische Gleichschaltung deutlich zu machen, die Varianten dieser vier stereotypen Diffamierungs-Muster, wie sie in den Artikeln vorkommen, kurz zitiert und ihre Funktion erläutert werden. Dabei muß auch die Entgegnung im hier gesetzten Rahmen sehr knapp sein.

Das Stereotyp: Kampf gegen »aufrechte Linke«

Die Auffassung, daß die Ablehnung des Kommunismus nichts anderes sei als das Werk »rechter SPD- und Gewerkschaftsführer«, die auf diese Weise eine klassenkämpferische Arbeiterbewegung insgesamt zerschlagen wollen, gehört zu den ältesten Mu-

---

[1] H. Lehnert, R. Lauenstein, Auf Umwegen zur Macht? Eine notwendige Rezension/Wilke, Vilmar u.a. »Der Marsch der DKP durch die Institutionen« in: Erziehung und Wissenschaft Niedersachsen 3/81 S. 9 (künftig zitiert »Lehnert/Lauenstein«.)

[2] K. Keuter, Die DKP auf dem Marsch. WdA – Buchkritik der Woche, in: Welt der Arbeit 15/1981 vom 16. 4. 1981. Wörtlich nachgedruckt in der UZ (DKP) vom 5. 5. 81 (künftig zitiert »Keuter«).

stern kommunistischer Selbstrechtfertigung; wir haben es im »Marsch der DKP . . .«[1] ausführlich analysiert.

Dieses Argument wird durch eine 60jährige monotone Wiederholung nicht richtiger: Seit 1918, seit Rosa Luxemburg, waren es gerade die entschiedensten Demokratischen Sozialisten, die sozialdemokratische Linke, die am konsequentesten die leninistisch-kommunistische Theorie und Praxis bekämpft hat. Und auch in der gegenwärtigen Auseinandersetzung mit den sowjetkommunistischen Einflußstrategien sind es bekannte reformsozialistische Linke wie das Oberurseler Team, Peter von Oertzen, Manfred Scharrer, Helga Grebing oder die vier Autoren des »Marschs der DKP . . .«, die die notwendige Kritik und den Konflikt in Gang gebracht haben.

Unbekümmert um solche Tatbestände aber variieren die genannten Autoren das Stereotyp vom Kampf gegen die »aufrechten Linken«, der hinter der DKP-Kritik stehe. So schreibt DKP-Chef Mies: »Man schlägt auf Kommunisten und meint alle Gewerkschafter, die auf kämpferischen Positionen stehen . . . und . . . die von Sozialpartnerschaft nicht viel halten. Man schlägt auf Kommunisten und meint alle kritischen Sozialdemokraten, die sich nicht mit der Einordnung gewerkschaftlicher Aktivitäten in den Rahmen der Regierungspolitik . . . abfinden wollen.« (S. 5).

Es verwundert nicht, solche Deutung als offizielle DKP-Version zu vernehmen. Um so mehr verwundert es, wenn sie, teilweise wortgleich, von STERN-Redakteuren vorgetragen wird: Rechte Gewerkschaftsvorständler und »SPD-Bundestagsabgeordnete . . . (warnten) mit einer Broschüre . . . vor dem Marsch der DKP durch die Institutionen« . . . Gerade diese Kampfschrift macht die eigentliche Stoßrichtung der Kampagne deutlich: Im DGB soll der SPD-interne (!) Streit zwischen rechten und linken Sozialdemokraten ausgetragen werden. Die linken Genossen sollen mit dem Vorwurf mundtot gemacht werden, sie seien Steigbügelhalter ›Sowjetmarxistischer Einflußstrategien‹ . . . Diese Funktionäre haben für die DKP nichts übrig . . . Was sie aber für ihre

---

[1] Im 8. Kapitel: Das sowjetmarxistische Feindbild von der Sozialdemokratie, S. 170–186. Auch I. Sonnenschein konnte in der »Tageszeitung« (taz) v. 19. 6. 81 dieses Stereotyp nochmals präsentieren. Allerdings war die taz so fair (im Gegensatz zum STERN), am 6. 7. 81 auch eine vernichtende Gegenkritik dazu abzudrucken.

konservativen Gegner im DGB so gefährlich macht, ist ihre harte Haltung gegenüber der ›Theorie von der Sozialpartnerschaft‹. – Lehnert/Lauenstein operieren mit demselben Stereotyp – geschickter Weise legen sie es jedoch den wegen ihrer kritiklosen DKP-Toleranz kritisierten Gewerkschaftern Benz, Preiß und Hensche in den Mund: Diese seien »Gegenstand böser Kritik« geworden, nachdem sie behauptet hätten, »die Legende von der kommunistischen Unterwanderung richte sich im Grunde gar nicht gegen die wenigen Kommunisten, sondern gegen alle jene Gewerkschafter, zumeist Sozialdemokraten, die gegen die Sozialpartnerschaftsideologie und für eine aktive gewerkschaftliche Interessenvertretung eintreten«. – Keuter kleidet dieselbe stereotype Behauptung, daß es eigentlich gegen »ganz andere« gehe, in die Behauptung, »in weiten Teilen (!) befassen sich die Autoren überwiegend nicht mit Kommunisten, sondern mit jenen, die sie als »Freunde« der DKP bezeichnen. »... der größere Teil der DKP-Freunde hat das Mitgliedsbuch der SPD in der Tasche ...«

Die Frage ist hier allerdings – und damit kommen wir auf den Punkt: Ob die »Panzerschrankkommunisten« (Eugen Loderer) und ihre Freunde als »aufrechte Linke« bezeichnet werden können. Die Frage ist, ob jene Gewerkschafter oder Wissenschaftler oder Jungsozialisten, die das SPD-Parteibuch in der Tasche tragen, aber verhohlen eine Bündnispolitik im Interesse derer betreiben, die den Sozialismus in aller Welt in Mißkredit gebracht haben, »aufrechte Linke« sind – jene aber, die ihre Ideologien und Taktiken offen bekämpfen, »Rechte«. Es gibt keinen Beweis dafür, daß diese sich in der praktischen Gewerkschaftspolitik stärker »sozialpartnerschaftlich« angepaßt verhalten als jene DKP-Bündnispartner, die zwar gelegentlich verbal-radikaler auftreten, im politischen Alltag aber de facto keinen Deut »progressiver« sich erweisen.[1] Auch gibt es in der gesamten kritischen Auseinandersetzung buchstäblich keinen einzigen Satz, in dem die »auf-

[1] Im Gegenteil haben die »Oberurseler« aus vielfältigen Erfahrungen dargelegt, daß die DKP-nahen Kräfte durch servile Überanpassung an den »Apparat«, durch entschlossenes Ausgrenzen und Diffamieren unabhängiger linker Kräfte in den Gewerkschaften häufig ein besonders stark bürokratisch-angepaßtes Verhalten praktizieren, um ihre Position »mit allen möglichen Kniffen und Listen« (Lenin) zu festigen (vgl. »Der Marsch der DKP ...« S. 82ff.).

rechten« DKP-(nahen) Linken wegen ihrer gewerkschaftspolitischen, angeblich stärker »kämpferischen« Haltung angegriffen würden. Die gesamte Konstruktion dieses diffamatorischen Stereotyps, als zögen die Kritiker der DKP-Unterwanderung gegen linke gewerkschaftspolitische Positionen zu Felde, fällt also, völlig unbelegt, in sich zusammen.

Das Stereotyp: »Gefährdung der Einheitsgewerkschaft«

Die DKP und ihre Freunde sind unentwegt auf der Suche nach großen, schön aussehenden »Dächern« organisatorischer und ideologischer Art, unter die sie schlüpfen und sich in einem gefühlvollen Dunstkreis von Einheit integrieren können. Der »Antifaschismus« (vgl. S. 46 ff.) ist ein solches Dach, der »Kampf für den Frieden« (vgl. S. 141 ff.) ein anderes; und ein weder geschichtlich noch begrifflich haltbares Verständnis von »Einheitsgewerkschaft« ist ein weiteres Integrationsdach.

Heinz Oskar Vetter hat auf dem DGB-Programm-Kongreß wesentlich deutlicher, als die Präambel selbst es tut, klargemacht:

- daß die Kommunisten *als politische Gruppierung* nicht zu den tragenden Elementen dieser Einheitsgewerkschaft gehören, – was nicht ausschließt,
- daß sowjetkommunistisch orientierte Gewerkschafter *als Einzelne* in ihr Platz finden können, solange sie nicht gegen Satzungen verstoßen.

Die gleiche Position nimmt unsere Arbeit über den »Marsch der DKP . . .« ein. Die DKP und ihre Freunde jedoch basteln aus diesen beiden – gleich wichtigen – Feststellungen die stereotyp wiederkehrende Behauptung, jene – allerdings unabdingbare – Ausgrenzung der sowjetkommunistischen *Position* aus dem demokratischen Selbstverständnis der Gewerkschaften bedeute die Gefährdung von deren Einheit. So schreibt DKP-Chef Mies, die gegenwärtige schwierige, krisenhafte Wirtschaftslage »erfordere ein Maximum an Zusammenarbeit der in der Einheitsgewerkschaft vereinten Sozialdemokraten, Christen, Kommunisten und Parteilosen. Aber gerade diese Einheit, diese Solidarität wollen die Verfasser und die, die ihr Buch preisen, verhindern«. Und auch WdA-Rezensent Keuter, dessen Besprechung die UZ wörtlich abdruckte, warnt vor unserem »Eiferertum«, »wenn es um die Art der Auseinandersetzung in der Einheitsgewerkschaft geht«. Und genau wie Mies verwenden auch die STERN-Redakteure und Richter/Pinkall das naturgemäß Abscheu erregende Negativ-Klischee von der »Hatz«, der »Treibjagd« – womit insbesondere die IG-Metall-Rezensenten die von uns geforderte »öffentliche Diskussion« verteufeln, die nach ihrer Meinung dem »Grundsatz der Einheitsgewerkschaft« widerspricht: »Es ist klar, wem das nützt. Klar ist auch, daß diese Treibjagd nur stattfinden kann, wenn man sich zuvor von der Einheitsgewerkschaft verabschiedet hat.« Auch die STERN-Redakteure unterstellen den Kritikern der DKP-Unterwanderung, sie seien »überzeugt, (Kommunisten) dürfen keinen Platz in der Arbeitnehmerorganisation haben« – wobei zugleich als das besondere antikommunistische Vorurteil Hermann Rappes hingestellt wird, was die übergroße Mehrheit des DGB-Kongresses beschlossen hat: »Er kann nicht einsehen, daß es der DKP erlaubt sein solle, als ›Traditionsströmung des DGB aufzutreten‹.«

Auch Lehnert/Lauenstein betreiben die absichtsvolle Verwechslung einer (notwendigen) Ausgrenzung der sowjetkommunistischen *Position* mit der (nicht notwendigen und auch von niemandem geforderten) Ausgrenzung von *Personen*; indem sie gleichzeitig die Sowjetmarxisten[1] verharmlosend-schlicht als »Marxisten« empfehlen, deklarieren sie: »Entweder haben nun Marxisten ihren legitimen Platz in der Gewerkschaftsbewegung, was allein dem Prinzip der Einheitsgewerkschaft ... entspricht, oder sie haben ihn nicht. Und wenn ihnen dieser Platz zuerkannt wird, wie das verbal ja auch die Buchautoren tun, dann darf man ihnen nicht ankreiden, daß sie ihre Denkansätze in die gemeinsamen gewerkschaftlichen Aufgaben einbringen.«

Was alle diese DKP-freundlichen Antikritiker mit ihrem irreleitenden – und vom DGB-Kongreß eindeutig widerlegten – Verständnis von Einheitsgewerkschaft bewußt durcheinanderwerfen, ist: daß diese sehr wohl Kommunisten als *Personen* integrieren kann – gleichzeitig aber ebenso entschieden die sowjetkommunistischen *»Denkansätze«,* d.h. ihre antidemokratische und damit auch antigewerkschaftliche Orientierung am totalitären Füh-

---

[1] S. 177–179 habe ich den qualitativen Unterschied zwischen Marxismus und Sowjetmarxismus dargestellt.

rungsanspruch einer von Moskau abhängigen Partei für unvereinbar mit ihren Grundsätzen abweisen muß.

Das Stereotyp: »Kommunistenhatz nützt Gewerkschaftsgegnern«

Wir haben oben schon darauf hingewiesen (auf S. 57), daß der Hinweis, die Beschäftigung mit negativen Erscheinungen im eigenen Lager nütze nur dem Gegner, eine beliebte und weitverbreitete Rechtfertigung für das »Untern-Teppich-Kehren« ist. Dieses polemische Stereotyp darf daher natürlich auch bei Mies und den anderen hier Zitierten nicht fehlen – ebensowenig wie das immer wieder gern gebrauchte Horrorbild von der »Treibjagd«; Mies: »Es handelt sich um den in klassischem McCarthy-Geist vorgetragenen Versuch, eine ›Treibjagd‹ gegen DKP-Mitglieder in den Gewerkschaften ... zu fördern. Daher die einhellige Begeisterung, die dieses Buch in den Organen der Reaktion ... ausgelöst hat« (30). In der UZ der DKP vom 28. 4. 81 fehlt demgemäß nicht der Hinweis auf CSU-Sekretär Stoiber, der »das Gespenst der kommunistischen Unterwanderung der Gewerkschaften« gesehen habe. Genau dieselbe Nachbarschaft konstruieren die STERN-Redakteure Straubert/Tornow: »Edmund Stoiber, dem Generalsekretär der CSU, wird späte Rechtfertigung zuteil ... Einige Führer von Einzelgewerkschaften (haben sich) das Stoiber-Stichwort zu eigen gemacht ... Sie (haben) zur Hatz auf die angeblich wachsende Zahl roter Unterwanderer geblasen.« Und ganz auf derselben Linie, freilich im Jargon des »Völkischen Beobachters«, eifern die IG-Metall-Rezensenten Richter/Pinkall: »Ganz in der Art der Unternehmerverbände ... reden die selbsternannten Oberlehrer der Gewerkschaften von der Gefahr des »Umkippens« ganzer Bereiche der gewerkschaftlichen Arbeit ... Die Unternehmer und ihre journalistischen Büchsenspanner werden ihre Freunde haben, wenn Schlagwörter wie Unvereinbarkeit ... und Abgrenzung ... erst einmal die Szene beherrschen. Aber noch beschließen darüber nicht akademische Kammerjäger ...« Ein Kommentar zu solchen Sprach- und Argumentationsformen, mit denen man sich Kritik vom Leibe hält, in dem man die Kritiker als Treibjäger und Helfershelfer des politischen Gegners diffamiert, dürfte sich erübrigen.

Eine IG Metall jedenfalls, die einen solchen sprachlichen wie argumentativen Kehricht in ihrem Funktionärsorgan zuläßt, darf sich nicht wundern, wenn die DKP ihrerseits sich Arm in Arm mit ihr in der Broschüre ihres Vorsitzenden präsentiert: »Aber ... die objektive Funktion der Veröffentlichung ist bewiesen durch die Resonanz und das Lob, die sie bei sämtlichen Gewerkschaftsfeinden gefunden hat: »Vergeblich suchen sie mit ›linken‹ Phrasen darüber hinwegzutäuschen, daß sie das Geschäft der Gewerkschaftsgegner betreiben‹ (Der Gewerkschafter 1/81)« (11).

Das Stereotyp: »Unwissenschaftlich«

Die Untersuchung und Darstellung sowjetkommunistischer Einflußstrategien ist schwierig, weil sie sich in einem Halbdunkel abspielt, eine durchgängige Transparenz von Organisations- und Entscheidungsprozessen nicht besteht, vielmehr nur in relativ seltenen Fällen, schlaglichtartig, wie wir bei der exemplarischen Präsentation unserer »Fakten« gesagt haben, sich herausbildende Machtverhältnisse, Einflußpotentiale und politisch-ideologische Optionen erhellt werden. Wissenschaftlichkeit kann eine Untersuchung aus diesem Grund nur insofern wahren, als sie sich vor generalisierenden, pauschalen Urteilen hütet und genau deutlich macht, wo, wie im Fall des »Oberurseler Papiers«, nur ein auf langjähriger teilnehmender Beobachtung beruhender Erfahrungsbericht vorgelegt wird und wo, wie etwa im Falle der DGB-Jugendkonferenz 1977 oder des repressiven Verhaltens gegenüber der Oberurseler DKP-Analyse seitens zweier IGM-Vorstandsmitglieder, durch öffentliches, repräsentatives Handeln konkret auf DKP-Bündnispartnerschaft oder -»Toleranz« geschlossen werden kann. (Anders steht es mit den sowjetmarxistischen Ideologien, die anhand vorliegender Texte wissenschaftlich belegt und analysiert werden können.) Wir haben uns bemüht, in diesem Sinne sehr wohl zwischen gesicherten und hypothetischen Urteilen zu unterscheiden.

Trotz dieser nach bestem Wissen und Gewissen durchgehaltenen Vorsicht in der Urteilsbildung sind uns, durch falsche oder lückenhafte Informationen, Detailfehler in der Darstellung unterlaufen, die wir im folgenden, letzten Abschnitt benennen. Unabhängig davon aber haben wir uns hier mit dem bei Mies, bei den

STERN-Redakteuren, bei Keuter, bei Lehnert/Lauenstein und bei Richter/Pinkall fast gleichförmig auftauchenden diffamatorischen Stereotyp zu befassen, die Texte seien lediglich mit einem wissenschaftlichen Heiligenschein geschmückt, wissenschaftlich unseriös, es fehle »dem Taschenbuch an wissenschaftlicher Redlichkeit«, es enthalte historische Verzerrungen und Unterlassungen«.

Läßt man einmal die inhaltsleere Phrasensammlung des DKP-Chefs Mies außer Betracht[1], so bleibt doch das schwerwiegende Faktum, daß ein Redakteur des 2-Millionen-Magazins STERN, Rezensenten der Funktionärszeitschrift der »größten Gewerkschaft aller Zeiten«, des offiziellen Verbandsblattes des DGB und der mit wissenschaftlichem Anspruch auftretenden GEW-Zeitschrift von Niedersachsen gegenüber vier ausgewiesenen Wissenschaftlern den ernsten Vorwurf des unwissenschaftlichen Vorgehens erheben. Liest man nun ihre – z.T. umfangreichen – Texte und sucht dort nach Begründungen für diesen Vorwurf, so kommt man zu einem erstaunlichen Resultat: Von zwei gänzlich irrelevanten, weil absolut nebensächliche Details betreffenden Einwänden Keuters abgesehen (wir gehen im nächsten Abschnitt auf sie ein!), findet sich in allen zitierten Texten *nicht ein einziger Beleg* für jenen gravierenden Vorwurf.[2]

---

[1] Die ja ausschließlich der Widerlegung unseres Buches gewidmete offizielle DKP-Broschüre bringt es tatsächlich fertig, auf 31 Seiten Entrüstungstiraden gegen den »Marsch der DKP . . .« aneinanderzureihen, ohne auch nur an einer einzigen Stelle ihren pathetischen Gegenreden durch konkretes Zitat und dessen Widerlegung eine rationale, argumentative Substanz zu verleihen. So heißt es denn auch auf Seite 19, obwohl die Broschüre 31 Seiten Raum bietet: »Es ist hier nicht der Raum, auf die zahlreichen historischen Verzerrungen und Unterlassungen einzugehen.«

[2] Keuter wird daher auch von einem Kenner des Buches (s. S. 62), dem Bezirks-Vorsitzenden der ÖTV Kiel, Hans Schwalbach, vorgehalten: »Höhepunkt der Buchkritik ist die Behauptung, es fehle dem Taschenbuch an wissenschaftlicher Redlichkeit. Wer das Taschenbuch und diese Kritik gelesen hat, muß sich die Frage stellen: Welche Gründe gibt es, das Buch so undifferenziert in Bausch und Bogen abzulehnen? Sollten Vorkommnisse, wie sie sich tatsächlich ereignet haben, unter den Teppich gekehrt werden? Tatsächlich gibt es in dem Buch neben positiven Punkten auch negative. Die Glorifizierung des Falles eines gefeuerten HBV-Sekretärs ist ein Fauxpas der Autoren. Bezüglich der wissenschaftlichen Präzision mag es Mängel geben. Die Mängel als fehlende ›Redlichkeit‹ hinzustellen und sie mit dem Bannstrahl des ›Eifertums‹ zu belegen, fällt auf den Kritiker zurück.« (Leserbrief i. d. Welt d. Arbeit v. 14. 5. 81)

1.2.4. Konkrete Kritik am »Marsch der DKP...«; die Antwort der Autoren

Man muß sich fragen, ob diese Präsentation stereotyp wiederkehrender diffamatorischer Aussagen notwendig war. Wir haben sie dem Leser – und uns! – zugemutet, weil es von *grundsätzlicher* Bedeutung ist, einmal präzise aufzuzeigen, wie gleichförmige Argumentationsmuster in einem Teil der linksliberalen und linken »veröffentlichten Meinung« zu einem System kollektiver Sprachregelung werden, durch die (nicht nur unsere!) Kritik kommunistischer Einflußstrategien beiseite geschoben, »untern Teppich gekehrt« wird und statt dessen die Kritiker zur Zielscheibe der Kritik gemacht werden. Man darf gespannt sein, in welchem Ausmaß es einem solchen Journalismus gelingt, mit Hilfe solcher Sprachregelung in den kommenden Monaten die fällige Auseinandersetzung weiterhin unter Tabu zu stellen – oder aber: sie vielleicht gerade erst richtig zu provozieren. Uns dagegen bleibt, nach der unvermeidlichen Beschäftigung mit den pauschalen *Schein*argumenten, uns den *konkreten* kritischen Einwänden zuzuwenden.

Hierher gehört zunächst die Vorbemerkung, daß der Fischer Verlag leider ohne Abstimmung mit uns Ende Dezember '80 nachgedruckt hat, so daß die mehrfache, berechtigt erscheinende Kritik (z.B. bei Keuter), warum wir vorgelegte Korrekturen nicht in die 2. Auflage eingebracht hätten, sich damit erübrigt. Es sei angesichts der Brisanz des Themas erlaubt, wenigstens in einer Fußnote einige dieser für notwendig gehaltenen Korrekturen zu benennen[1].

---

[1] 1. darf sich der auf S. 19 und 28 geäußerte Hinweis auf Oldenburg nicht auf den gesellschaftswissenschaftlichen Bereich *speziell,* sondern muß sich, wie Wolfgang Rudzio im 2. Teil (vgl. unten S. 91 ff.) gezeigt hat, auf die Universität *insgesamt* beziehen.
2. Nach Information durch den Kollegen Hawreliuk ist die Nennung *seines* Namens im Zusammenhang mit dem Skandal bei der Antikriegstag-Rede H. O. Vetters – S. 37 – unrichtig. Darauf verweist auch Keuter.
3. Auf S. 35 oben müssen die Namen D. Schneider und G. Schröder vertauscht werden – das Zitat stammt von Dieter Schneider; demgemäß gilt dafür nicht der in Fußnote 31, sondern der in der folgenden F.-note angegebene Quellen-Nachweis; ferner muß der versehentlich in die Überschrift S. 37 gerutschte Hinweis auf die Kontroverse Schneider-Hensche in die des voranstehenden Abschnitts, also auf S. 33, vorrücken.
4. Der Rowohlt-aktuell-Lektor F. Duve sieht sich wegen des Nicht-Erscheinens der Dokumentation von M. Scharrer: »Gewerkschaftsgeschichte kontrovers« unange-

Von den in dieser Fußnote notierten Korrekturen abgesehen, bleiben zwei wichtige Kritikpunkte. Der eine (auch von Keuter, Lehnert/Lauenstein und Straubert genannte) bezieht sich auf die Einschätzung des gekündigten HBV-Funktionärs Albers (»Marsch der DKP . . .« S. 43 und Fußnote 41a): Dieser sei nicht, wie wir geschrieben haben, entlassen worden, »weil er in seiner Bezirksdelegiertenversammlung einen Unvereinbarkeitsbeschluß HBV/DKP nicht verhinderte«, sondern weil er einen Vorvertrag mit der DAG gehabt und mit ihr über einen (ehemaligen HBV-) Funktionär Kontakt gehalten habe. Oben auf Seite 38 haben wir den Ablauf und die Beurteilung dieses Falles noch einmal dokumentiert. Hier bleibt nur festzustellen, daß die Antikritik in diesem Fall schon deshalb ins Leere stößt, weil der im Prozeß gegen Albers erhobene Vorwurf seiner DAG-Beziehungen erst lange nach Drucklegung unseres Buches vorgetragen wurde. Dagegen war und ist für uns maßgeblich, was die Kritiker aus dem Gewerkschaftslager gern unterschlagen: Daß der DGB-Vorsitzende Heinz Oskar Vetter sich wohl kaum die Mühe gemacht hätte, höchstpersönlich am 23. Juli 1980 die Angelegenheit mit einer fünfseitigen Dokumentation der Hintergründe allen Mitgliedern des DGB-Bundesvorstandes vorzutragen als ein »öffentliches Politikum«, »das nicht nur die Gewerkschaft HBV, sondern auch den DGB und seine übrigen Gewerkschaften berührt und beschwert«[1], wenn der Hauptgrund von Albers' Entlassung nicht in

---

(Forts. d. Fußnote v. S. 83)
messen kritisiert (S. 31). Obwohl nach unserer Kenntnis der Dinge die Kritik zu Recht besteht, werden wir aus Gründen der Kollegialität künftig auf sie verzichten. Zugleich ist zu korrigieren, daß entgegen einer Ankündigung (F.-note 20) auch der Olle und Wolter Verlag sich nicht engagiert hat.

5. Nohara (»Die Neue« v. 13. 3. 81) bezichtigt uns zwar zu Unrecht der »Fälschung«, weil wir einen Grundwiderspruch in der Stamokap-Theorie unerlaubterweise aufgrund von Zitaten aus zwei *verschiedenen* Stamokap-Texten nachzuweisen versuchten (150): zu Unrecht, da wenige Seiten weiter (155 f.) gezeigt wird, daß derselbe unauflösbare Widerspruch auch in dem *einen* (Hamburger) Stamokap-Text reproduziert wird, den Nohara für »fortgeschritten« und daher nicht mit der DDR-Theorie für konfrontierbar hält. Aber zur Sicherheit wäre in der vorderen Passage (F.-note 94) auf die hintere vorab zu verweisen.

6. Einige Studenten der Hochschule für Wirtschaft und Politik (HWP) Hamburg erklären, daß sie unseren Kommentar (S. 119 f.) in der Form nicht akzeptieren. Aufforderungen übrigens an Dozenten bzw. einen kompetenten Senatsbeamten zur Stellungnahme blieben ohne Echo.

[1] Vgl. die genaue Dokumentation dieses Falles in Nr. 26 (15. August 1980) der Exklusivberichte des Informationsdienstes Junges Wort.

der Tat seine Einstellung zu dem Anti-DKP-Beschluß gewesen wäre.

2. Ernstzunehmen ist dagegen die Kritik unserer Darstellung der Stamokap-Position der Jungsozialisten. Nohara[1] wirft uns vor, die Stamokap-Theorie-Entwicklung der letzten Jahre nicht genügend berücksichtigt zu haben, und auch der dem reformsozialistischen Juso-Flügel zuzurechnende Hans Joachim Schabedoth schreibt uns: »Die von der Stamokap-Minderheit bei den Jusos vertretenen Positionen haben aktuell, nach Anleihen beim Eurokommunismus und Austromarxismus, ihren früheren sowjetmarxistischen Anstrich verloren.«

Diese Antikritik ist zwar insofern unrichtig, als sie übersieht, daß auch die »Herforder Thesen« noch eine Fülle von Aussagen enthalten, die, wie wir gezeigt haben, (vgl. im »Marsch der DKP ...« die Fußnoten 95, 109, 140, 143, 146, 147, 149), mit der sowjetmarxistischen Stamokap-Theorie hochgradig deckungsgleich sind und damit eine beachtliche Basis für ideologische und strategische Übereinkommen mit den Sowjetmarxisten bieten[2].

---

[1] a.a.O. F.note S. 83, Ziffer 5.

[2] Vgl. demgemäß auch den in dieser Hinsicht optimistischen DKP-Kongreß-Bericht: Ein Vertreter der (DKP-)»Marxistischen Blätter« nahm vom 31. 10. – 2. 11. 1980 in Bielefeld an einer Tagung teil, die von solchen linken Sozialdemokraten organisiert wurde, »die aus der sogenannten Stamokap-Gruppe bei den Jungsozialisten hervorgegangen ist«. Auf der Tagung wurden die »Herforder Thesen – Zur Arbeit von Marxisten in der SPD« diskutiert; der DKP-Journalist kommt zu folgenden Einschätzungen: »Sieht man die Thesen unter dem Gesichtspunkt, daß hier der Versuch unternommen wird, Vorstellungen über Wege zur Öffnung zu Gesellschaftsveränderungen und zum Sozialismus zu entwickeln, dann ergeben sie für Kommunisten viele Anhaltspunkte für ihr Bemühen, mit anderen linken Kräften gemeinsam jene Zugänge zum Sozialismus zu finden, die den Bedingungen der Bundesrepublik, den Interessen und Vorstellungen der arbeitenden Menschen am besten entsprechen. Ein weiteres Feld von Gemeinsamkeiten zeigt sich dort, wo die ›Herforder Thesen‹ konkrete Forderungen und Alternativen für den Tageskampf formulieren. Das betrifft insbesondere auch die in den Thesen erhobenen Forderungen zur entscheidenden Frage unserer Zeit, zur Friedensfrage. Die Kommunisten stimmen mit den Anhängern der Thesen überein, wenn sie darin unter anderem fordern, den NATO-Raketenbeschluß zu verhindern.« Wenn auch in den Herforder Thesen keine »Aussage zum Zusammenwirken mit der DKP« getroffen wird, spielte das Verhältnis zu dieser Partei auf der Bielefelder Tagung offenbar »eine nicht unwichtige Rolle«. Kurt Schacht notierte jedenfalls »nicht unbeträchtlichen Beifall«, den Wolfgang Abendroth und Mechthild Jansen dafür erhielten, daß sie »einer Zusammenarbeit mit der DKP« das Wort redeten. (Kurt Schacht: Die Herforder Thesen, in: Marxistische Blätter 1/1981 Frankfurt, 19. Jg., S. 118ff.)

Richtig an der Kritik ist jedoch, daß in den »Herforder Thesen« (insbesondere in ihrer zur Zeit unserer Buch-Publikation noch nicht vorliegenden, wesentlich überarbeiteten Form von 1980) ein jungsozialistisch-marxistischer Differenzierungs- und Distanzierungsprozeß gegenüber der sowjetmarxistischen Stamokap-Theorie zu registrieren ist, der in unserer Stamokap-Darstellung nicht genügend gewürdigt worden ist. Zwar verharren die »Herforder Thesen« in einer wissenschaftlich kaum haltbaren, autoritätshörig-affirmativen Haltung gegenüber dem Marxismus und verzichten auf jegliche, unseres Erachtens für sozialistische Theorie und Praxis heute unerläßliche kritische Distanzierung von grundlegenden Fehlurteilen und Fehlprognosen der marxistischen Klassiker – gleichzeitig jedoch werden die geschickt ausgewählten Marx- und Engels-Zitate in zunehmendem Maße dazu verwandt, einen friedlichen, schrittweisen und demokratischen Übergang zum Sozialismus zu begründen, und die nach wie vor dogmatisch-marxistische Aussage über den Staat als »Herrschaftsinstrument der herrschenden Klasse« wird wesentlich stärker als bisher – freilich lediglich vermittelt durch die Leerformel von seinem »widersprüchlichen« Wesen – relativiert durch Hinweise auf seine politisch-demokratische Beeinflußbarkeit[1]. Und insbesondere die Wertschätzung demokratischer Grundrechte, parlamentarischer Kontrolle und der »demokratischen Kräfte«, vor allem in der Arbeiterbewegung, denen es gelungen ist, »die Existenz politischer, individueller und kollektiver Freiheitsrechte und den Anspruch auf demokratische Legitimation aller staatlicher Entscheidungen durchzusetzen und gegen die Widerstände der herrschenden Klasse zu behaupten« (a.a.O. 39) sowie die Feststellung, daß »wir als Sozialisten« in der Sowjetunion und den anderen sozialistischen Ländern »kein Modell für unseren eigenen Weg zum Sozialismus sehen«, rückt die hier erreichte jungsozialistische Stamokap-Position in der Tat stärker in die Nähe des Eurokommu-

---

[1] So heißt es etwa in der 8. These: »Der parlamentarische und außerparlamentarische Kampf einer starken Arbeiterbewegung kann dazu führen, daß staatliches Handeln sozialen und demokratischen Reformforderungen nachkommen muß« – um – jedem Reformismusvorwurf ängstlich zuvorkommend – freilich gleich anschließend hinzuzufügen: ». . . Wobei dauerhafte und umfassende Erfolge allerdings erst dann erreicht werden können, wenn auch die kapitalistischen Grundlagen heutiger Staatsaktivität beseitigt werden.« (a.a.O. – vgl. Fußn. 1 v. S. 154 – S. 24).

nismus und eines Demokratischen Sozialismus als in die eines naiv-bündniswilligen Sowjetmarxismus.

Wie es freilich mit der politischen Praxis der Juso-Stamokap-Fraktion gegenüber den sowjetkommunistischen Organisationen, Kampagnen, außenpolitischen Positionen bestellt ist, das ist damit leider keineswegs entschieden. Die Fallstudie über die Berliner Stamokap-Juso-Politik (S. 153–166) zwingt in dieser Hinsicht eher zur Skepsis.

2. Teil:

Exemplarische Beispiele kommunistischer Unterwanderung

Einleitung: Die Bedeutung dieser exemplarischen Analysen

Kommunistischer Machtgewinn mithilfe von »Unterwanderung« vollzieht sich, seinem Wesen gemäß, in verdeckten, getarnten Formen; im Vorwort habe ich demgemäß die Bestimmungsdemente des Begriffs *Unterwanderung* benannt. Daraus ergeben sich große Schwierigkeiten der Analyse, da quantifizierbare Befunde nur selten auszumachen sind. (Bekannteste Ausnahme: die mehrheitliche Verweigerung einer Solidarisierung mit dem damals in der DDR inhaftierten Rudolf Bahro durch eine DGB-Bundes-Jugendkonferenz 1977).

Wir sind daher darauf angewiesen, immer wieder Argumentationen, Gremienpolitiken, Einflußstrategien im Bildungs-, Medien- und Politikbereich, in denen sowjetkommunistische Orientierung *zutage tritt, exemplarisch* ins öffentliche Bewußtsein zu bringen. Das heißt, durch unsere bereits im »Marsch der DKP . . .« begonnene, hier wesentlich erweiterte Präsentation von Beispielen kann der kritisch, hellsichtig und hoffentlich aktiv gewordene Gewerkschafter, Student, (Hochschul)-Lehrer, Rüstungsgegner und Leser linker Publikationen erkennen[1]:

- Das, was wir von der Uni Oldenburg berichten, passiert ähnlich auch z. B. in Hochschulbereichen Bremens, Hamburgs, Berlins,

---

[1] Zumindest nördlich der »Mainlinie«; die im Süden der Bundesrepublik werden unsere Auseinandersetzungen nur punktuell verstehen, weil sie mit ganz anderen – freilich meist sehr offen agierenden – parteipolitischen Machtpotentialen (oft: -monopolen!) konfrontiert sind: mit den konservativen der Christdemokraten. Der fatale Denkfehler mancher »fortschrittlicher Kräfte«, gerade auch in unserem »Süden«, ist es, anzunehmen, daß die Auseinandersetzung mit dem politischen Gegner (»Kampf gegen Strauß«) das Bündnis mit den DKP(-nahen) *Gegnern der Demokratie* schlechthin rechtfertige. Nichts war in diesem Sinne entlarvender als die vor einiger Zeit ausgegebene Devise der Juso-Stamokapfraktion, die DKP sei zwar ein politischer *Gegner,* die CDU-CSU aber sei der politische *Feind.*

Münsters, Kassels oder wird dort versucht.

- Die dokumentierten Einflußstrategien aus dem Schulbereich in Frankfurt und Berlin verweisen auf Modelle »antifaschistischer« und »Friedenserziehung«, die in zahllosen anderen Bildungsveranstaltungen in Schulen, Volkshochschulen, Jugendgruppen und Gewerkschaften ähnlich versucht werden. (Wobei ergänzend auf die im DGB- und GEW-Text – S. 44 ff. – und in der Friedensbewegung – S. 143 ff. – analysierte Generallinie zu verweisen ist, *die sowjetkommunistische Seite der Behandlung des NS und der Friedensproblematik zu schonen:* Stalinismuskritik ist Antikommunismus und Antikommunismus ist bürgerliche Hetze gegen den »realen« Sozialismus«!
- Die Analyse von sowjetkommunistischen Einflüssen und Inhalten in »Konkret« verweist auf ähnliche Einflußstrategien und Indoktrinationen in Zeitschriften wie »Argument«, »Blätter für deutsche und internationale Politik«, »Stimme der Gemeinde«, »Kürbiskern« – insgesamt in einem beachtlichen publizistischen und Verlagsbereich der Bundesrepublik.
- Die Informationen über sowjetkommunistische Fernsteuerung in der westdeutschen Friedensbewegung, die deren partielle »Einäugigkeit«: das Außerachtlassen der kommunistischen Hochrüstungs- und Militärpolitik, bewirkt, können Gegnern der Rüstungspolitik verdeutlichen, daß Friedenskampagnen oder -manifeste unglaubwürdig und damit wirkungslos bleiben, wenn man den DKP-nahen Kräften dabei die (Feder-) Führung überläßt.
- Die Analyse der Berliner Stamokap-Jusopolitik kann ähnliche verhängnisvoll-lähmende und diskreditierende Taktiken auch in vielen anderen Jugend- und Studentengruppen exemplarisch verdeutlichen.

Notwendigerweise bleibt das, was hier mit Fallstudien und exemplarischen Informationen geleistet werden kann, durchaus fragmentarisch. Kritiker, denen die ganze Richtung nicht paßt, können es sich wieder leichtmachen, von Einzelfällen reden und deren wissenschaftliche Aussagekraft bezweifeln. Wer dagegen nicht, wie die linken Biedermänner, die Augen vor der Realität verschließt, wird feststellen, daß hier sehr wohl im linken und sozialliberalen Umfeld relevante, d.h. sich wiederholende Tendenzen beschrieben werden. Wir können nur hoffen, daß die notwendigen breiteren Analysen in der nächsten Zeit folgen werden, nicht zuletzt provoziert durch unsere pilot-studies. Eine Wissenschaftlichkeit andererseits, die angesichts der gefährlichen Trends zuwarten wollte, bis auch die letzte Ausage positivistisch »belegt« ist, würde, fleißig Fakten sammelnd, ihren Sinn verfehlen: *Die reale Entwicklung, in der hier und jetzt die Auseinandersetzung geführt werden muß, würde ihr »davonlaufen«, und ihre Ergebnisse kämen mit Sicherheit, wenn es zu spät ist.*

2.1. Das Beispiel der Universität Oldenburg (von Wolfgang Rudzio)

Der folgende »exemplarische Fall« verweist auf die Tatsache, daß weit über gewerkschaftliche Bildungsarbeit hinaus der Bildungsbereich insgesamt ein bevorzugtes Zielfeld sowjetkommunistischer Einflußstrategien darstellt. Über die Entwicklungen, die in der Gewerkschaft Erziehung und Wissenschaft (GEW) erkennbar geworden sind, wurde bereits berichtet. Die weitreichende und noch immer nicht überwundene Transformation des Fachbereichs Gesellschaftswissenschaft an der Universität Marburg in ein von Sowjetmarxisten beherrschtes »Bildungszentrum« hat Vilmar bereits 1972 analysiert[1].

In anderer Form, nicht in einem bestimmten Bereich konzentriert[2], zeigt sich die Wirkung sowjetmarxistischen Einflusses an der Universität Oldenburg, wie die folgende Fallstudie von Rudzio (selbst Politologe an dieser Universität) belegt.

---

[1] Fritz Vilmar, Gesamteuropäische Koexistenz und innersozialistische Kritik, in: Dutschke/Wilke (Hg.), Die Sowjetunion Solschenizyns und die westliche Linke, Reinbek (rororo) 1975, S. 55–64. Vgl. die Zusammenfassung der Analyse und die Einschätzungen der seitherigen Entwicklung in: Der Marsch ... 109–113.

[2] Im »Marsch der DKP ...« war im Rahmen einer zusammenfassenden Aufzählung formuliert worden, daß u. a. im gesellschaftswissenschaftlichen Bereich der Universität Oldenburg Sowjetmarxisten »mit Erfolg begonnen (haben), Umwege zur Macht zu finden« (S. 19). Der Fachbereichsrat Gesellschaftswissenschaften stellte hierzu mehrheitlich fest, diese Behauptung entbehre »jeder sachlichen Grundlage«. Da in Oldenburg sowjetmarxistische Einflußstrategien sich in der Tat mehr auf die Universität insgesamt und nicht speziell auf einen Fachbereich richten, soll die folgende Fallstudie die kritisierte Behauptung zurechtrücken.

2.1.1. Überblick

Nahezu unbemerkt, im Schatten überregionaler Aufmerksamkeit hat das »antimonopolistische Bündnis« um die DKP auch in der Universität Oldenburg erfolgreich Fuß gefaßt. Ähnlich wie anderswo bilden in ihr MSB (Marxistischer Studentenbund Spartakus), SHB (Sozialistischer Hochschulbund), BdWi (Bund demokratischer Wissenschaftler) und DKP-Hochschulgruppe einen einflußreichen, bei Abstimmungen stets gleichgerichteten politischen Block; nicht zuletzt der örtliche SHB ist fest auf »das prinzipielle Bündnis mit dem MSB« und der DKP eingeschworen[1]. Man kann daher bei dem Versuch, die Stärke des »antimonopolistischen Bündnisses« in der Universität abzuschätzen, auf die Stimmenanteile dieses Blocks zurückgreifen.

Der Blick auf inneruniversitäre Wahlergebnisse läßt allerdings eine höchst unterschiedliche Stärke des Blocks bei den verschiedenen Statusgruppen, eine schiefe Schlachtordnung, erkennen. Hier wirkt bis heute nach, daß sich MSB/SHB/BdWi/DKP in der Frühphase der Universität Anfang der siebziger Jahre bei Berufungen von Hochschullehrern nicht durchzusetzen vermochten – besonders weil die damaligen sozialdemokratischen Wissenschaftsminister von Oertzen und Grolle nicht selten entgegen Berufungsvorschlägen der Universitätsgremien entschieden[2]. So erhielt der BdWi bei den Konzilswahlen 1975 nur 17,6% der Professorenstimmen, immerhin 32,3% beim wissenschaftlichen Mittelbau (Anteile, die nach einer Abspaltung vom BdWi 1979 auf 8,4 bzw. 23,3% zurückgingen), während MSB/SHB – abgesehen von einem einzigen Betriebsunfall – stets die absolute Mehrheit der Studentenstimmen erreichen und den ASTA wie einen Erbhof besitzen. Besonders stolze Wahlergebnisse präsentieren sie sowohl in den Anfängen der Universität (1974 mit 61,5% der Stimmen zum Studentenparlament) wie in der Gegenwart (1980 mit 76,7%)[3]. Eine starke Position haben DKP-Orientierungen schließ-

---

[1] Erklärung Liste SHB-JUSO zu Stupa-Wahlen 1978, S. 3; SHB-Wahlkampfzeitung Nr. 2, Jan. 1981, S. 4.

[2] Vgl. Deutsche Volkszeitung, 7. 9. 1972; Prot. des Konzils der Universität Oldenburg, 4. 7. 1974.

[3] Wahlergebnisse nach uni-info (Hsg. Presse- und Informationsstelle der Universität Oldenburg) 29. 1. 75; 7/75; 26. 2. 79; 25. 5. 80. Für 1981 lauten die Zahlen: SHB 46,9%, MSB 28,3%, RCDS 7,6%, SLH 2,1% (Nordwest-Zeitung vom 4. 2. 1981).

lich innerhalb der ÖTV-Betriebsgruppe, die beim nichtwissenschaftlichen Personal dominiert.

Ein Gesamtbild der zahlenmäßigen Verhältnisse wird am ehesten bei einigen offenen Kampfabstimmungen im Konzil, dem höchsten repräsentativen Gremium der Universität, sichtbar. 1974 eroberten MSB/SHB/BdWi/DKP trotz starker Gegenkandidaturen auf Anhieb drei von vier Sitzen im Konzilspräsidium, um später die Hälfte der Sitze zu behaupten; als Hochschullehrervertreter präsidierte häufig ein führendes BdWi-Mitglied, das 1976 öffentlich zur Wahl der DKP aufrief[1]. Andererseits unterlagen BdWi-Kandidaten bei Rektorenwahlen – doch nur knapp, so 1973 mit 10:12 Stimmen im letzten Gründungsausschuß, so 1974 mit 38:48 Stimmen (bzw. 39:45 beim stellvertretender Rektor) im Konzil, jeweils unterlegen gegenüber inhomogenen Abstimmungskoalitionen aller übrigen Kräfte[2].

Derart totale Konfrontationen werden seither fast durchgängig vermieden. Schließlich gibt es andere Methoden, mit deren Hilfe man Einfluß über zahlenmäßige Anteile hinaus zu verstärken sucht. Zunächst und am wichtigsten: Bei vielen Fragen finden MSB/SHB/BdWi/DKP fallweise Abstimmungspartner, die häufig zu satten Mehrheiten verhelfen. Diese Rolle spielen z. B. dem Sozialistischen Büro nahestehende Strömungen bei Professoren und wissenschaftlichen Mitarbeitern, die nicht selten »Gewaltverhältnisse« in der Bundesrepublik diagnostizieren und einem simpel zweigeteilten parteilichen Wissenschaftsverständnis – hie »bürgerliche Wissenschaft« zur Erhaltung des Kapitalismus, dort »marxistische Theorie« mit dem Ziel einer »emanzipierten« Gesellschaft – frönen. Kommt es zur Abstimmungskoalition allein zwischen diesen Strömungen und dem MSB/SHB/BdWi/DKP-Block, sind bereits eindeutige Mehrheiten in sehr vielen Gremien der Universität erreicht.

Daneben läßt sich Einfluß ausweiten, indem man Funktionen und Positionen sammelt. Allerdings soll nicht unterstellt werden, etwa jedes BdWi-Mitglied ziele bei der Übernahme einer Aufgabe hierauf ab; auf eine Aufzählung von Positionen sei verzichtet. Im übrigen spielt auch Einflußnahme auf solche Positionsinhaber

---

[1] Prot. Konzil 13. 3. 74; Der Kommunist/Organ der DKP-Hochschulgruppe Oldenburg, Okt. 1976, S. 1/2.

[2] Nordwest-Zeitung, 6. 12. 73; Prot. Konzil 18. 4. 74.

eine Rolle, die gar nicht den Gruppen des Blocks angehören. Eine Mischung von Umwerben und Druck, vor allem intensive Kontakte und das Gewicht des eigenen disziplinierten Stimmenpotentials werden hier offensichtlich mit dem Ziel eingesetzt, früheren Abstimmungsniederlagen möglichst viel von ihrer Wirkung zu nehmen. Ein Objekt solcher Einflußnahme war beispielsweise der Universitätsrektor der Jahre 1974–79. Ursprünglich gegen die Stimmen von MSB/SHB/BdWi/DKP gewählt, befriedigte sein Bemühen um »Konsens« zunehmend seine anfänglichen Kontrahenten. Symptomatisch waren hier wohl

- seine Stellungnahmen bei den Berufsverbote- und Ossietzky-Kampagnen des »antimonopolistischen Bündnisses« (s. unten);
- sein Auftreten auf dem BdWi-Kongreß am 25./26. 11. 1977 in Hamburg[1];
- sein Verhalten bei einem 1977 von MSB/SHB initiierten »Streik«, zu dessen Unterstützung durch umfunktionierte Lehrveranstaltungen auch das Konzil aufgerufen hatte: Trotz Aufforderung unternahm der Rektor nichts Erkennbares gegen eine schriftlich und öffentlich angekündigte Vorlesungssprengung durch den MSB/SHB-ASTA[2].

Er gewann jedenfalls das Vertrauen von MSB/SHB/BdWi/DKP so weit, daß er bei seiner Wiederwahl auch deren Konzilsstimmen erhielt. Mehr noch: Der entsprechende Block innerhalb der Universität Marburg erkor ihn 1978 zu seinem Präsidentschaftskandidaten an der Universität Marburg. Zum Erfolg fehlte es dort allerdings dann an Stimmen sozialdemokratischer Hochschullehrer[3].

---

[1] BdWI, Aufruf zum Hochschulpolitischen Kongreß 25./26. 11. 77, S. 5.
[2] Flugblatt »Streikbruch« des ASTA der CvO-Universität o. D.; Bericht an den Rektor der Universität Oldenburg, 5. 12. 77. Politisch pikant war dabei, daß die zur Sprengung ausersehene Veranstaltung gerade die Geschichte der deutschen Arbeiterbewegung aus nicht DKP-naher Sicht behandelte und sich ein Teil der Hörer wie der Dozent geweigert hatten, die Veranstaltung zur Agitation gegen die sozialdemokratische Hochschulpolitik umzufunktionieren.
[3] uni-info, 20. 11. 78.

2.1.2. *Werbung durch Interessenvertretung I: Zur Rekrutierung studentischen Anhangs*

Interessanter als der sich in Gremien manifestierende Einfluß ist die Frage: Wie gewinnen die Gruppen des »antimonopolistischen Bündnisses« um die DKP ihren Anhang unter den Hochschulangehörigen? Auch wenn die DKP in der Stadt Oldenburg niedersächsische Spitzenwahlergebnisse erzielt, im Rat der Stadt vertreten ist und angeblich ihre »UZ« die größte Abonnentendichte im Großstädtevergleich hat(te) bzw. bei den Jungsozialisten der Stadt (und weitgehend des Umlandes) Stamokap-Positionen vorherrschen – die überwältigende Mehrheit der Hochschulangehörigen kommt doch ohne einschlägige »Vorbildung« in die Universität. Die politische Sozialisation ins »richtige« Weltbild kann zumeist erst dort beginnen und muß antikommunistische Vorbehalte überwinden.

Von größerer Bedeutung als offene politische Agitation ist daher indirekte Werbung durch »Interessenvertretung«. So führen sich MSB und SHB vor den Studierenden als »gewerkschaftlich orientierte« Gruppierung auf, als strammste Vertreter studentischer Interessen. Bafög-Erhöhungen, Gremienmitbestimmung, Senkung von Prüfungs- und Studienanforderungen, »fortschrittliche Studieninhalte« sind typische Forderungen, die anstelle des Sozialismus à la MSB/SHB in den Vordergrund gerückt werden. Obwohl angesichts der Studienverhältnisse in der DDR vielfach unglaubwürdig, gelingt es so, in breiterem Maße Studierende anzusprechen.

Verdeckt und anscheinend am wirksamsten jedoch ist die Werbung auf andere Weise: wenn MSB und SHB als Organisationen gar nicht in Erscheinung treten, sondern ihre Aktiven unter dem Mantel unverfänglicherer Organisationsformen »Interessenvertretung« betreiben. Als passende Hülle bieten sich hier die studentischen »Fachschaften« an: Deren Fachschaftsräte, weil aus Seminarsprechern (zu deren – leicht manipulierbarer – Wahl es merkwürdigerweise nur in einem Teil der Lehrveranstaltungen kommt) und studentischen Mitgliedern der Studienkommissionen zusammengesetzt, stellen ein leicht von MSB/SHB besetzbares Feld dar – auch wenn sich dort daneben noch schwach organisierte andere Grüppchen tummeln. Interessant sind die Fachschaften als eingeführte Träger von »Studienberatung«, die zudem auch Einführungs- und Wochenendveranstaltungen für Erstsemester anbieten[1]. Nach »erfolgreicher« Studienberatung durch als solche nicht erkennbare MSB/SHB-Vertreter wandern Studierende zum anspruchlosesten Dozenten oder landen in ideologischen Paradeveranstaltungen. Die Wirkung nahestehender Lehrkräfte wird auf diese Weise höher, als es ihrer Zahl oder der ihrer Veranstaltungen entspräche; eine Mammutveranstaltung mit 150 oder 300 Teilnehmern erreicht (mit Tutoren!) ebensoviele Adressaten wie 10 bzw. 20 durchschnittlich besuchte Veranstaltungen. Die zweite Funktion der Fachschaften im Rahmen der MSB/SHB-Strategie ist die des ideologischen Durchlauferhitzers: Sie sind der Ort, wo MSB/SHBler unverfänglich in Kontakt mit potentiellem Nachwuchs kommen, wo persönliche Sympathiegewinne unmerklich politisch umgemünzt werden können. Am Ende steht dann die Story, mit der MSB/SHB-Flugblätter gern neue Kandidaten vorstellen: Kam ahnungslos in die Uni, fand mich nicht zurecht und hatte Schwierigkeiten, fand nette Hilfe bei Fachschaftlern, bin nun, aufgeklärt über den Zusammenhang zwischen »Studienmisere« und »Grundwiderspruch«, MSB- bzw. SHB-Mitglied.

Ein verlockender Bereich für Interessenvertretung sind auch jene 32% Oldenburger Studenten, die als Nichtabiturienten in die Universität kommen[2]. An ihre Interessen appellierte ein jahrelanger »Kampf« von MSB/SHB gegen Sprachanforderungen in den allgemeinen Studien- und Prüfungsordnungen sowie gegen die Angleichung der Zulassungsordnung an die anderer Bundesländer[3]; Dankbarkeits- und Verpflichtungsgefühle der Betreffenden liegen nahe. Und es fügt sich, daß im zuständigen Zulassungs-Prüfungsamt für die »inhaltliche Beratung und Betreuung der Bewerber« als besoldete Kräfte allein der Vorsitzende des MSB/SHB-AStA und eine MSB-Studentenparlamentskandidatin zuständig sind[4].

[1] uni-info, 5. 4. 79.

[2] uni-info, 21. 2. 77.

[3] Vgl. z. B. SHB-Vorwärts/Oldenburg, Nov. 76, S. 7.

[4] Veranstaltungsverzeichnis der Universität Oldenburg WS 1980/81, S. 95 und 58; MSB, Stupa-Wahl WS 80/81, S. 19.

2.1.3. *Werbung durch Interessenvertretung II: Zielgruppe Dienstleister*

Beim nichtwissenschaftlichen Personal der Universität produziert sich die DKP-Hochschulgruppe (übrigens die einzige Parteigruppe an der Universität) als vorbildliche Vertreterin seiner tatsächlichen oder konstruierten Interessen: Sie ficht vehement für die Konzentration der Verwaltung auf dem Campus (mithin für die Auslagerung wissenschaftlicher Bereiche in angemietete Außenstellen), ringt unermüdlich für Höhergruppierungen und Beförderungen ohne Verwaltungsprüfungen u. a. m.[1]. Kommt es mal zu Beschwerden, etwa von hundert Bediensteten der Universität über die Arbeit der Personalverwaltung, reagiert die geübte Interessenvertreterin DKP mit dem Ruf nach »personeller Verstärkung« jener Abteilung[2], und die Solidarität aller ist gerettet, der Schwarze Peter bei der Universitätsspitze oder gar beim bösen Staat.

Entscheidend aber ist auch hier, daß man zumeist nicht unter dem DKP-Firmenschild agiert. Unterschlupf haben Orientierungen des »antimonopolistischen Bündnisses« innerhalb der ÖTV-Betriebsgruppe gefunden. Diese unverfängliche Organisation ist strategisch um so interessanter, als die ÖTV bei Personalratswahlen gegenüber der Konkurrentin DAG deutlich dominiert. Ergebnis: Ein DKP-Ratskandidat konnte 1975–77 (bis zum beruflich bedingten Ausscheiden) sogar als Personalratsvorsitzender der Universität amtieren, und auch 1980 gehören von insgesamt fünf Vorstandsmitgliedern des Personalrats zumindest zwei der DKP bzw. dem BdWi an[3], darunter eine DKP-Ratskandidatin als stellvertretende Personalratsvorsitzende, die zugleich Leiterin der gesamten Akademischen Verwaltung (zu der auch sämtliche Fachbereichsverwaltungen und die Schreibkräfte des Lehrpersonals gehören) ist[4].

1 Vgl. etwa Der Kommunist, Sept. 1977, S. 7; Das Sprachrohr/Zeitung der DKP-Betriebsgruppe, Juli 1978, S. 2.

2 Das Sprachrohr, 1/1980, S. 3.

3 uni-info, 21. 2. 77, 29. 4. 80; Wahlaufruf BdWi Oldenburg 1980; Nordwest-Zeitung, 6. 9. 76; Veranstaltungsverzeichnis WS 80/81, S. 67.

4 uni-info, 21. 2. 77; diverse Veranstaltungsverzeichnisse, insbes. WS 80/81, S. 66/67.

MSB, SHB und DKP betreiben zwar Schulungsarbeit im Sinne ihrer grundsätzlichen Vorstellungen, und jeder, der dorthin geht, weiß, wovon er überzeugt werden soll. Die Masse der Hochschulangehörigen ist aber auf diesem Wege nicht zu erreichen. Neben werbender Interessenvertretung zielen auf sie daher Methoden manipulativer Bewußtseinsveränderung, Kampagnen, bei denen unverfängliche Positionen als Transporteure ideologischen Sprengstoffs dienen.

Ein charakteristisches Beispiel hierfür ist die Dauerkampagne gegen die »Berufsverbote«. Sie gehört fast zum offiziösen Selbstverständnis der Universität Oldenburg, stehen doch fast immer einschlägige »Fälle« bei Absolventen oder Mitarbeitern der Universität an, Anlaß ständiger Agitation der Kräfte des »antimonopolistischen Bündnisses« und – nicht zuletzt – zahlreicher Gremienbeschlüsse, vor allem des Konzils. Nun läßt sicherlich Kritik an den einschlägigen Regelungen und der Praxis in der Bundesrepublik nicht schon auf DKP-Orientierungen schließen und muß diese auch nicht mittelbar fördern. Aber: Spezifische Argumentationen, wie sie von »antimonopolistischen Kräften« bei dieser Thematik erfolgreich in den Meinungsbildungsprozeß an der Universität Oldenburg eingeschleust sind, sprechen jedenfalls in ihrer Summe für DKP-Nähe:

- So wird, nicht nur von seiten der Block-Gruppen, sondern auch vom Konzil der Universität immer wieder von den »verfassungswidrigen Berufsverboten« gesprochen[1] und damit der sachlich unbegründete Eindruck erzeugt, man lebe in einem Staat des permanenten Verfassungsbruchs (so wie es die DKP sieht).
- Auch das Konzil hat bezüglich Betroffener einfach von »politisch mißliebigen Bewerbern« gesprochen oder davon, es gehe bei ihnen um Tätigkeit in einer »legalen« Partei oder um ihre Arbeit für »Frieden und Freundschaft«[2]. Das wahre Problem, die Einstellung antidemokratisch orientierter Bewerber in den öffentlichen Dienst, wird dabei unterschlagen. Die Konse-

[1] Z. B. Prot. Konzil 21. 1. 76; Konzilsbeschlüsse in uni-info, 9. 5. 75 und 15. 11. 77.
[2] uni-info, 9. 5. 75; Walter Felscher, Berufsverbot, in: Notices of the American Mathematical Society, Nov. 1980, S. 631 ff., hier S. 633.

quenz liegt allzu nahe: Die DKP-Bewerber erscheinen als Unschuldslämmer, diejenigen, die sie zurückweisen, aber als Verfassungsbrecher.

- In diese Linie fügt sich, wenn der Senat der Universität Oldenburg beschloß, allein die von »Berufsverbote«-Verfahren-Betroffenen »soweit wie möglich durch Einstellung als Hilfskräfte (in der Universität, d. Verf.) finanziell zu unterstützen«[1]: Wenn schon, warum nur sie und nicht auch die sehr viel zahlreicheren anderen nicht eingestellten Lehramtsbewerber, und alle nach dem Grad der Eignung und sozialen Bedürftigkeit?
- Bemerkenswert ist ferner, daß sich das Konzil der Universität – ganz im Sinne des antimonopolistischen Bündnisses – in seinem Kampf gegen Berufsverbote »mit allen demokratischen Hochschulangehörigen und allen Demokraten einig« weiß[2]. Wer nicht mitmacht – die Mehrheit der Bevölkerung und der parteipolitischen Kräfte in der Bundesrepublik –, sieht sich unversehens aus dem Kreis der »Demokraten« ausgeschlossen. Die gleiche verräterische Ausgrenzung nimmt auch das Präsidum des Oldenburger Studentenparlaments in einer Verlautbarung vor, in der von Vereinbarungen durch »die demokratischen Fraktionen des Stupa« (d. h. Studentenparlaments) unter Ausschluß des RCDS berichtet wird[3]. Und die logischen Konsequenzen dieser Ausgrenzungen deuten sich an, wenn der SHB – bezogen auf NHB und RCDS – die »Verhinderung neofaschistischer und reaktionärer Umtriebe an der CvO-Universität« propagiert[4].
- Schließlich hat auch das Konzil mehrfach die Hochschulangehörigen zur Unterstützung kommunistisch beeinflußter Berufsverbote-Aktionskomitees außerhalb der Universität aufgefordert[5]. Ebenso wie DKP-nahe Gruppen findet es offenbar nichts dabei, Arm in Arm mit erklärten Gegnern der Demokratie für »demokratische Rechte« aufzutreten.

Sichtbar wird, wie weit verbreitet in der Universität Oldenburg bei dieser Kampagne Positionen geteilt und geistige Weichen ge-

---

[1] uni-info, 7/75.
[2] Prot. Konzil, 21. 1. 76.
[3] Stupa-Press, 21. 6. 79.
[4] Erklärung Liste SHB-JUSO zu Stupa-Wahlen 1978, S. 3.
[5] Prot. Konzil 21. 1. 76, 20. 6. 77, 2. 11. 77. Zum letzteren vgl. die Warnungen im SPD Service Presse-Funk-TV, 25. 10. 77 (insbes. Ausführungen H. Koschnick).

stellt werden, dazu geeignet, die vorhandene Demokratie der Bundesrepublik zu delegitimieren und den Boden für ein Zusammengehen mit Kommunisten gegen »Rechts« zu bereiten, für das große Bündnis, das die DKP für den wichtigsten Meilenstein auf dem Wege zur Macht hält.

2.1.5. Manipulative Bewußtseinsbildung II: Ossietzky-Kampagne

Auch die Forderung der Universität, sie nach dem im Dritten Reich verfolgten politischen Publizisten und Friedensnobelpreisträger Carl von Ossietzky zu benennen, wird für die Zwecke des antimonopolistischen Bündnisses zu instrumentalisieren gesucht. Ossietzky als Symbol für die Opfer des Nationalsozialismus und den Willen zum Frieden: Dies wäre eine diskutable Sache gewesen, die viele (so auch den Autor dieser Zeilen) die Namensgebung bejahen ließ.

Tatsächlich aber ist der Block um den MSB (aus dem auch der Namensvorschlag stammt) seit Anbeginn bestrebt, mit Ossietzky die Universitätsangehörigen auf eine Volksfrontpolitik und einen Kampf gegen »Rechts« zu verpflichten. Er war dabei soweit erfolgreich, daß bereits 1975 der damalige sozialdemokratische Wissenschaftsminister den Universitätsgremien öffentlich den Vorwurf machte, nicht der Instrumentalisierung Ossietzkys für das Volksfrontbündnis entgegenzutreten. Die Reaktionen hierauf wirkten wenig widerlegend: Man wolle mit Ossietzky nicht auf eine bestimmte Strategie festlegen, erklärte zwar der Rektor, zugleich aber hervorhebend, Ossietzky sei in einer bestimmten Situation für ein Zusammengehen mit der KPD eingetreten; und der Pressesprecher der Universität charakterisierte Ossietzky bei dieser Gelegenheit als »Kritiker der politischen Szenerie (der Weimarer Republik, d. V.) vom demokratischen Standpunkt aus ..., ein Kämpfer um Demokratie, dessen zahlreiche Schriften sich auch mancher Sozialdemokrat hinter den Spiegel stecken sollte«.[1] Ossietzky, weniger der Verfolgte als Konsenssymbol für Demokraten, sondern mehr der politische Schlagstock gegen »Rechts« (wozu sich auch die Mehrheit der SPD zählen darf),

---

[1] Presseerklärung des Rektors zum Grolle-Interview vom 25. 9. 75; uni-info, 25. 9. 75.

kommt in einem Ossietzky-Beschluß des Konzils von 1978 zum Vorschein: Darin wird u.a. hervorgehoben, Ossietzky sei sowohl im Dritten Reich wie in der Weimarer Republik verfolgt worden und habe sich »für konsequenten gesellschaftlichen Fortschritt und gegen retardierende politische Kompromisse« eingesetzt[1]. Wie können vor einem solcherart aufbereiteten Namenspatron »rechte« SPD-, FDP- oder gar CDU-Anhänger noch als legitime Angehörige einer »Carl-von-Ossietzky-Universität« bestehen?

Darüber hinaus sollen Forschung und Lehre auf Ossietzky ausgerichtet werden. Man will auch in der tagtäglichen Praxis »die Uni auf eine Arbeit in seinem Sinne verpflichten«, wie der MSB schreibt[2]. Einen formellen Ansatzpunkt hierfür findet man in der Grundordnung der Universität, wonach diese »im Dienste des Friedens und gesellschaftlichen Fortschritts« arbeite sowie zur »Entwicklung einer sozialen Gesellschaftsordnung« beitrage, Formulierungen, die auch von Universitätsorganen in engem Zusammenhang mit Positionen Ossietzkys gesehen werden[3]. Wie dies durchgesetzt werden, wie die »Verantwortung gegenüber der Gesellschaft« (welche die Grundordnung der Universität auferlegt) konkret realisiert werden soll, lassen Äußerungen aus dem antimonopolistischen Lager ahnen. Etwa der MSB/SHB-ASTA: Käme es zur Bildung von Instituten an der Universität Oldenburg (sie sind dort ebenso wie andere wissenschaftliche Einrichtungen bisher unbekannt), werde eine »Überprüfung von Wissenschaft im Interesse der arbeitenden und lernenden Bevölkerung nicht mehr geleistet werden können.«[4] In die gleiche Richtung zielen Argumentationen bei der Erarbeitung einer besonderen Drittmittelordnung für die Universität. Die gesellschaftliche Instanz, welche die politische Kontrolle ausüben und die Fortschrittlichkeit von Forschung und Lehre überprüfen soll, sind unverkennbar die Gremienmehrheiten selbst!

Der Namensstreit um Ossietzky gibt schließlich noch mehr her. Mit ihm nämlich läßt sich die Universität und der gutgläubige

---

1 Prot. Konzil, 19. 4. 78.

2 MSB, Stupa-Wahl WS 80/81, S. 5.

3 Grundordnung der Universität Oldenburg, in: Univ. Oldenburg, Studienführer SS 74, S. 5ff., hier S. 11.

4 ASTA der CvO-Universität, Offener Brief an Wissenschaftsminister Pestel, o.D. (Nov./Dez. 80).

Student immer wieder in Konfrontationen mit der SPD- bzw. CDU-geführten Landesregierung treiben. Diese ist gegen die Namensgebung, also gegen einen Friedensnobelpreisträger, gegen die Ehrung des »antifaschistischen« Widerstands, lauten u.a. die einschlägigen Argumentationen. Im übrigen, man fordert den Namen nicht nur, man führt ihn einfach: nicht nur selbstverständlich MSB/SHB/BdWi/DKP in ihren Veröffentlichungen, auch Fachschaften, der öffentlich-rechtliche ASTA und gelegentlich das Konzil[1]. Ein übriges tun eine offiziell wirkende Beschriftung am größten Gebäude der Universität (gegen die SPD- wie CDU-Landesregierung ohnmächtig blieben) und eine große Ossietzky-Plakette auf dem Veranstaltungsverzeichnis, ergänzt durch eine Präambel, wonach die Universitätsgremien »beschlossen« hätten, daß »die Universität den Namen Carl-von-Ossietzky-Universität führt«; dem habe sich der Wissenschaftsminister »widersetzt«[2]. Ist aus alledem nicht zu lernen, daß die Legitimation parlamentarisch-demokratischer Regierungen hier fragwürdig und ihren Entscheidungen keine sonderliche Beachtung zu schenken ist? Entfremdungseffekte gegenüber dem politischen System der Bundesrepublik sind die Folge.

2.1.6. Das Meinungsklima: Im Vorhof der antimonopolistischen Demokratie?

Der MSB/SHB/BdWi/DKP-Block kann sich mit seinen Auffassungen vielfach in Gremien und Versammlungen infolge verbreiteter Apathie anderer, insbesondere Studierender, durchsetzen, zuweilen auch durch massenhaftes Auftreten, durch »unseren massiven Druck«, dessen sich der ASTA beim Kippen von Gremienmehrheiten rühmt[3]. Einzelne widerspenstige Professoren und Assistenten werden gelegentlich schriftlich und öffentlich als »Ratten«, »Henker« oder »Erpresser« gebrandmarkt, nicht zum antimonopolistischen Bündnis gehörige Hochschullehrerfraktionen als »Gang« bzw. »Zusammenrottung« bezeichnet, mal wird auch einem Hochschullehrer und einem Teil seiner Hörer per

---

[1] Bzgl. Konzil siehe uni-info, 16. 3. 77.
[2] Vgl. z.B. Veranstaltungsverzeichnis WS 1980/81, Umschlag und S. 1.
[3] ASTA, Offener Brief, wie Anm. 28.

Asta-Flugblatt das moralische Recht zum Leben abgesprochen. Selbstverständlich gibt kein Universitätsorgan dagegen jemals öffentlich Laut; dies hinzunehmen ist, wie neu in diese Universität Gekommene lernen, »Sozialisation nach Oldenburger Art«[1].

Ähnlich bei politisch mißliebigen Studentengruppen: Da kommt es schon einmal vor, daß der Fraktion der Unabhängigen Hochschulgruppe insgesamt das Mandat von der MSB/SHB-Parlamentsmehrheit aberkannt wird, weil eines ihrer Mitglieder den MSB/SHB politisch attackiert hatte[2]. Oder daß Vertreter des zahlenmäßig schwachen RCDS auch physisch von MSB/SHBlern behindert werden, ganz abgesehen davon, daß RCDS-Material und -aushängen (ebenso wie solchem von amnesty international, wenn es Verfolgungen in »sozialistischen« Staaten betrifft) in den Räumen der Universität zumeist nur kürzeste unbeschädigte Lebensdauer beschieden ist[3] – im Unterschied zu strahlenden Großplakaten der DKP und ihr nahestehender außeruniversitärer Organisationen und Komitees. Immerhin, was Studentenwahlen betrifft, hat der RCDS Aussicht, daß seinen gehobenen Ansprüchen entsprochen wird: Künftig, sagte der Universitätskanzler nach gerichtlichen Schritten Ende 1980 zu, werden stets Wahlkabinen da sein, werde der Aushang von Wahllisten gewährleistet sein und sich der öffentlich-rechtliche ASTA aus dem Wahlkampf heraushalten[4].

Wenn auch nicht irrelevant für das Meinungsklima, entscheidend jedoch sind jene partiellen und eher punktuellen Regelverletzungen nicht. Sie sind nicht die Ursache dafür, weshalb der Einfluß des »antimonopolistischen Bündnisses« mit der DKP trotz begrenzter Kader so weit reicht. Ausschlaggebend hierfür scheint neben verbreiteter politischer Apathie (Wahlbeteiligungen sinken zuweilen auf 20, ja 10%) vielmehr, daß in der Universität Oldenburg gänzlich offene, fließende Übergänge zwischen harten DKP-Kadern, festabonnierten Bündnispartnern, Mitläu-

---

[1] SHB-MSB extra FB 3. Okt. 79; SHB-Vorwärts, Dez. 1980; uni-info, 20. 11. 78; SHB-Wahlkampfzeitung Nr. 2, Jan. 81, S. 4; Flugblatt »Streikbruch« des ASTA der CvO-Universität, o. D. (Nov./Dez. 77).

[2] Erst nach Intervention des Rektors wurde die »Strafe« auf einen Sitzungsausschluß ermäßigt. Unabhängige Hochschulgruppe, Information an alle Angehörigen der Universität, Oldenburg o. D. (Dez. 1976).

[3] RCDS/Oldenburg, argumente zu den wahlen, Jan. 1981, S. 3; u..a.

[4] Nordwest-Zeitung, 12. 12. 80.

fern und Sympathisanten bis zu ahnungslos Verführten, opportunistisch Kooperierenden und fallweisen Koalitionspartnern bestehen. Weithin hat die Unterscheidung demokratisch-antidemokratisch kaum Gewicht, und indem in einer Lagermentalität die politisch-gesellschaftliche Umwelt vielfach als feindlich empfunden wird, neigt darüber hinaus mancher zu zumindest »kritischer Solidarität« mit MSB/SHB/BdWi/DKP gegenüber der Außenwelt.

Die Wirkung des skizzierten Einflusses ist zumeist auch nicht bewußte DKP-Anhängerschaft. Seine Sozialisationseffekte bestehen bei vielen Hochschulangehörigen hingegen darin, daß

- die Bundesrepublik (gerade auch unter sozialliberaler Regierung) als Land schwerster und zunehmender gesellschaftlicher Mißstände und politischer Repression gesehen wird;
- sowjetkommunistische Orientierungen als legitimer und unverzichtbarer Part im Lager der fortschrittlichen Demokratie betrachtet werden, denen gegenüber Bündnisverweigerungen und grundsätzliche Ablehnungen »rechts« und fortschrittshemmend wären;
- institutionalisierten demokratischen Regeln geringere Bedeutung zugemessen wird, wenn sie dem erkannten Fortschritt entgegenstehen.

2.2. Zwei Beispiele aus dem politischen Unterricht

Angesichts des im 1. Teil analysierten weit überdurchschnittlichen Einflusses DKP-naher Kräfte und Tendenzen in der Lehrergewerkschaft GEW (die nach ihrer eigenen Einschätzung auch bereits bei den nächsten *Bundes*vorstandswahlen dominieren werden) ist es nicht verwunderlich, daß versucht wird, auch Inhalte politischer Bewußtseinsbildung in Schulen mit dieser Orientierung zu vermitteln. Das kann und wird natürlich auf fast unmerkliche Weise im allgemeinen Unterricht geschehen, wo nur die ständige kritische Aufmerksamkeit von Schülern und Eltern – wie ebenso gegenüber (neo-)faschistischen Äußerungen! – Indoktrination verhindern kann. (Diese kritische Aufmerksamkeit ist nicht mit antikommunistischer Hysterie zu verwechseln: Nicht der betreibt sowjetkommunistische Indoktrination, der – beispielsweise – Positives aus der DDR zu berichten weiß, sondern der, der in spiegelbildlicher Verkehrung des bourgeoisen Antikommunismus soziale Zustände in der DDR prinzipiell positiv, in der Bundesrepublik prinzipiell negativ darstellt.)

Da aber der normale – auch der politische – Unterricht relativ festliegenden Lehrplänen folgt, die nur begrenzte Politisierungsspielräume lassen, sind bestimmte Bildungs-*Schwerpunktaktionen* besonders interessante Handlungsfelder.

Im folgenden werden daher 2 Indoktrinationsfälle dokumentiert, die – obwohl ich sie rein zufällig kennenlernte – wohl kaum zufällig beide mit Schwerpunktveranstaltungen – einer »antifaschistischen« und einer »Friedenswoche« zusammenhängen.

2.2.1. Antifaschismus-Diskussion an einer Frankfurter Realschule

Im folgenden dokumentiere ich einen Konflikt, an dem ich selbst aktiv beteiligt war, nicht nur als Vater eines in der SV (Schülervertretung) mitwirkenden Sohnes, sondern auch als Kritiker der m. E. völlig unzureichenden Aufarbeitung der »Holocaust«-Serie in den Medien und in der politischen Bildung einerseits[1], wie KP-naher Indoktrination andererseits.

Es handelt sich dabei

- um die Manipulation einer politisch ahnungslosen, aber emotional-»linken« 15jährigen SV-Schulsprecherin seitens eines sowjetmarxistisch orientierten SV-Verbindungslehrers zur Verwirklichung einer seinen Vorstellungen entsprechenden »Antifaschismus«-Diskussion (März 1979)
- um die demagogische Schützenhilfe der Frankfurter GEW-Zeitung für diesen Manipulationsversuch aus der sowjetmarxistischen Ecke und
- um die Abwehr dieser Manipulation (Dok. 1–4) – ferner
- um die Kritik des als Buch erschienenen politisch-didaktischen Konzepts jenes Lehrers, die exemplarisch den ideologischen Hintergrund beleuchtet (Dok. 5) und schließlich
- um den Versuch, den Schülern und Lehrern einen Diskussionsbeitrag für die im Juni '79 dann, in revidierter Form, tatsächlich durchgeführte Veranstaltung zu liefern (Dok. 8 u. 9), der im An-

[1] Vgl. dazu meinen in der Frankfurter Rundschau veröffentlichten Aufsatz: Damit »Holocaust« nicht folgenlos bleibt.

satz eine bewußte Alternative zu sowjetmarxistischen »Antifaschismus«-Lernzielen darstellt.

Ergänzt wird die Dokumentation durch den offenen Briefwechsel mit dem Frankfurter Juso-Vorsitzenden (Dok. 6 u. 7) der – wie auch die GEW-Reaktion und zwei ahnungslose Stellungnahmen eines FR-Lokalredakteurs – exemplarisch *das Klima einer undifferenzierten linkskonformistischen Solidarisierung* zum Bewußtsein bringt, in dem allzuoft Ideologien und Aktivitäten gedeihen können, deren Tendenz und Hintergrund alles andere als »fortschrittlich« oder gar »links« sind.

Ich hoffe, daß die folgenden Dokumente und ihre exemplarischen »Lehren« für sich selbst sprechen, und enthalte mich daher jeder weiteren Kommentierung[1].

Dok. 1: Information der Schulleitung über den Konflikt (März '79)

In den vergangenen Wochen wurde unsere Schule in verschiedenen Zeitungen erwähnt: eine Antifaschismus-Diskussion sei verboten worden!

Im Anschluß an die Holocaust-Sendung entstand im Sozialkundeunterricht der Klasse 9a, in der auch die Schulsprecherin ist, der Wunsch nach mehr Information über die Verbrechen des Nazi-Regimes. Die Schülervertretung (SV) stimmte der Schulsprecherin zu, Verfolgte und andere Sachkundige zu einer Diskussion in die Schule einzuladen.

Der Schulleiter hatte zunächst gegen keinen der Gäste Einwände; als jedoch der Name des Schülers J. L. fiel, erinnerte er sich daran, daß dieser Schüler von seinem früheren Direktor ... wegen Hausfriedensbruch verklagt, vom Gericht jedoch freigesprochen wurde. Unbestritten blieb, daß L. *auf dem Schulgelände* Plaketten zur Solidarisierung mit streikenden Druckern verteilte,

[1] Um ganz klarzumachen, daß es nicht um *diese* Schule, *diese* Personen, sondern um einen exemplarischen Fall geht, wird auf alle Namen verzichtet – lediglich die Auseinandersetzung mit dem Hauptakteur, Dr. Wolfgang Christian, kann und muß namentlich geschehen, da dieser seine sowjetmarxistische Position von sich aus in seinem bei Pahl-Rugenstein (!) erschienenen Buch zur politischen Didaktik publik gemacht hat (vgl. Dok. 5).

Flugblätter in eigener Sache und andere Schriften. Hierdurch handelte er eindeutig gegen den Erlaß des Kultusministers vom 25. 1. 1977. Auf die Frage des Schulleiters, ob L. Mitglied des Stadtschülerrates sei, antworteten die SV-Vertreter der W.-Schule mit einem klaren Nein. Der Schulleiter lehnte nach dieser Auskunft die Teilnahme des J. L. an der geplanten SV-Veranstaltung ab.

Inzwischen faßte das Kollegium der W.-Schule folgenden Beschluß, und zwar einstimmig:

»Das Kollegium der W.-Schule begrüßt die Initiative der SV, in einer Veranstaltung den Schülern die Verbrechen des Nationalsozialismus vor Augen zu führen und sie zu motivieren, sich gegen Völkermord und Mißachtung der Menschenrechte zu wenden, wo immer das geschieht.«

Die SV erklärte, sie könne auf die Teilnahme des Schülers L. nicht verzichten, er habe Erfahrung in der Organisation antifaschistischer Kundgebungen.

Der angerufene Vermittlungsausschuß – er besteht aus zwei Lehrern, zwei Schülern und dem Vorsitzenden des Elternbeirats – empfahl mit 3:2 Stimmen, J. L. einzuladen. Der Rektor lehnte diese Empfehlung ab, die SV-Vertreter erklärten, sie wollten sich nun an die Schulaufsichtsbehörde wenden.

Am 28. 2. unterrichtete der Rektor seinerseits den zuständigen Schulamtsdirektor von dem Konflikt. Nun schaltete sich der Schuldezernent M. ein. Er gab dem Rektor der W.-Schule die Anweisung, alle Gast-Referenten zu befragen, ob sie der VVN angehörten. Wenn das der Fall sei, gebe er den dringenden Hinweis, solche Gäste wieder auszuladen, da die VVN laut Bericht des Verfassungsschutzes eine kommunistische Tarnorganisation sei.

Zwei der eingeladenen Referenten, die Herren E. und M., erklärten auf Befragen, daß sie der VVN angehörten. Da die SV auf diese Teilnehmer nicht verzichten wollte, sagte sie am Morgen des 2. März die für den Nachmittag geplante Veranstaltung ab . . .

Herr M. ist neben seiner Mitgliedschaft in der VVN stellvertretender Vorsitzender des SPD-Ortsvereins P. (was in der Schule niemand wußte), obwohl nach einem Unvereinbarkeitsbeschluß der SPD kein SPD-Mitglied gleichzeitig in der VVN sein kann. Das führte zu einer innerparteilichen Diskussion der Frankfurter SPD und sorgte für neue Schlagzeilen.

Vor dem Elternbeirat der Schule berichteten die Vertreter eine

Stunde lang von dem Konflikt. Sie erklärten dabei nochmals, auf den Schüler L. nicht verzichten zu können. »Vielleicht führen wir mit ihm an einer anderen Schule eine antifaschistische Diskussion durch«, erklärten sie.

Bei der Schulleitung, vielen Lehrern und den meisten anwesenden Elternbeiräten verstärkte sich der Eindruck, daß es den derzeitigen Schulsprecherinnen nicht mehr um die Durchführung der geplanten Veranstaltung ging, sondern um das Durchspielen eines Konflikts. Offen bleibt die Frage, wer oder was die Schulsprecherinnen von ihrem früheren partnerschaftlichen Verhältnis zum Kollegium und der Schulleitung in eine konfliktsuchende Gegenposition gebracht hat . . .

Dok. 2: Stellungnahme zu dem Konflikt um die Antifaschismus-Diskussion (21. 5. 79) (Brief von Fritz Vilmar an das Kollegium und die SV der W.-Schule)

Aufgrund von Presseveröffentlichungen und internen Informationen über die geplante Antifaschismus-Diskussion an der W.-Schule sehe ich mich – zumal auch mein Sohn betroffen ist und mich selbst das Thema intensiv beschäftigt (vgl. Beilage!) – zu der folgenden Stellungnahme herausgefordert:

1. Ich begrüße den Entschluß der SV und des Kollegiums, »in einer Veranstaltung den Schülern die Verbrechen des Nationalsozialismus vor Augen zu führen und sie zu motivieren, sich gegen Völkermord und Mißachtung der Menschenrechte zu wenden«. *Ich halte es für außerordentlich wichtig, daß die zu diesem Zweck gebildete Vorbereitungskommission der Schule sich so bald wie möglich auf eine politisch-didaktisch sinnvolle Faschismus-kritische Diskussionsveranstaltung einigt und diese zum nächstmöglichen Zeitpunkt durchführt.* Dabei sollte m. E. unbedingt auch ein Mitglied der VVN eingeladen werden.

2. Ich wende mich aber gleichzeitig – in Übereinstimmung mit der Mehrheit der SV und des Kollegiums – mit Entschiedenheit gegen den vorangegangenen Manipulationsversuch von Herrn Dr. Christian, einer solchen Veranstaltung eine ganz einseitige Ausrichtung zu geben, indem er dem – offensichtlich politisch ahnungslosen – SV-Vorstand ohne Beratung mit dem zuständigen SV-Verbindungslehrer und der *gesamten SV* – von ihm ausge-

suchte Referenten »unterjubelt«. Ein solcher Versuch der Manipulation der SV spricht jeder innerschulischen Demokratisierung hohn.

Wie er in seinem – nicht zufällig im DKP-nahen Pahl-Rugenstein-Verlag erschienenen – Buch »Die dialektische Methode im politischen Unterricht« hervorhebt, hält Herr Dr. Christian sowjet-marxistische Positionen und Methoden für allein maßgeblich im politischen Unterricht. Dies ist sein wissenschaftliches Recht. Dagegen hat er nicht das Recht, im Unterricht nur *diese* Position zur Geltung zu bringen und gelten zu lassen, so daß Schüler monieren, wer nicht seine Meinung übernähme, bekomme schlechte Noten. Und schon gar nicht hat Herr Christian das Recht, einer politischen Bildungsveranstaltung der W.-Schule durch gezielte Referentenauswahl seine Linie und Konfliktstrategie aufzudrängen. Dies geschieht jedoch, wenn er für die geplante Veranstaltung im wesentlichen VVN-Referenten und einen »konfliktträchtigen« Schüler zu lancieren versucht. Nur politisch Ahnungslose oder sich ahnungslos Stellende können sich im unklaren darüber sein, daß die VVN – leider! – seit bald 30 Jahren kommunistisch majorisiert wird.

3. Abzulehnen ist der Beeinflussungsversuch des Schuldezernenten M. gegenüber Schulleitungen: Anhänger oder Sympathisanten einer kommunistischen Partei nicht zu einer Diskussionsveranstaltung einer Schule einzuladen. Solange die Verfassungswidrigkeit einer kommunistischen Partei nicht gerichtlich festgestellt ist, ist es Herr M., der Verfassungsgrundsätze infrage stellt, wenn er dieser Partei (angeblich) Nahestehende von Schul-Diskussionsveranstaltungen auszuschließen versucht.

4. Dagegen ist Herrn Rektor P. zuzustimmen, wenn er wegen der tendenziösen *Gesamt*zusammensetzung der mit Hilfe von Herrn Dr. Christian vom SV-Vorstand präsentierten Referentengruppe eine derart vorgeprägte Veranstaltung ablehnt. Denn es liegt auf der Hand, daß der neben den beiden VVN-Mitgliedern eingeladene Schüler L. zwar durch spektakuläre Konflikte an einer anderen Schule »Prominenz« erlangt haben mag, für das Diskussionsthema aber nicht die mindeste Qualifikation aufweist, auch wenn er anderswo antifaschistische Diskussionsveranstaltungen »organisiert« hat; dasselbe gilt für eine heute (!) 15jährige Chilenin.

5. Ebenso ist der Schulleitung zuzustimmen, wenn sie sich ge-

gen die Vorführung von DDR-Filmen im Zusammenhang mit der Faschismusdiskussion wendet. Zweifellos gibt es eine große Anzahl informativer nicht-kommunistischer Filme zum Thema – im übrigen zeigt es wiederum die (von Herrn Christian zu verantwortende) politische Unaufgeklärtheit der SV-Schulsprecherin . . ., daß sie nichts dabei findet, von der VVN die Leihgebühr von DM 180,-- für die DDR-Filme finanzieren zu lassen! (Ein weiteres, schon fast komisches Symptom der Fernlenkung: Sie schlägt einen Pfarrer Niemeier als Referenten vor – den niemand kennt, bis sich herausstellt, daß der Kirchenpräsident a. D. Niemöller gemeint ist, dessen politische Position allgemein bekannt sein dürfte.)

6. Als GEW-Mitglied muß ich gegen die Diffamierungskampagne protestieren, die – nach meiner Information ebenfalls wesentlich unter Federführung von Herrn Christian (und Herrn S.) – gegen den Rektor sowie die Mehrheit der Lehrer und SV-Mitglieder der W.-Schule im Frankfurter GEW-Info (3/79) publiziert wurde, indem der Widerstand gegen eine manipulierte Diskussions-Veranstaltung als »Unterdrückung« einer »antifaschistischen SV-Initiative« umfrisiert wurde. Die Unhaltbarkeit solcher – offensichtlich unwahrer und extrem unkollegialer Unterstellungen mußte im folgenden GEW-Info von derselben Gruppe zugegeben werden – mit dem für Pädagogen recht beschämenden Eingeständnis, der Artikel sei »das Resultat emotionaler Erregtheit« gewesen. Nur am Rande sei auf die gewerkschaftsschädigende Wirkung dieser GEW-internen Diffamierung von Kollegen hingewiesen: Der Personalratsvorsitzende . . . (GEW), trat daraufhin zurück, und es wurde keine GEW-Mitglied wiedergewählt.

7. Als Mitglied der SPD muß ich schließlich den Juso-Mitgliedern des Stadtschülerrats . . . sagen, daß sie auf einem mit sozialdemokratischen Grundsätzen unvereinbaren Kurs segeln, wenn sie glauben, den hier beschriebenen Versuch einer manipulierten Faschismus-Diskussion unterstützen zu müssen. Derartige »Aktivitäten« können dem Ansehen der Juso-Schülerarbeit nur schaden.

gez. Fritz Vilmar.

PS.: Ich ermächtige Sie, diese Stellungnahme auch sonstigen interessierten Stellen, insbesondere auch dem Elternrat, zur Kenntnis zu geben.

Kopie geht an das GEW-Info mit der Bitte um Abdruck.

Dok. 3: Gegenstellungnahme von Dr. Christian, einem Kollegen und der Schulsprecherin der SV[1] (Offener Brief vom 1. 6. 79)

Ihre Stellungnahme zum politischen Konflikt an der Weidenbornschule vom 21. 5. 1979 besteht in wesentlichen Teilen aus geringschätzenden Urteilen über den SV-Vorstand sowie aus verleumderischen Unterstellungen gegenüber Lehrern.

Insofern verdiente Ihr Brief eigentlich keine Beachtung. Wenn wir Ihnen dennoch antworten, so liegt dies allein in der bedrohlichen Absicht Ihres Schreibens: es zielt auf politischen Rufmord und Berufsverbot.

Behauptungen, wie: wer unter den Schülern nicht die Meinung Herrn Christians übernähme, bekomme schlechte Noten, kennzeichnen den Stil des Autors, nicht aber den des betreffenden Lehrers. Wir setzen uns . . . nicht mit allen Ihren Angriffen auseinander, denn der Konflikt hat tiefere Dimensionen, als sie in Ihren Formulierungen zum Ausdruck kommen.

Indem der SV-Vorstand im Zusammenhang mit den Holocaust-Sendungen der Schülerschaft seiner Schule eine Podiumsdiskussion anbietet, die Erfahrungen aus dem Widerstand, aber auch heutige unterschiedliche Interpretationen über den NS-Staat zum Ausdruck verhelfen (Einladung eines CDU-Delegierten), so entspricht dies dem Verfassungsauftrag an die Schülervertretung und die Lehrkräfte. Haben Sie untersucht, wer diesem Auftrag nachgekommen ist und wer nicht? Die Verbindungslehrerin, Frau S., hat diese Initiative zunächst nicht bejaht, weder gegenüber dem stellv. Verbindungslehrer noch in den nachfolgenden, auf dieses Thema bezogenen drei SV-Sitzungen, die nach der Initiative des SV-Vorstands zum Thema »Antifaschismus« stattfanden, noch in einem Diskussionsbeitrag auf einer der nachfolgenden Gesamtkonferenzen. Statt danach zu fragen, aus welchen Impulsen die antifaschistische Initiative hervorging und wie sie in der ersten Phase ohne die Unterstützung von Schulleitung und Verbindungslehrerin aufgebaut wurde (wir sehen an dieser Stelle davon ab, in welchen Formen diese Initiative gebremst wurde), behaupten Sie, Herr Christian hätte »im wesentlichen VVN-Referenten« und einen »konfliktträchtigen Schüler« zu lancieren versucht. Herr Chri-

[1] Auslassungen betreffen ausschließlich Passagen, die keinerlei Bezug zu dem Konflikt haben.

stian hatte seinerzeit dem SV-Vorstand fünf Diskussionsteilnehmer vorgeschlagen ... Dieser Vorschlag hatte zu keiner Zeit den Anspruch auf Ausschließlichkeit. Nach dem Eingriff des Schuldezernenten stellte sich heraus, daß eine dieser Personen Mitglied der VVN ist.

... Absurd ist Ihre Behauptung, in einem der Bücher Herrn Christians würden »sowjetmarxistische Positionen und Methoden für allein maßgeblich im politischen Unterricht« erklärt. Im Gegenteil werden ausdrücklich Erkenntnisse nicht-materialistischer Lernpsychologie zur Unterrichtsgestaltung empfohlen (z. B. S. 95f.).

Sie haben sich auch nicht im Zusammenhang mit der konstruierten DKP-Nähe über die Publikationsbreite des Autors informiert. Von 31 Veröffentlichungen sind drei im Pahl-Rugenstein Verlag erschienen, die übrigen bei Diesterweg, Metzler, Beltz, EVA, Suhrkamp usw. – Beweis für eine »sowjetmarxistische Position« oder ein Versuch der Manipulation? ...

Dok. 4: Stellungnahme der SV-Verbindungslehrerin zu den im Dok. 3 gegen sie erhobenen Vorwürfen (15. 6. 79)

Ich weise nach wie vor mit aller Entschiedenheit die von M. B., W. Ch., G. S. erhobenen Vorwürfe zurück, ich hätte eine Veranstaltung zum Thema »Antifaschismus« zunächst nicht bejaht. Die Art und Weise der Vorbereitung dieser damals an der W.-Schule geplanten Veranstaltung konnte ich jedoch nicht unterstützen, da ich ein solches Vorgehen als undemokratisch bezeichne.

Weiter verwahre ich mich auf das schärfste dagegen, mich von den obengenannten Personen, deren Auffassung von politischer Bildungsarbeit in der Schule ich nicht teile, auf meine Pflichten als SV-Lehrer hinweisen zu lassen.

Dok. 5: Darstellung und Kritik der sowjetmarxistischen Didaktik von W. Christian (Offener Brief F. Vilmars an den Lehrer vom 11. 6. 79)

Sie produzieren eifrig Ihre (sowjet-)marxistischen Ideologien und Konfliktstrategien – und wenn man sie dann beim Namen nennt, dann schreien sie Au und Wei und Rufmord und Berufsverbot! Wann kapieren Sie endlich, daß dieser demokratische Staat nur in dem Maße von bürokratischen Verfassungsschutzmaßnahmen sich freimachen kann, wie jedermann bereit ist, mit offenem Visier seine politische Position vorzutragen und dazu zu stehen? Da Sie diese Offenheit scheuen (mein Name ist Hase . . .), und da es höchste Zeit ist, daß alle Betroffenen die politisch-didaktische Konzeption kennenlernen, die *hinter* Ihrer SV-Veranstaltungsstrategie steht, werde ich im folgenden meine Kritik anhand Ihres Buches inhaltlich präzisieren:

1. Bereits der (78'er, nahezu wörtlich von Döpp übernommene) Titel Ihres Buches »Die dialektische Methode im politischen Unterricht« ist eine Irreführung. Denn eine dialektische Methode wird in Ihrem Buch nicht oder nur bis zur Unkenntlichkeit versimpelt vorgestellt; was Sie zu entwickeln versuchen, ist die Einführung von Ansätzen der Erkenntnistheorie, Kapitalismuskritik und Klassenkampf-Bildung im politischen Unterricht, die weitgehend aus sowjetmarxistischer Literatur entnommen sind. Dies ist zu belegen.

2. Nach einer pauschalen Erledigung der wichtigsten anerkannten Theorien zur politischen Didaktik – Sie wagen es, diesen jeder Wissenschaftlichkeit hohnsprechenden 25seitigen Rundumschlag »Untersuchung« zu nennen, mit »negativem Befund« (45) – bleibt für Sie allein ein gewisser Döpp am theoretischen Leben als Lieferant einer »plausiblen Konzeption zur Strukturierung politischer Lernprozesse«, und Sie beschließen, unter Einbeziehung marxistischer und lerntheoretischer Erkenntnisse, »den hier angedeuteten Weg in der Absicht weiterzuverfolgen, eine Lernstrukturierung im Sinne der hier vertretenen Intentionen politischer Bildung zu konstituieren« (56). Diese von Ihnen als Basis Ihrer eigenen Gedankenführung in Anspruch genommenen Intentionen von Döpp sind klar genug; in Ihren Worten: »Ausgehend von der Einsicht in die Notwendigkeit, daß die Umgestaltung der kapitalistischen Produktionsverhältnisse vom revolutionären Klassenbewußtsein der Arbeiter abhinge, fragt *Döpp* nach einer *Methode,* ›die einen ‚Leitfaden' darstellen kann für die Erforschung der empirisch-geschichtlichen Gegebenheiten des gesellschaftlichen Lebens‹ und ›für die das ‚Begreifen' und ‚Verändern' der Wirklichkeit in der Praxis zusammenfallen‹« (54f.). Wobei er im angeblichen »Kernstück der ›dialektischen Methode Marx'‹«, im

»Aufsteigen vom Abstrakten zum Konkreten«, das geeignete Instrument der politischen Didaktik findet. Sie nehmen diesen Döppschen Ansatz auf und entschließen sich demgemäß für das Konzept einer »klassenspezifischen Bildung und Erziehung«, mit dem Fazit für Ihr Vorgehen: »Unter dem Gesichtspunkt einer parteilichen politischen Didaktik, welche zur sozialen und politischen Emanzipation der Lohnabhängigen den ihr möglichen Beitrag leisten will, sind auf dem Gebiet der Methodologie der dialektische Materialismus und auf der Ebene der Lernpsychologie eine dialektisch-materialistisch begründete Lerntheorie adäquate Bezugswissenschaften« (59).

3. Beim Versuch, diesen Anspruch einzulösen, bewegen Sie sich weitgehend auf einem Zitaten- und Belegfundament aus sowjetmarxistischer Literatur (besonders auffällig durch die Außerachtlassung wichtiger *anderer* marxistischer Beiträge zur Sache!): Rubinstein, Iljenkow, Lukács, Suchodolski, Hahn, Lenin, Klaus/Buhr, Wygodski, Wygotski, Holzkampf, Deppe, Kirchgässner, Autorenkollektiv (über Unterrichtsmethoden in der DDR), Galperin, Leontjew, Mannschatz, Deppe-Wolfinger, Kievenheim ... Angesichts dieser ihrer Kronzeugen ist es lächerlich, meine Kurzdefinition Ihrer Position als sowjetmarxistisch »Rufmord« zu nennen – übrigens zeigt es wenig politisch-intellektuelles Stehvermögen.

4. Die wissenschaftlichen und didaktischen Ergebnisse Ihres leninistisch eingeengten Marxismus sind allerdings miserabel. In aller Kürze (ich bin gern bereit, in öffentlicher Diskussion dies alles bis ins letzte Detail auszuführen):

– Ihre an Döpp anschließende *primäre Bestimmung von Dialektik* als »Methode des Aufsteigen vom Abstrakten zum Konkreten« (60–80 und, wiederholend, 72–77) bleibt der Sache äußerlich und ist daher falsch. Solches »Aufsteigen« könnte man auch ohne dialektische Methode vollziehen; und die Umkehrung des Begriffssinns von »abstrakt« und »konkret« ist nicht mehr als eine *Ausdrucksform* von Dialektik, nicht deren *Wesen.* Dieses liegt im Erkenntnisprozeß der Vermittlung und Aufhebung des Einzelnen, insbesondere des Entgegengesetzten, Widersprüchlichen in einer als solche begriffenen (gesellschaftlichen) Totalität oder Bewegung. Indem dies *Wesentliche* von Dialektik bei Ihnen nur beiher einfließt, die nur begriffslogisch-formale Bewegung »abstrakt → konkret« dagegen zum Wesentlichen erhoben wird, wird der reale Sinn, der Realitätsbezug von Dialektik völlig verfehlt. Ganz abgesehen davon, daß die verschiedenen Ausprägungen und Dimensionen der dialektischen Methode völlig ungeklärt bleiben und dogmatischer Weise die marxistische Dialektik, ohne Begründung, wie selbstverständlich, als einzig richtige präsentiert wird (68) – wobei naiv so getan wird, als seien darin die durchaus nicht problemlos »materialistisch« vermittelbaren Seinsformen Geist und Materie (= Natur und Gesellschaft; Theorie-Praxis; Tätigkeit und materielles Leben) als dialektische Einheit vermittelt.

- Geradezu als wissenschaftlichen Betrug empfinde ich Ihren Versuch, Ihren Lesern die undialektische, von Ihnen aber kritiklos übernommene Leninsche Widerspiegelungstheorie als materialistischen Beitrag zur Lernpsychologie zu verkaufen (96 ff.), die die Schüler vom falschen zum richtigen, dem Klassenbewußtsein führe (102). Sodaß solche »materialistische Psychologie« auf die Forderung hinausläuft, Lernmethoden »durch ihre Ableitung aus marxistisch-leninistischen Grundpositionen« zu determinieren (109) – was sie aus DDR-sozialistischen Ausbildungspostulaten exemplifizieren (110).
- Ihre vor allem an Deppe-Wolfinger anknüpfenden Vorschläge zur Entwicklung solchen Klassenbewußtseins im politischen Unterricht mit Hilfe der »Kategorien der Kritik der Politischen Ökonomie« müssen notwendigerweise doktrinär oder ohnmächtig bleiben, da die *Schul*klasse eben keine *Arbeiter*klasse ist und die Übertragung von marxistischen (Klassenkampf-) Modellen der Arbeiterbildung auf die Schule zwangsläufig an den Erfahrungen und – sehr differenzierten – gesellschaftlichen Lebenssituationen der Schüler vorbei-indoktriniert. Ich darf dazu K. G. Fischers Kritik Ihres Buches in Erinnerung rufen: »Unterm Gebot unbezweifelbarer Lehrziele stellt sich Methodik – materialistische Psychologie hin und her! – ganz anders dar als unterm Postulat der Lernzielorientierung. Christian gibt das, wenngleich nur auf Schleichwegen, zu: er folgt L. S. Wygotskis Forderung von der ›Bedeutung der Führungsrolle des Lehrers‹ und zitiert zustimmend: ›Er greift ständig in den Lernprozeß ein . . .‹ (S. 94) . . . Wehe aber denen, die aus solchen Vorstellungen ›Polarität . . . im Sinne eines autoritären Verhältnisses‹ zwischen Lehrer und Schüler(n) ›herauszuinterpretieren‹ wagen (dgl.). Notabene: wer die Wahrheit ›hat‹, ist

pädagogisch legitim autoritär und skrupellos – das ist mitnichten eine Novität.« (Politische Didaktik, März 1975, S. 78).

5. Genau dieser Indoktrinationsstil aber ist nicht einfach marxistisch – ich kenne mehrere pluralistische, undogmatisch-marxistische Ansätze zur politischen Bildung und habe selbst zu solchen beigetragen! – er ist, wie wir aus der »politischen Bildung« in der DDR wissen, sowjetmarxistisch.

Wie solche agitatorische politische Bildung im konkreten Fall aussieht, führen Sie an Ihrer »materialistisch fundierten« (175) Unterrichtsplanung zum Thema Mietwucher vor:

- Vulgär-marxistisch wird »die Mietzinshöhe vom zeitweiligen Durchschnittsprofit der Gesamtheit der Einzelkapitale« (184) abgeleitet – angesichts der spezifischen Bedingungen des Wohnungsmarktes einerseits und der staatlichen Mieterschutzgesetzgebung andererseits in dieser Allgemeinheit schlicht eine Unwahrheit!
- Die tendenziöse Unterschlagung aller sozialstaatlichen Restriktionen gegenüber Mietwucher-Tendenzen bewirkt gezielte Desinformationen der Schüler über die Möglichkeiten und Erfolge reformpolitischer Eingriffe gegenüber kapitalistischer Profitpolitik und *entpolitisiert damit den politischen Unterricht,* indem letztlich alle Problemlösungen – von symbolhaften Protestaktionen abgesehen – auf die fatalistische Auskunft reduziert werden, »daß die Jugendlichen begreifen lernen, daß sich ihre Lage erst dann grundlegend ändern wird, wenn der private Besitz und die private Verfügung über Produktionsmittel aufgehoben ist«.

Sie müssen schon erlauben, Herr Christian, daß ich mich gegenüber solchen Methoden eines Holzhammer-Marxismus kritisch verhalte, und daß ich noch sehr viel kritischer die schulpraktischen Manipulationsversuche beobachte, die daraus offenbar zwangsläufig sich ergeben müssen.

Dok. 6: Stellungnahme des Frankfurter Juso-Vorsitzenden zum Brief Vilmars (Dok. 2) (Offener Brief vom 28. 5. 79 an die SV der W.-Schule)

Das Schreiben Prof. Vilmars gibt mir Anlaß, Euch die Position der Frankfurter Jungsozialisten mitzuteilen. Prof. Vilmar hat es für nötig gehalten, gegen Euch und einzelne Mitglieder des Kollegiums schwere Vorwürfe zu erheben. Da er besonders auf seine Mitgliedschaft in GEW und SPD abhebt, gestattet uns, einige Worte an Euch zu richten.

Ich bin kein Verfassungsschutzbeamter – deshalb liegt es mir auch nicht, in Büchern oder Veröffentlichungen einzelner Lehrer herumzuschnüffeln, um nach Anhaltspunkten zu suchen, die angeblich ihre Berechtigung, antifaschistische Veranstaltungen zu unterstützen, in Frage stellen können. Zu diesen in Prof. Vilmars Schreiben unterbreiteten Ausführungen möchte ich mich gar nicht äußern – jeder mag selber dieses Verfahren beurteilen.

Unerträglich sind jedoch sowohl die Vorwürfe gegen die SV als auch gegen Mitglieder des Stadtschülerrates. Es ist uns Jungsozialisten wichtig, Euch unserer ganzen Sympathie und Unterstützung zu versichern, wenn ihr an Eurer Schule Diskussionsveranstaltungen über das 3. Reich und den Neonazismus organisieren wollt. Laßt Euch dabei durch Diffamierungen nicht beirren. Wir halten es für abwegig, antifaschistische Bestrebungen mit dem Engagement für irgendwelche Splitterparteien gleichzusetzen; wenn ihr solche Veranstaltungen organisiert, erfüllt ihr einen wichtigen politischen Bildungsauftrag des SV. Über den Ablauf solcher Veranstaltungen habt ihr im übrigen nicht nur nach unserer Meinung, sondern auch nach der geltenden Rechtslage (RVO über die SV v. 3. 8. 1970) selbst zu entscheiden.

Wer in irgendeiner Form, wie das ansatzweise in Prof. Vilmars Brief geschehen, die demokratische Gesinnung Pastor Martin Niemöllers in Frage stellt, stellt sich u. E. selbst außerhalb eines erträglichen Grundkonsensus. Wenn Jugendliche wie Ihr, aber auch wie wir an unsere Republik denken, denken wir mit mehr Achtung und auch Selbstachtung an Bürger wie Pastor Niemöller als an Leute, die antifaschistische Diskussion behindern, antifaschistisches Engagement diffamieren und ehemalige NSDAP-Mitglieder zu Bundespräsidenten wählen.

Mit aller Schärfe muß ich Prof. Vilmars Angriffe auf die »JUSO-Mitglieder des Stadtschülerrates« zurückweisen ... die Frankfurter SPD und die SPD-Stadtverordnetenfraktion (hat) den Stadtschülerrat gegen unqualifizierte Angriffe in Schutz genommen. Ich verweise zudem auf die einstimmigen Beschlüsse der SPD-Parteitage Frankfurt und Hessen-Süd, die feststellen, daß die Unvereinbarkeit mit der VVN nicht mehr gegeben ist.

Prof. Vilmar vertritt mit seinen Auffassungen eine Position, die in der SPD nicht einmal mehr eine »Minderheitenposition« genannt werden kann. Mit seinen Angriffen gegen SV, Stadtschülerrat und Jungsozialisten wird er wohl innerhalb der Frankfurter SPD alleine stehen.

Deshalb laßt auch Ihr Euch nicht beirren und fahrt in Eurem antifaschistischen Engagement fort. Solches Engagement ist allemal besser als das Besetzen eines schulischen oder universitären Elfenbeinturmes.

Dok. 7: Antwort Fritz Vilmars an den Frankfurter Juso-Vorsitzenden (11. 6. 79)

... Es (ist) ... routinierte Verbandsbürokraten-Art, solche phrasenhaften Selbstrechtfertigungen und Gemeinplätze hinauszuposaunen, statt sich (selbst-)kritisch-sachbezogen mit Kritik auseinanderzusetzen; aber ich hätte Dir doch eine weniger bürokratische Reaktion zugetraut.

Denn unumstößlich Tatsache ist, daß an der W.-Schule mit der SV Schindluder getrieben wurde, indem den beiden Schulsprecherinnen eine ganz bestimmte Veranstaltungsstrategie von außen untergeschoben wurde:

– hohltönende, ja zynische Phrasen sind es daher, wenn Du solcher Manipulation der »ganzen Sympathie und Unterstützung« der Jusos versicherst und tönst, damit hätten die beiden »einen wichtigen politischen Bildungsauftrag der SV« erfüllt, ja, sie sollten mit solchem »antifaschistischen Engagement« fortfahren; eine mehr als zynische Aufforderung, weil Du genau weißt (oder wissen müßtest), daß solches manipulierte »Engagement« eine antifaschistische politische Bildung von Grund auf unglaubwürdig und damit zunichte macht;

– unumstößliche Tatsache ist es ferner, daß der Hauptinitiator dieser Manipulation, Herr Christian, eine sowjetmarxistische politische Didaktik vertritt (vgl. meine beiliegende Kritik seines Buches [Dok. 5! F. V.]);

– mit hohltönenden ... Phrasen reagierst Du darauf, indem Du Dich vor der Sachauseinandersetzung mit solchem Standpunkt drückst (»möchte ich mich gar nicht äußern« – wie bequem!!) und statt dessen den, der die Dinge beim Namen nennt, schön demagogisch und indirekt der Verfassungsschutz-Schnüffelei bezichtigst. Unumstößliche Tatsache ist ferner, daß in meinem Brief *mit keinem einzigen Wort* die demokratische Gesinnung Niemöllers oder die (m. E. durchaus gegebene) Vereinbarkeit von SPD- und VVN-Mitgliedschaft bestritten wird;

– Deine hohltönenden Phrasen – »außerhalb eines erträglichen Grundkonsensus« – »wenn wir an unsere Republik denken« – »Minderheitenposition« – »innerhalb der Frankfurter SPD alleine stehen« – gehen also samt und sonders ins Leere; Deine Sätze erinnern an das leere . . . Pathos alternder politischer Routiniers, die statt Vernunft Emotionen anzusprechen versuchen. Aber so dumm sind weder Schüler noch Lehrer noch Eltern; sie merken, daß solches demagogisches Wortgeklingel nur der Selbstverteidigung für die in diesem Fall miserable Juso-Schülerarbeit dient . . .

Dok. 8: Einladung zu einer revidierten Antifaschismus-Diskussion (11. 6. 79) (Brief an Fritz Vilmar)

Die Schülervertretung der W.-Schule plant im Rahmen einer Aufklärungsveranstaltung über den Nationalsozialismus am Dienstag, den 26. Juni 1979, ab 15.00 Uhr einen Vortrags- und Diskussionsnachmittag. Als Redner sind dazu eingeladen: die Wissenschaftler Lissmann und Vilmar, Pastor Niemöller, der Schriftsteller Valentin Senger, die Opfer des Nationalsozialismus Marchand, Priaz und Hilpert und Peter Feldmann vom Stadtschülerrat Frankfurt/M.

In einem ersten Teil der Veranstaltung bitten wir Sie vor dem Schülerplenum etwa 10 Minuten über Ihre persönlichen Erfahrungen mit dem Nationalsozialismus zu berichten und ein spezielles Thema zu formulieren, das Sie anschließend in einer kleineren Gruppe interessierter Schüler zu besprechen vorschlagen. Die Kleingruppen werden sich dann spontan zum zweiten Teil der Veranstaltung mit Ihnen zusammenfinden.

Wir danken Ihnen, daß Sie durch Ihre Mitarbeit zu dem Gelingen der Veranstaltung beitragen wollen.

Dok. 9: Fritz Vilmar: Die Nazi-Zeit – was geht uns das an? Ein Brief an die Schüler der W.-Schule (21. 6. 79)

Liebe Schüler!
Da ich am 26. Juni nicht in Frankfurt sein kann, um, wie gewünscht, an der NS-Diskussionsveranstaltung teilzunehmen, möchte ich Euch wenigstens einige meiner Schlußfolgerungen in kurzer Thesenform mitteilen – vielleicht könnt Ihr's in den AGs mitverwenden.

1. Nach meiner Erfahrung ist das Wichtigste, was wir über den Nationalsozialismus lernen müssen, dies: Er wäre niemals zur Macht gekommen, wenn nicht Millionen von deutschen Bürgern sehr schlechte Demokraten gewesen wären: politisch uninformiert, unkritisch, daher unselbständig und politisch verführbar. Wer politisch dumm (gemacht) ist, hofft in Krisensituationen auf den »starken Mann«, der alle Probleme für ihn löst. – Vor der Weltwirtschaftskrise waren Hitler und seine Partei bedeutungslos. Hätten nicht in der Krise (6–7 Mill. Arbeitslose!) Millionen den »starken Mann« Hitler gewählt, so wäre der NS nie an die Macht gekommen; grauenhafte Folgen – bis hin zum Holocaust – wären den Menschen in Europa erspart geblieben.

2. Die Frage ist: Was geht Euch das an? Euch trifft ja keinerlei Mitverantwortung für das *Vergangene.* Aber für Eure *Zukunft* in einer freien demokratischen Ordnung seid Ihr mitverantwortlich! Zwar scheinen rechtsradikale Feinde der Demokratie zur Zeit keine Chance in der Bundesrepublik zu haben – trotz einer neuen, anhaltenden Wirtschaftskrise seit 1974 erzielte die NPD keine Erfolge. Ein Pluspunkt für unsere Demokratie. Aber es gibt auch eine schleichende Aushöhlung der Demokratie – autoritäre Herrschaft im Gewande der Demokratie selbst.

3. Dies könnt Ihr verhindern helfen. Ihr zweifelt daran, weil Ihr meint, daß Ihr doch keinen politischen Einfluß habt. Das ist eine Selbsttäuschung: Ihr seht Euch nur als Einzelne, nicht als eine große Bevölkerungsgruppe. Das demokratische oder undemokratische (= »autoritätssüchtige«) Verhalten der jetzt Heranwachsenden wird in wenigen Jahren zunehmend die Qualität unserer Politik bestimmen. Demokratisches oder undemokratisches Verhalten aber lernt man kaum noch als Erwachsener, man ist dann schon ziemlich festgelegt
– entweder in Richtung »Demokrat«: selbständig und kritisch

denken und handeln, sich sozial engagieren

- oder in Richtung »Radfahrer«: nach »oben« buckeln und nach »unten« treten, andere für sich denken und handeln lassen, sich nicht um Politik kümmern.

JETZT – als Heranwachsende – lernt Ihr es: Demokrat werden oder »Radfahrer«. Laßt mich nur 2 Beispiele nennen:

4. *In der Klasse*

könnt Ihr demokratisches oder undemokratisches (»Radfahrer«-)Verhalten einüben: Wenn eine(r) oder zwei das große Wort führen und die andern nur das »Gefolge« sind: – wenn einer oder einige links liegengelassen oder ständig geärgert werden, weil sie anders sind (unbeholfener oder Ausländer oder ...) als die Mehrheit – dann duldet oder praktiziert Ihr undemokratische Verhaltensweisen. (Dasselbe gilt für die Clique, mit der Ihr in der Freizeit zusammen seid!)

Werdet in euerer Gruppe selbst aktiv – überlaßt nicht anderen die Führung! Entwickelt Widerspruch und Widerstand gegen jede(n), die (der) allein reden, allein bestimmen will. Und laßt nicht zu, daß jemand, der irgendwie »anders« oder behindert ist, aus der Gemeinschaft ausgeschlossen wird. Der Nationalsozialismus hat gezeigt, wie politisch verhängnisvoll solche Verhaltensweisen sich schließlich auswirken können.

5. *Im Sozialkundeunterricht*

solltet Ihr viel aktiver als bisher mitmachen: Wer sich heute nicht für Politik interessiert, braucht sich morgen nicht zu wundern, daß andere Politik auf seine Kosten machen. (Übrigens ist es auch eine Kleinkinderhaltung, zu glauben, die Nachrichten im Fernsehen gingen 14-, 15-, 16jährige noch nichts an!)

Bittet Eueren Sozialkundelehrer(in), daß sie (er) regelmäßig auch wichtige *aktuelle* Ereignisse – wie z.B. vor kurzem das »geplatzte« NPD-Wochenende in Ffm – mit Euch durchspricht.

Fragt Eueren Lehrer nach seinem/ihrem eigenen (partei-)politischen Standpunkt – aber fragt ihn/sie auch nach den wichtigsten *anderen* politischen Einstellungen zum besprochenen Thema, die er/sie *nicht* teilt. Kein(e) Sozialkundelehrer(in) sollte so tun, als hätte sie (er) die politische Wahrheit allein gepachtet. (Übrigens auch ein Professor nicht – daher möchte ich Euch auch meinen politischen Standpunkt mitteilen: es ist der eines Sozialdemokraten, der allerdings der SPD in vielen Fragen sehr kritisch gegenübersteht.)

Prüft und vergleicht die Aussagen der Parteien zu den wichtigsten Fragen. Nationalsozialismus und Kommunismus zeigen: Demokratisch leben und sich demokratisch entscheiden kann nur der, der unter mehreren politischen Richtungen frei und kritisch wählen kann.

Fragt: Was tun? Sachliche Kritik an bestehenden politischen und wirtschaftlichen Verhältnissen ist zwar notwendig – ein Motor des demokratischen Fortschritts. Aber Kritik allein ändert nichts. Fragt daher in jedem Fall: Was können wir und/oder unsere Eltern tun, um Verhältnisse in unserem Sinn zu beeinflussen? Mitarbeit in der SV? Mitarbeit in politischen Jugendgruppen? In Bürgerinitiativen? Bei Demonstrationen? Bei Selbsthilfe-Aktionen? Bei welchen sonstigen Aktionen, die wir selbst mitbestimmen und bei denen wir nicht ohne genaue Kenntnis nur mitlaufen?

6. Zusammengefaßt:

Der Faschismus (wie auch der Kommunismus) setzt an die Stelle der Demokratie die totale Beherrschung der Menschen durch kleine unkontrollierbare Machtgruppen bzw. einen »genialen Führer« (Mussolini, Hitler, Stalin, Mao).

Aber auch in der Demokratie drohen unzureichend kontrollierte, »autoritäre« Herrschaftsformen weiterzubestehen – in der Politik (»Kanzlerwahl« ...) – in der Wirtschaft (»Kapitalmacht« ...), – aber auch in kleinen Gruppen oder in der Schule oder in der Kirche oder in Verbänden oder ... – wenn die erwachsenen und die heranwachsenden Generationen nicht stärker lernen

- die Ziele der Parteien, Gewerkschaften, Unternehmer, Lehrer, Professoren etc. kritischer zu prüfen und mitzubestimmen
- statt auf »starke Männer« zu vertrauen und die Politik kleinen Gruppen von Aktivisten und Funktionären und Managern zu überlassen.

Freundliche Grüße!
gez. Fritz Vilmar

Nachsatz:

Prüft alle »Antifaschisten«: Sind sie bereit, die kommunistische Diktatur und Ideologie – z.B. in der DDR? – genauso bedingungslos zu kritisieren und zu verwerfen wie die faschistische?

Wenn nicht, denn sagen sie Euch nur die HALBE Wahrheit über die antidemokratischen Kräfte in unserer Zeit!

2.2.2. Lernziele einer Berliner GEW-Gruppe für eine »Friedenswoche«

Im Kapitel 2.4. wird ausführlich auf die Einäugigkeit DKP-naher Rüstungskritik eingegangen, vor allem am Beispiel des »Krefelder Appells«. Die in der Tat überlebens-notwendige Kritik der atomaren NATO-Strategie[1] wird, als politische Aktion, völlig unglaubwürdig, wenn man nicht im selben Zusammenhang die sowjetische Raketen-Hochrüstung und die sowjetkommunistische Feindbild-Produktion (»Anti-Imperialismus«) kritisiert, mit der der Militarismus in Osteuropa gerechtfertigt wird.

Der Mangel einer solchen gegen *beide* Supermächte gerichteten Kritik ist *exemplarisch* auch in einem Konzept zur »Friedenswoche 1980« darzustellen, das drei Erzieherinnen in der »Berliner Lehrerzeitung« 11/80 der GEW publizierten. Neben völlig exakten, gut zusammengefaßten Informationen über den Charakter der nuklearen Raketen-(Nach-)Rüstung finden sich in diesem Lehrkonzept vollkommen einseitige, de facto prosowjetische »Lehrinhalte« – einerseits durch Weglassen: die forcierte, auf Westeuropa gerichtete SS-20-Mittelstrecken-Raketenrüstung der UdSSR wird unterschlagen –, vor allem aber wird die Politik des Ostblocks unter Tabu gestellt: durch pauschale Verdammung von Kommunismuskritik als antikommunistische »Hysterie«. In diesem Sinne wird *ausschließlich* – auch ohne Erwähnung des NATO-*Doppel*beschlusses – die neue *westliche Rak*etenrüstung erwähnt: »Im Dezember 1979 wurde innerhalb der NATO die Entscheidung gefällt, 108 Pershing II zu beschaffen, um damit die NATO mit einer zusätzlichen Atomstreitmacht von 572 Raketen auszurüsten« (a.a.O. S. 17) – ohne hinzuzufügen, daß es in den letzten Jahren zuvor eine beispiellose sowjetische Produktion und Aufstellung von Mittelstreckenraketen gab.

Als oberste von 8 Lernzielen für die Schüler wird schließlich formuliert: »Sie müssen wissen,

[1] Der Verfasser hat sie bereits 1972 ausführlich in seinem Buch (mit W. Möller): Sozialistische Friedenspolitik für Europa, Reinbek (Rowohlt-aktuell), dargelegt und verteidigungspolitische Alternativen entwickelt.

- daß die Hysterie des Antikommunismus dazu dienen soll, den Rüstungswahnsinn nicht zu hinterfragen;
- daß die Hysterie des Antikommunismus eine Sicherheit innerhalb der NATO vorgaukeln soll . . .«, (a. a. O. S. 18)

Abgesehen davon, daß die Formulierung des 2. Lernzieles sprachlich total verunglückt und damit schon rein formal didaktisch sehr bedenklich ist (»Hysterie« kann wohl kaum »Sicherheit . . . vorgaukeln« – sie kann allerdings in einen Zustand versetzen, in der man täuschenden Sicherheitskonzepten eher zum Opfer fällt): Die unterschiedslose Qualifikation von Antikommunismus als »Hysterie«, d. h. *der Verzicht auf eine Systemkritik nach beiden Seiten,* führt jede Friedenserziehung ad absurdum – ob nun in Form pro-westlicher Ideologie (hier die Guten – dort die Bösen) oder pro-östlicher (hier die Bösen – dort die Guten).

Zu Recht hat daher ein leitender Redakteur des Berliner »Tagesspiegels«, Günther Matthes, in einer kritischen Stellungnahme zu diesem friedenspädagogischen Zielkatalog eines GEW-Arbeitskreises festgestellt: »Wohlgemerkt, es ist nicht von einem ›hysterischen Antikommunismus‹ die Rede, den es gibt und der, wie jede Art von Hysterie, ein denkbar ungeeignetes Mittel zur Bewältigung von Konflikten ist. Nein, die Autorinnen des Artikels bezeichnen den Antikommunismus selbst als Hysterie. Im Organ einer freien West-Berliner Gewerkschaft wird eine Erfahrungshaltung verteufelt, ohne die es freie Gewerkschaften hier gar nicht mehr gäbe.« (Der Tagesspiegel v. 13. Nov. 1980)[1]

Auf diesen Vorwurf antworteten zwei der Autorinnen in einem Leserbrief vom 23. 11. 1980, in dem sie – freilich allzuspät und nur *scheinbar* – ihre pauschale Abqualifizierung des Antikommunismus als psychische Abnormität (Hysterie) relativierten, indem sie sich *scheinbar* zu einer »argumentativen Auseinandersetzung mit dem Kommunismus« in der Friedenserziehung bekannten. »Wir sind in der Tat der Meinung, das der Kommunismus verketzert

---

[1] Nicht zuzustimmen ist G. Matthes bei seinem weiteren Vorwort, die Autorinnen würden a priori von einer Agression der NATO ausgehen, wenn sie von einem möglichen nuklearen *Zweit*schlag der UdSSR gegen Westeuropa sprechen: Im herrschenden militärischen Eskalations-Scenario der NATO wird durchaus davon ausgegangen, daß ein nuklearer »Erstschlag« des Westens als *Antwort* auf einen überlegenen *konventionellen* Angriff des Ostens unumgänglich sein kann. In dem kurzen Problemaufriß der Lehrerinnen wird dies freilich nicht expliziert.

wird und daß den Kommunisten in West und Ost mit Vorurteilen begegnet wird. Eine argumentative Auseinandersetzung mit dem Kommunismus findet so gut wie nicht statt. *Diese Form des Antikommunismus,* der lediglich Vorurteile tradiert und Auseinandersetzung verhindert, ist bereits zu einer politischen Grundhaltung in unserem Lande geworden. Damit wird den Bürgern gegenüber die Aufrüstung gerechtfertigt. Wir sind deshalb der Meinung, daß ein wichtiges Moment in der Erziehung zum Frieden in und außerhalb der Schule die argumentative Auseinandersetzung mit dem Kommunismus sein muß. *Nur so kann die psychologische Kriegsvorbereitung,* die unter anderem mit dem Antikommunismus betrieben wird, *unterbrochen werden.*« (Hervorhebung von mir, F. V.)

Im Lernzielkatalog der Autorinnen steht's freilich anders: dort ist nicht von »dieser Form«, sondern vom Antikommunismus schlechthin als von einer Art Geisteskrankeit die Rede.

Aber auch das Bekenntnis zur »argumentativen Auseinandersetzung« erfolgt, genaugenommen, nur zum Schein. Denn das für den Sowjetkommunismus positive Ergebnis solcher »Auseinandersetzung« – zumindest hinsichtlich seiner Friedfertigkeit – steht für die Autorinnen schon fest: durch sie kann »die psychologische Kriegsvorbereitung ... unterbrochen werden«. Ersetzt man das rein demagogische Wort »Kriegsvorbereitung« (selbst die schärfsten Kritiker der NATO unterstellen dieser nicht, bewußt einen Krieg vorzubereiten!) durch »Verteidigungsbereitschaft«, so bedeutet die von den Autorinnen intendierte Art von »argumentativer Auseinandersetzung« mit dem Kommunismus in der Tat, daß sie zu der Einsicht führt, daß Verteidigungsanstrengungen, Rüstungsausgaben gegenüber der friedfertigen Sowjetunion überflüssig seien. (Eines ihrer Lernziele lautet denn auch – a. a. O. –: »Die Schüler müssen lernen, daß jeder (!) Griff zur Waffe in Europa Selbstmord bedeutet.«)

Gerade wer, wie der Autor, seit einem Jahrzehnt das allein von den Rüstungsinteressen der USA bestimmte nukleare »Verteidigungs-«Konzept der NATO, die »flexible response«, in Übereinstimmung mit den Autorinnen für – im »Ernstfall« – selbstmörderisch für Europa und daher für radikal verfehlt hält, muß – *in striktem Widerspruch zu ihrer Blauäugigkeit hinsichtlich der aggressiven Rüstungs- und Interventionspolitik der Sowjetunion* – auf einer »argumentativen Auseinandersetzung[1] mit dem Kommunismus« (und dem »Kapitalismus« unter Führung der USA!) bestehen, die sich von hysterischer Feindbildproduktion und atomaren Sicherheitsillusionen ebenso fernhält wie von der Vorstellung, als gäbe es nur im »Westen« hysterische Feindvorstellungen und man könnte gegenwärtig auf *jede* militärische Verteidigungsbereitschaft (d.h. glaubwürdige Abschreckung) gegenüber dem »Osten« verzichten. Vielleicht könnte man es sogar: falls man zugleich versuchte, den Heranwachsenden ein höchst radikales Konzept gewaltfreier, sozialer Verteidigung zu vermitteln – einen solidarischen Widerstandsgeist, wie er zur Zeit die Polen beseelt und erstaunlich stark macht. (Die Russen wissen es, und genau darum sind sie, aller Wahrscheinlichkeit nach, noch nicht, wie in die ČSSR, einmarschiert. Wie Walesa sagt: »Sie können uns besetzen, aber sie können uns nicht in die Fabriken tragen.«)

Aber auch von solchen alternativen Formen einer Verteidigung der Freiheit steht bei den Autorinnen – wie bei den meisten »fortschrittlichen« Kräften – nichts (obwohl der GEW-Arbeitskreis mit dem Evangelischen Bildungswerk kooperiert und das Evange-

---

[1] Zur genaueren Bestimmung dessen, was »argumentative Auseinandersetzung mit dem Kommunismus« ernsthaft bedeutet, ist es in diesem Zusammenhang geraten, einen – gerade aus linker, demokratisch-sozialistischer Sicht – hochberechtigten, rationalen Antikommunismus von einem nur emotionalen bzw. klassenideologischen zu unterscheiden, der mit Antisozialismus nahezu identisch ist. Ich darf hierzu den Versuch einer Differenzierung zitieren, den wir bereits im »Marsch der DKP ...« formulierten:

Der Ausdruck »Antikommunismus« kann gar nicht ein Faktum, einen klar definierbaren Tatbestand bezeichnen, sondern zumindest zwei vollkommen verschiedene:

- Einmal ein konservativ-bürgerliches Schreckbild der Sowjetunion, Osteuropas oder auch anderer kommunistischer Staaten, das sämtliche positiven Elemente in den dortigen sozialen und ökonomischen Neuordnungsversuchen unterschlägt, statt dessen die neuen Strukturen von vornherein als »kollektivistisch« und daher negativ abqualifiziert (ihre Fehlentwicklungen tendenziös aufbauscht), weil es die hier herrschenden Ordnungen, Eigentums- und Machtverhältnisse von vornherein als einzig sinnvolle verteidigen will;
- zum anderen eine demokratisch-sozialistische Kritik an jenen kommunistischen Staaten, die deren Errungenschaften am *sozialistischen* Anspruch einer »Gesellschaft der Gleichen und Freien« mißt und daher bei allen kollektivierenden und sozialisierenden Maßnahmen die Frage stellt, inwieweit dabei die Freiheit der bislang Abhängigen (z.B. durch Selbstverwaltung) vergrößert oder nur eine alte durch eine neue Herrschaftsklasse ersetzt worden ist.

Der demokratische Sozialismus beinhaltet in diesem zweiten Sinne in der Tat auch einen Antikommunismus: i.S. von Anti-Leninismus und Anti-Stalinismus. (S. 184)

lium doch wohl Grund-Einsichten über Gewaltfreiheit vermitteln könnte).

2.3. Das Beispiel der Zeitschrift »konkret«

Vorbemerkung: Beachtliche Verbreitung sowjetkommunistisch orientierter Publikationen

Im Westberliner Universitätsviertel, zwischen den U-Bahnhöfen Thielplatz und Dahlem-Dorf, prangt mit einer breiten Schaufensterfront die sowjetkommunistische Buchhandlung – zu groß und zu spärlich besucht, als daß man glauben könnte, sie finanziere sich ohne SED-Subventionen, nur von ihren akademischen Kunden. Aber sie ist da und (re-)präsentiert – wie keine politische Richtung es auch nur entfernt vermag – die ganze Herrlichkeit des west- und ostdeutschen Sowjetmarxismus (aber auch preiswerte Fachliteratur aus der DDR!).
Die Momentaufnahme veranschaulicht exemplarisch die Situation: eine beachtliche Präsenz sowjetkommunistisch orientierter Publizistik in der Bundesrepublik. Die Sozialdemokratie und die unabhängig-marxistischen Gruppen können – zumindest quantitativ – den Sowjetkommunisten nicht das Wasser reichen, was über den engen Parteirahmen hinaus beachtete, die linke Intelligenz ansprechende Bücher, Zeitschriften und Schallplatten betrifft.

Übrigens hüten sich fast alle diese Publikationen, ihre kommunistische Orientierung offen darzutun. Auch die repräsentative kommunistische Buchhandlung heißt nicht so, sondern – nichtssagend-weltoffen: »Das Europäische Buch«.

Hier soll nicht noch einmal wiederholt werden, was im »Marsch der DKP . . .« an DKP-nahen Verlagen, Zeitschriften und Zeitungen genannt wurde (S. 67, 267 ff.); Interessierte können sich dort orientieren. Hier soll vielmehr exemplarisch eine der – relativ – erfolgreichsten getarnten Publikationen analysiert werden. Im 1. Absatz (2.3.1) wird von dem Kronzeugen der Unterwanderung, K. R. Röhl, die Geschichte der zweimaligen Unterwanderung erzählt, im 2. Abs. (2.3.2.) von Fritz Vilmar eine exemplarische Inhaltsanalyse geliefert.

2.3.1. Chronik einer zweimaligen Unterwanderung (von Klaus Rainer Röhl)

Die Geschichte begann mit 800 DM, die ein paar Studenten brauchten, um eine Zeitung zu machen. Niemand von ihnen, die alle Werkstudenten waren, konnte die damals riesige Summe von 800 DM aufbringen. Da kam eines Tages ein netter, gutbürgerlich angezogener junger Mann mit ihnen ins Gespräch und bot ihnen 800 Mark an, um eine erste Studentenzeitung zu drucken. Der junge Mann kam aus gutbürgerlichen Verhältnissen, war Sohn eines Hannoverschen Gartenbauarchitekten und zeigte sich für Zeitungen aufgeschlossen.

Hübotters erster Auftritt

Die Sache hatte nur einen Haken. Der Student Klaus Hübotter, dieser junge Mann mit dem Geld war Kommunist. Er war sogar Mitglied der damals schon verbotenen illegalen FDJ. Auch erklärte er seinen ahnungslosen bürgerlichen Gesprächspartnern gleich ganz offen, wo er das Geld herholen wolle, von der – bald darauf verbotenen – kommunistischen Tarnorganisation »Nationale Front« (NF).

Die bürgerlichen Zeitungsmacher sollten sich aber um Gottes willen keine Sorgen machen, daß sie nun etwa gezwungen wären, in ihrer neuen Zeitschrift für den Kommunismus zu werben. Dafür bestand gar kein Bedarf. Die neue Zeitung sollte um Gottes willen keine kommunistische Politik machen. Im Gegenteil. Das einzige, womit ja wohl alle übereinstimmten, sei, daß man die furchtbare Gefahr eines neuen Krieges mit all seinen schrecklichen Folgen bekämpfen müsse, also gegen die Wiederbewaffnung Deutschlands und die Wehrpflicht auftreten würde. Die Redakteure hätten im übrigen vor allem journalistisch freie Hand, ausgenommen sei nur eine Kleinigkeit: in solcher Zeitung keinen »Antikommunismus« unterzubringen. Denn der helfe ja gerade den amerikanischen und deutschen Kriegstreibern und sei also gegen den Frieden.

Ganz konnte man sich darüber nie einigen, aber allmählich hatte man Spaß am Zeitungsmachen bekommen, und Hübotter und seine Freunde sorgten für immer neues Geld. Schließlich sagten sie auch nicht mehr, daß sie das Geld von der »Nationalen Front« bekamen, sondern wurden offener und gestanden, woher die allmählich wachsende Geldmenge kam: aus Ostberlin, von den dortigen »Friedenskräften«, auf gut deutsch: von der SED.

Die KPD in der Bundesrepublik wurde ein Jahr später, 1956, verboten und Klaus Rainer Röhl, wie er später in seinem Memoirenbuch[1] bekannte, als junger Student überzeugt, dem Frieden und der Abrüstung zu dienen und außerdem eine ganz unabhängige Zeitung machen zu können, trat in die illegale KPD ein, in die einzutreten er später auch seine Frau Ulrike Marie Meinhof veranlaßte, bis sich beide 1964 von der Partei trennten. Inzwischen war nämlich immer klarer geworden, was die Genossen in Ostberlin, die auch zuweilen als Kuriere und Geldboten mit Bündeln bis zu 40000 DM auftauchten, eigentlich mit »konkret« vorhatten. Nicht das, was Klaus Rainer Röhl und seine bürgerlichen Freunde wollten, eine unabhängige Zeitschrift für Politik und Kultur, in der man Gedichte, Essays und aktuelle politische Kommentare schreiben sollte. Spätestens 1958, der ersten Kampagne der SED »gegen den Atomtod«, war klar, was die jungen »konkret«-Macher eigentlich zu tun hatten, ja was ihre Hauptaufgabe war: das zu schmieden, was man im Kommunistenjargon die »Herstellung einer breiten Front von Sozialdemokraten, Kommunisten und fortschrittlichen bürgerlichen Intellektuellen für Frieden und Abrüstung« nannte.

Ganz besonders kam es dabei darauf an, Sozialdemokraten zu gewinnen, um mit diesen gegen ihre »rechten« sozialdemokratischen Führer eine gemeinsame Front zu bilden. Gar nicht interessiert waren dagegen die SED-Bosse an denen, die den »konkret«-Machern um Röhl am sympathischsten waren: Leute, die einen »Dritten Weg« gehen wollten jenseits sowjetischer Unterdrükkung und kapitalistischer Ausbeutung. Leute wie Heinz Brandt, Gerhard Zwerenz oder später Rudi Dutschke. Solche Leute schienen auf die SED-Instrukteure wie das Kreuz auf den Beelzebub zu wirken. Das waren »Trotzkisten«, »Antikommunisten«, also letzten Endes »Friedensfeinde«.

So machten »konkret«-Leute dann, bis Klaus Röhl und seine Freunde dieses Spiel durchschauten, bald mehr Reisen und Mis-

---

[1] Klaus-Rainer Röhl, Fünf Finger sind keine Faust, Köln (Kiepenheuer & Witsch) 1974.

sionsarbeit als Zeitschriftenpolitik. Besonderes Ziel war immer die Sozialdemokratie, die man u. a. über den damaligen SDS (Sozialistischer Deutscher Studentenbund) zu erreichen suchte; wesentliche Teile des SDS wurden bald ganz auf »konkret«-Linie gebracht. Auf einem Kongreß wurde er für die damals von Ostberlin besonders wünschenswerte – freilich auch objektiv vernünftige – These der Anerkennung zweier deutscher Staaten gewonnen.

Die SPD-Führung durchschaute die Hintergründe dieser Politik bald, trennte sich vom SDS und schloß alle Mitglieder von »konkret« (»Trojanische Esel«) aus der Partei aus.

Doch inzwischen hatten die Auftraggeber schon ein anderes Feld der Betätigung gefunden. (Um die Herstellung der Zeitschrift kümmerte man sich wenig. Ihre Auflage lag bei 20 000, die zum großen Teil an den Unis verschenkt wurde. Wenn die Studenten nach den Geldquellen fragten, bekamen sie meistens zur Antwort, das seien Spenden von namhaften Friedensfreunden – unter der Hand ließ man mal einfließen, der alte Rowohlt gebe auch mal Geld. Was nicht stimmte, aber doch viele glaubten, oder sie glaubten an Verkaufserlöse, die ja nicht nachprüfbar waren.) Die »konkret«-Leute waren auf einem anderen Feld tätig, wieder für Frieden und Abrüstung: Sie gewannen das Vertrauen von bürgerlichen Professoren, Schriftstellern oder Pastoren, die die Kommunisten etwas spöttisch »Friedenstanten« oder »Antifa-Onkels« nannten, d. h. meist ältere bürgerliche Intellektuelle, die wirklich etwas für den Frieden tun wollten und bald für nahezu jede Unterschrift oder Aktion gut waren.

1964 verschärften sich die Spannungen zwischen Redaktion und Geldgebern von »konkret«. Immer deutlicher wurde, daß »konkret« eigentlich keine Zeitschrift, sondern ein Propagandawerkzeug der SED sein sollte, so daß Klaus Röhl, Ulrike Meinhof und Jürgen Holtkampf den Bruch mit der Partei herbeiführten. Diese ordnete daraufhin ohne mit der Wimper zu zucken die sofortige »Liquidierung« der Zeitung an. Das Geld blieb von einem Tag auf den anderen aus.

Klaus Röhl, dem offiziellen Inhaber der Zeitung und Inhaber des urheberrechtlich ihm gehörenden, weil von ihm erfundenen Titels »konkret«, gelang es jedoch, die Zeitung ohne kommunistisches Geld und Ideengut fortzuführen, indem er sie in eine Illustrierte umwandelte (was ihm schnell den Ruf einbrachte »Sex-Verleger« zu sein). Aber die Zeitschrift, einmal befreit von öden bürokratischen Anordnungen und ewigen Sonderaktionen, die sich wie ein Mehltau auf alle journalistische Kreativität gelegt hatten, gedieh überraschend gut: In der nun beginnenden APO-Zeit stieg ihre Auflage bis auf 175 000 verkaufte Exemplare. (Erst in dieser sogenannten »Sex-Postille« übrigens, die ebensoviel und ebensowenig eine Sex-Zeitung war wie jede andere Illustrierte, erst in dieser Epoche schrieb Ulrike Meinhof ihre später von allen so gerühmten Kolumnen).

Natürlich konnten die Kommunisten diese Niederlage und den Verlust ihres besten Unterwanderungsinstruments niemals ganz verwinden. Bis es eines Tages tatsächlich soweit war. 6 Jahre hatte die Unabhängigkeit von »konkret« gedauert; inzwischen waren aus allen Teilen der Bundesrepublik Journalisten in das Blatt »eingedrungen«, die sich das Ziel gesetzt hatten, die Zeitung wieder zu dem zu machen, was sie eigentlich sein sollte: zu einem propagandistischen Instrument für »Frieden und Abrüstung« – zu einem Instrument der Volksfront. Die Zeitschrift war inzwischen zu groß geworden, um noch von einem Mann allein gemacht zu werden. Der publizistischen Ideologie der eingeschleusten Redakteure mußte Röhl schließlich nachgeben: Sie schränkten systematisch den Unterhaltungsanteil, vor allem den »Sexteil« ein, so daß die Auflage rapide absackte, in einem einzigen Jahr um 50 Prozent. Die Banken kündigten die Überziehungskredite. Röhl war in ernsthaften Schwierigkeiten. Er hätte seine GmbH auflösen und seine Tätigkeit einstellen müssen.

Klaus Hübotters zweiter Auftritt

Doch da meldete sich ein seltsamer Retter aus der Not: sein erster Geldgeber, der Mann, der die ersten DM 800 gespendet hatte: Klaus Hübotter, inzwischen durch Maklergeschäfte reich geworden; ein kommunistischer Millionär, entdeckte er sein Herz für die armen »konkret«-Redakteure und kaufte das einst für 800 Mark von ihm in Gang gebrachte Medium für mehr als 300 000 Mark auf, um nach eigenen Worten wieder das alte, politische, gute »konkret« daraus zu machen. Ohne Sexbilder, dafür aber wieder für Frieden und Abrüstung. Zunächst aber wurden die Hoffnungen der rund 45 Mitarbeiter, die glaubten, das erste deutsche Zeitschriftenmodell mit Mitbestimmung erworben zu haben, bitter enttäuscht. Hübotter hatte offenbar gar nicht vor, ein solches Riesenunternehmen weiterzufinanzieren. Er meldete Konkurs an, wodurch sämtliche Mitarbeiterverträge erloschen, schob obendrein die Schuld an dem Konkurs Röhl zu: der hätte »so hohe Schulden hinterlassen«.

Wer finanziert »konkret«?

Damit wäre die Geschichte des edelmütigen kommunistischen Millionärs und auch die Geschichte von »konkret« eigentlich zu Ende gewesen. Sie war es aber keineswegs. Aus der Konkursmasse kaufte Hübotter den von Röhl geschaffenen Titel »konkret« für einen Spottpreis beim Konkursverwalter auf. Ein Jahr lang passierte gar nichts. Es gab zwar keine Selbstbestimmung der Redakteure im deutschen Pressewesen, aber eines Tages gab es etwas anderes. Eine neue Monatszeitschrift »konkret«, bescheiden und auf schlechtem Papier gedruckt, die nur ein einziger Mann, der Führer der damaligen Redakteurs-Rebellen, Hermann Gremliza, fortsetzte. Und mit ihr die schon 1955 begonnene Politik. Hübotter hatte ihm den Titel wie es hieß »zur Nutzung überlassen«. Wieder wurde, da das Blatt viele Jahre nur einige 10 000 Hefte verkaufte, die Frage nach der Finanzierung laut. Aber angeblich sollten Gremlizas Vater, ein pensionierter Mercedes-Direktor, oder seine Schwester ihm Geld vorgestreckt haben. Jedenfalls setzte die Redaktion konsequent die alte Politik der Einheitsfront mit »linken« Sozialdemokraten fort und gewann ein paar neue Freunde, wie z. B. MdB Hansen. Unabhängige Sozialisten dagegen, die immer noch den realen Sozialismus genauso ablehnten wie den Kapitalismus, Leute wie Heinz Brandt oder Bahro ließ man links liegen. Ja, als Bahro noch im DDR-Knast schmorte, veröffentlichte »konkret« einen Artikel des inzwischen ganz auf DKP-Linie eingeschworenen Professor Abendroth, der fast einer Rechtfertigung der Haft Bahros gleichkam und daher auch großen Widerspruch in der unabhängigen Linken auslöste. Rudi Dutschke, manchmal zum Zeichen der Pluralität im Heft geduldet, wurde aus dem Impressum gestrichen, weil er anläßlich eines Breschnew-Besuchs in Hamburg gegen den obersten Herrn des »Archipel Gulag« demonstriert hatte.

Zunächst einmal war die Politik für die neuen »konkret«-Leute schwierig. Der eigentliche Stamm-Vater der SPD-Linken, Jochen Steffen, war Mitherausgeber des neuen Röhl-Blattes DASDA, und die zunächst herrschende Juso-Gruppe unter Heidemarie Wieczorek-Zeul und Otmar Schreiner trat ebenso konsequent wie gegen kapitalistische Willkür gegen die Unterdrückung im Ostblock auf. So konzentrierte man sich systematisch auf die Unterstützung der in der SPD wirkenden »Stamokap«-Anhänger (einer im Osten erdachten Theorie); daneben betrieb man fleißig die alte, einäugige Abrüstungs- und Entspannungspropaganda.

Endlich aber siegten die Stamokap-Anhänger im Juso-Vorstand, und nach altem Muster ließ man ihren 1. Vorsitzenden Benneter im Interesse der »konkret«-Politik konsequent ins Messer laufen. Benneter, von Gremliza absichtlich oder fahrlässig ins Abseits einer parteifeindlichen Position gelockt (»Die Mitgliedschaft in der SPD ist für mich kein Dogma«), wurde aus der Partei ausgeschlossen und ward nicht mehr gesehen. Der Mohr hatte seine Schuldigkeit getan. Bald legte Gremliza einen anderen sozialdemokratischen Spitzenpolitiker herein. Ulrich Klose ließ sich nicht ohne Mitwirkung des langjährigen Gremliza-Dauerfreundes und frischgebackenen Senatssprechers Bissinger zu einem Interview in »konkret« verlocken, in dem er einige allzu simple Bemerkungen über die Richtigkeit der östlichen Stamokap-Theorien drukken ließ (»Einiges ist gar nicht so falsch«) und fiel darauf von einem Spitzenplatz in der sozialdemokratischen Hierarchie in das halblinke Abseits. Der letzte, der nun ins »konkret«-Messer gelaufen ist, dürfte der sozialdemokratische Bundestagsabgeordnete Hansen sein, dessen unqualifizierte Schmähreden in einer DKP-orientierten Zeitschrift auch ihn ins politische Abseits beförderten. Gremliza konnte dies genau voraussehen – doch er warnte Hansen nicht.

Bleibt die Frage, wer finanziert jetzt »konkret«? Einmal wird wieder die Mär vom Vater des Gremliza in Umlauf gebracht, ein anderes Mal soll es Inge Feltrinelli, die italienische Verlegerin, gewesen sein. Zur Zeit bringt man den Namen des Reemtsma-Erben ins Spiel, der das viele Geld aufgebracht haben soll. Mit den Verkaufserlösen allein scheint es nicht so rosig auszusehen. Denn Gremliza hatte in seiner Zeitschrift schon im Mai 1975 versprochen, nachkontrollierbare IVW-Zahlen zu liefern (IVW ist eine unabhängige Organisation, die sehr genau die wirkliche Verkaufszahl ermittelt und sie für die Werbung öffentlich bekanntgibt).

Dieses Versprechen hat der »konkret«-Chef auch im Jahre 1981 noch nicht wahrgemacht.

Riesige Schulden waren in den ersten Jahren zweifellos entstanden. Nur knapp blieb die SPD von der äußersten Blamage verschont: das Blatt, das ihre eigenen Mitglieder im antisozialdemokratischen Sinne beeinflussen sollte, auch noch selbst zu finanzieren. Jahrelang druckte nämlich das SPD-kontrollierte gewerkschaftseigene Druckhaus Deutz in Köln das schwer defizitäre »konkret« von Gremliza, so daß am Ende Schulden in einer sechsstelligen Höhe entstanden waren. Einige sprachen von 400000, andere sogar von 600000 DM. Doch in dem Augenblick, wo die SPD-Kontrolleure die Sache entdeckt hatten und nicht weiter auf ihr Geld warten wollten, stand plötzlich eine neue Mäzenin rechtzeitig zur Verfügung, die Verlagserbin Inge Feltrinelli, die angeblich für die Schulden aufgekommen sei und nach weiteren 2 Jahren wieder aus dem Verlag verschwand, weil dieser angeblich aus den roten Zahlen heraus ist.

Nicht heraus ist er aus einem anderen Rot, dem tiefen Rot einer ostblockfreundlichen Politik. Keineswegs etwa im Sinne des Eurokommunismus, sondern streng im Sinne der SED.

2.3.2. Sowjetkommunistische Tendenzen in »konkret«
Inhaltsanalyse des Jahrgangs 1980

Vor einiger Zeit besaß »konkret«-Herausgeber Gremliza die Unverfrorenheit, sich durch seinen Rechtsanwalt beim Fischer-Verlag darüber zu beschweren, daß wir sein Organ in unserem Buch »Der Marsch der DKP durch die Institutionen« als DKP-beherrscht qualifizierten. Analysiert man einmal eine Reihe von »konkret«-Heften systematisch, so kann man sich nur über die Chuzpe wundern, mit der der »konkret«-Macher versucht, sich als unabhängiger Linker darzustellen. (Da der Fischer-Verlag auf die Widerrufsforderung nicht reagierte, zog es der »konkret«-Anwalt auch vor, weitere »Schritte«, die zweifellos mit einer Bauchlandung für »konkret« geendet hätten, zu unterlassen.) Freilich muß man Gremliza zugestehen, daß er es mit einer erheblichen Meisterschaft verstanden hat, die Mitarbeit einer großen Reihe von untadeligen Linken und Liberalen zu gewinnen – der arglose, über die Hintergründe des Blattes nicht informierte Leser kann sehr wohl über viele Seiten von »konkret« hin zu der Auffassung gelangen, daß es sich hier um eine ideologisch durchaus nicht festgelegte, linke sozialkritische Zeitschrift handelt. Und da auch die SPD den sonderbar-masochistischen Geschmack beweist, in einer Zeitschrift, die unaufhörlich antisozialdemokratische Meinungsmache produziert, für ihren »Vorwärts« und die Erzeugnisse ihres Dietz-Verlages zu werben (im Austausch, versteht sich: »konkret« darf auch in SPD-Organen sich werbend präsentieren!) –, können selbst viele demokratische Linke der Illusion erliegen, als bewege man sich hier in einem honorigen, links-pluralistischen Milieu. Was sogar stimmen würde, wenn man blauäugig die regelmäßige sowjetkommunistische Werbung, die Gremliza und einige andere produzieren, die Reklame sowjetmarxistisch orientierter Verlage und Zeitschriften wie auch das Lügen durch Weglassen (nämlich: jeglicher Kritik am »realen Sozialismus«) übersieht.

Wer freilich diese letztlich selbstzerstörerische Blauäugigkeit linker Biedermänner nicht mitmacht, entdeckt fast in jedem Heft die sowjetkommunistische Tendenz. Nehmen wir, nur als Beispiel, den Jahrgang 1980.

Der Jahrgang beginnt gut:

Auf der 2. Umschlagseite veröffentlichten weit über hundert z. T. prominente DKP-Mitglieder und -Freunde eine von Ergebenheit triefende ganzseitige Anzeige zugunsten der sowjetischen Satelliten-Militärmacht Vietnam, in der versucht wird, mit unübertrefflich verlogenen Propagandaphrasen das miserable Image dieses Staats als eines Aggressors in Indochina und eines Unterdrückers, der zehntausende Vietnamesen zur lebensgefährlichen Flucht auf das Meer treibt, reinzuwaschen. Viele prominente Freunde und Bündnispartner des Sowjetkommunismus finden sich in der großen Unterzeichnerliste wie auf den meisten DKP-nahen Aufrufen (um nur die wichtigsten zu nennen): Prof. H. W. Bartsch, Prof. D. Boris, Prof. P. Brokmeier, P. O. Chotjewitz, F. J. Degenhardt, Prof. F. Deppe, A. M. Fabian, Prof. W. Fabian, J. v. Freyberg, Prof. G. Fülberth, J. Harrer, H. Holzer, Dr. K. Hübotter, Prof. J. Huffschmid, M. Jansen, D. Kittner, N. Kißler, L. Knorr, F. Xaver, Prof. H.-J. Krysmanski, Prof. R. Kühnl, S. Lehndorff, K. Mannhard (Bundesvors. DFG-VK), Prof. Meyer-Ingwersen, Dr. R. Opitz, Prof. L. Peter, Prof. H. J. Sandkühler, E. Spoo (Vors. der dju), D. Süverkrüp, Dr. K. Steinhaus, Prof. G. Stuby, P. Weiss, Dr. F. Werkmeister, H. Werner (Redakteur »Neue Stimme«), Prof. E. Wulff.

Im übrigen zeigt sich bereits im ersten Heft die Schlitzohrigkeit und »Eleganz« des Vorgehens von Gremliza. In dem »konkret«-Ableger »Literatur konkret« hatte er kurz zuvor in einem Interview mit dem arrivierten DDR-Schriftsteller Hermann Kant dessen unerträglich-diffamatorischen Äußerungen über kritische DDR-Schriftsteller widerspruchslos abgedruckt. (». . . bin ich auch so wütend auf jene Kollegen, die sich (!) in eine Lage gebracht hatten, daß man sie ausschließen mußte (!). . . «). Quasi unter Lebensgefahr müssen nun zwei der angegriffenen DDR-Dissidenten, Bartsch und Schlesinger, sich gegen die schleimig-angepaßten Selbstverteidigungen Kants, die Gremliza in »Literatur konkret« kritiklos abdruckt, verteidigen. Sie tun es mit großer Vorsicht. Und Gremliza ist schlau genug, dies abzudrucken. Freilich merkt man, daß sie in Wahrheit mitteilen wollen: »Du Schweinehund, wie kannst du die fiesen, angepaßten Auslassungen des Hermann Kant in eurem freien Land unwidersprochen zum besten geben«! (»konkret« 1/80 S. 34ff.).

In der Februar-Nummer

1980 freilich wird die sowjetkommunistische Position Gremlizas nicht auf so indirekte Weise deutlich – hier schlägt er mit Keulen zu: In einem Artikel (S. 10ff.) gegen eine Resolution unabhängiger Linker zur sowjetischen Okkupation Afghanistans wirbt er mit grober Demagogie um Verständnis für den sowjetischen Einmarsch: Da ja die USA den Entspannungskurs nicht aufrechterhalten hätten, da in amerikanischen Zeitschriften militärisches Engagement im Persischen Golf gefordert würde, da Afghanistans Präsident Amin ein blutrünstiger Radikalinski gewesen sei, der vielleicht, »bei anhaltender Weigerung der Sowjetunion, ihm bei der Terrorisierung des afghanischen Volkes zu helfen«, auch andere Befreier ins Land gerufen hätte: »Konnte sich die Sowjetunion da nicht bedroht fühlen? Mußte das Herumfuhrwerken des amerikanischen Weltpolizisten direkt an der Südgrenze der

UdSSR die Moskauer nicht zu präventiven Maßnahmen nötigen?« Ja freilich, der große Buhmann USA ist an allem schuld – auch an der imperialistischen Politik der UdSSR, selbst wenn diese, wie Gremliza schlau-achselzuckend zugesteht, etwas außerhalb der völkerrechtlichen Legalität sich bewegt . . .

Im Märzheft

gehts etwas weniger agitatorisch zu – nur so nebenbei werden die aus der DDR vertriebenen Literaten in die Pfanne gehauen (38 ff.), da ja »leider« ihre Konjunktur vorbei sei: »Unbequem für diejenigen, die singend, philosophierend oder dichtend im ›freien Westen‹ ihre Klage über das Dasein der geknechteten DDR zu Gehör bringen wollen«, – wobei die Rede von der geknechteten DDR in diesem Tendenzblatt natürlich nicht blutiger Ernst sein soll, sondern eine besonders makabre Art von Ironie. Hergezogen wird über den Bühnenautor Thomas Brasch, über sein »mieses« Stück »Lieber Georg«: im Bochumer Programmheft habe er seine Biographie zusammengestrichen, weil, wie die hämische Kritik meint, der Status »des DDR-Urlaubers . . . jetzt mehr zählt als der des Umsiedlers« – ein schöner Euphemismus für den Dissidenten.

Kommunistische Anzeigen

Regelmäßig wird »konkret« mit Anzeigen sowjetkommunistisch orientierter Verlage und Zeitschriften belohnt – gelegentlich freilich wird dies penetrant (wohl immer dann, wenn der nach meinen Informationen sehr hohe Schuldenberg ein wenig abgetragen werden muß): Im *Aprilheft* wird allein 6mal mit einer ganzen Spalte für sowjetmarxistisch orientierte Druckerzeugnisse geworben: S. 12 (Sowjetunion heute), S. 19 und 21 (Pahl Rugenstein-Verlag), S. 25 (Roederberg-Verlag), S. 26 (Zeitschrift Spuren), S. 43 (Günter Herburger, Exklusivreklame) – um von dem ambivalenten päd-extra-Verlag (S. 22) zu schweigen.

wird dann wieder kräftig die sowjetkommunistische Werbetrommel gerührt – kräftig, aber freilich nicht vulgär, sondern in der verhaltenen, sich cool-distanziert gebenden Art, wie dies intellektuelle Leser nun mal lieben: Ein Warner Poelchau ist ins sowjetisch besetzte Afghanistan gereist und berichtet darüber (11 ff.): Um nicht primitiv zu wirken, gibt er zunächst einmal zu: »Daß einem der Bericht aus Kabul ... nicht zu einer ›Frieden, Freude, Eierkuchen‹-Reportage à la ›UZ‹ mißrät, dafür sorgt die Omnipräsenz des Militärs.« Dann aber wird ebenso geschickt wie halbwahr das Bild eines sich im Umbruch befindlichen Afghanistan gezeichnet, das, völlig unabhängig zunächst, »die Revolte einer fortschrittlichen Gruppierung, die sich zwar nur auf die Minderheit der städtischen Bevölkerung stützen konnte (!)« durchlebt habe, die aber an der »unheilige(n) Allianz aus enteigneten Feudalherren, konservativen Mullahs, ... und Stammesfürsten« zu scheitern drohte. Dann erst, und nach dem Terrorregime von Amin, habe man (wer?!) die Sowjets zur Hilfe gerufen. Mit gläubigem Augenaufschlag wird von Poelchau die Version eines weiblichen Politbüromitglieds als reine Wahrheit wiedergegeben, eine eindeutige Mehrheit im Politbüro, dem Zentralkomitee und dem Revolutionsrat habe die Sowjetunion ins Land gerufen. Euphorisch wird das Reformprogramm der Marionettenregierung (Alphabetisierung etc.) geschildert, wenn Poelchau auch zugeben muß, daß dieses »gute Programm« wohl kaum verwirklicht werde, solange sowjetische Truppen im Land seien. Ihre Gegner aber sind natürlich nichts anderes als »die von den USA unterstützten reaktionären Kräfte«. So herrscht zwar Diktatur und eine »tragische« Situation – der Leser aber darf letztlich doch beruhigt sein, denn selbst der Geschäftsträger eines westlichen Landes versichert dem Journalisten, unter dem Siegel der Verschwiegenheit, daß gute kommunistische Ordnung herrsche: »Wenn Sie meine Meinung hören wollen, das ist mit Abstand die beste Regierung, die Afghanistan bisher gehabt hat.«

Allerdings, wer kritisch zu lesen versteht, weiß allein nach diesen beiden Artikeln über Afghanistan von Gremliza und Poelchau, daß wir es mit einer sowjetkommunistisch beherrschten Zeitschrift zu tun haben – wenn auch mit einer, die nicht, wie die UZ, mit dem Holzhammer, sondern mit dem Florett und mit vergifteten Pfeilen für die sowjetkommunistische Sache kämpft.

Im Septemberheft

wird dann die pro-sowjetische Werbung mit einem Interview fortgesetzt, das »konkret« mit einem führenden cubanischen Politbüro-Mitglied (Rodriguez) führte, und in dem selbstverständlich die USA als der alleinschuldige, böse Aggressor dargestellt wird, Cuba aber als das arme, verfolgte Land – ohne auch nur mit einem Wort zu erwähnen, in welchem Umfang Cuba zu einem – auch militärischen – Satelliten der Sowjetunion geworden ist. Den Gipfel freilich des pro-sowjetischen Agitationsjournalismus stellt Gremlizas Diffamierung der freien polnischen Gewerkschaftsbewegung.

Im Oktoberheft

dar (S. 6): Lech Walesa wird dort als schäbiger Pfaffenknecht dargestellt, der »mit einem Kardinal Küßchen tauschte«, die polnischen Arbeiter als potentielle Strauß-Wähler – und die ganze polnische Streik-Bewegung von 1980 als antisozialistisch. Für sie erfand der Demagoge Gremliza das seither vielzitierte Schmähwort: Sie kämpfe, statt für »Sozialismus« (für welchen, bitte?) lediglich »für Konsum und Kirche«. Mit heuchlerischem Kopfschütteln fragt er: »Was müssen das für Gewerkschaftsführer gewesen sein, die ... Lenins Forderungen nicht gerecht ... werden« (nämlich die Verbindung zu den Massen zu halten) – als wenn in irgendeinem sowjetkommunistischen Land die parteioffiziellen Gewerkschaftsführer, im Gegensatz etwa zu Polen, die »Verbindung mit den Massen« hielten, »tief im Arbeiterleben verwurzelt« wären – als wenn nur in Polen der parteikommunistische Betriebsunfall passiert wäre und nicht im gesamten Ostblock haargenau dieselbe tiefgreifende Entfremdung zwischen der Staatsgewerkschaft und den Arbeitern bestünde, die nur deshalb anderswo zur Zeit nicht zu ähnlichen eruptiven Auseinandersetzungen führt, weil die Partei- und Gewerkschaftsdiktatur dort noch härter und die Versorgungskrisen nicht ganz so hart sind!

Nachdem Gremliza der Gewerkschaft Solidarität diffamatorisch prophezeit, sie werde sich auch weiterhin »antisozialistisch profilieren«, bereitet er die ideologische Rechtfertigung einer sowjetischen Okkupation vor: »Es scheint ausgeschlossen, daß der Warschauer Pakt sein Mitglied Polen einfach abwandern lassen wird. Daß er, beispielsweise, geduldig zusehen wird, wie Franz Joseph Strauß in Gdansk und Wroclaw mit namhaften Geldbeiträgen ... Politik macht.«

2.4. Das Beispiel der westdeutschen »Friedensbewegung«

2.4.1. Die destruktive Wirkung der Sowjetkommunisten in der westdeutschen »Friedensbewegung«

Wer, wie der Verfasser, seit 30 Jahren aktiv in der Friedensbewegung, -erziehung, -forschung mitgearbeitet hat[1] dem wird man eine enge Verbundenheit mit der Friedensbewegung und eine relativ genaue Kenntnis ihrer Ziele, Probleme und politischen Fraktionen nicht absprechen wollen. Auf dem Hintergrund dieses wissenschaftlichen, didaktischen und politischen Engagements eines Menschenalters ist die Frage nach dem Nutzen, der Wirkung der unendlich vielen »Hilfen«, Initiativen, Organisationen sowjetkommunistischer Orientierung zu stellen (von denen K.-R. Röhl im folgenden, am roten Faden der politischen Biographie des Oberst Weber aufgereiht, einige in Erinnerung ruft). Die Antwort ist bitter: *Die Politik der Sowjetunion »drüben« wie auch ihre Unterwanderungs- und Einflußstrategien hierzulande haben sich immer wieder als destruktiv, als schwerwiegendes Handicap für die westdeutsche Friedensbewegung erwiesen.*

Man möchte hier fast von einer Tragik der kontraproduktiven Wirkungen sprechen. Einmal deshalb, weil die sowjetkommunistischen Einflußstrategien in Richtung Rüstungsbegrenzung zweifellos – vor allem in den Jahren einer bedrohlichen amerikani-

---

[1] Als Student, Publizist, Referent in der politischen Erwachsenenbildung, als Berater von Kriegsdienstverweigerern, Vorsitzender des Frankfurter »Verbandes der Kriegsdienstverweigerer« –, als Teilnehmer der »Ostermärsche« gegen die Atomrüstung, als wissenschaftlicher Autor, als zeitweiliges Konzilsmitglied der Deutschen Gesellschaft für Friedens- u. Konfliktforschung.
Vgl. u. a. Fritz Vilmar, Rüstung und Abrüstung im Spätkapitalismus, Ffm, 1965; 5. Aufl. Reinbek 1972; ders., Sozioökonomische Grundlagen kritischer Friedensforschung, in Futurum 1970/H. 3, 356–72 u. D. Senghaas (Hg.), Kritische Friedensforschung, Ffm. 1973 (5. Aufl. 1979); ders. (mit W. Möller), Sozialistische Friedenspolitik für Europa, Reinbek 1972.

schen »Containment«- und Hochrüstungspolitik sowie westdeutscher »Politik der Stärke« unter Adenauer – echter Angst vor einer Eskalation in die militärische Katastrophe entsprangen (auch Willy Brandt berichtete nach seinem Gespräch mit Breschnew im Juni '81 von dessen glaubwürdiger Sorge um den Frieden), gleichzeitig aber die imperiale Militär-Politik *auch* der UdSSR, in Osteuropa und in der Dritten Welt, alle sowjetkommunistisch gesteuerten Friedensbewegungen unglaubwürdig machen müssen; zum anderen aber lag und liegt die Tragik der destruktiven Wirkung DDR-gesteuerter Initiativen, Appelle, Kampagnen und Friedensorganisationen noch viel mehr darin, daß seit 30 Jahren Zehntausende gutgläubiger, gutwilliger und oft aufopfernd gegen die zunehmende Militarisierung des Ost-West-Konfliktes sich einsetzender Menschen selbst unglaubwürdig und politisch wirkungslos wurden – und gerade jetzt wieder werden! –, wo und weil sie politisch naiv mit Sowjetkommunisten oder ihren Tarnorganisationen kooperierten – und vor allem: von ihnen sich die einäugigen programmatischen Konzepte vorsetzen ließen. Typisch für die politische Blindheit dieser Idealisten ist die Meinung des »Krefelder Appell«-Unterzeichners Karlheinz Hansen (SPD-MdB), der sich selbst einen »moralischen Rigoristen« nennt: »In Fragen von Leben und Tod gibt es keine Taktik mehr« (laut »UZ« vom 13. 4. 81). Ähnlich denken und handeln – mit bedenkenloser Bündnisbereitschaft – unzählige menschlich hochachtbare Gesinnungsethiker. Ihr schrecklicher Irrtum ist es, die Bündnisfrage als bloß taktische Frage abzutun. Sie ist jedoch von höchst prinzipieller, strategischer Natur: Wer mit den Freunden einer hochgerüsteten gegnerischen Supermacht friedenspolitische Aktionsbündnisse eingeht – mehr noch: wer sich von Sowjetkommunisten die Zielsetzungen (»Appelle« – »Resolutionen«) vor-schreiben läßt, der muß wissen, daß gerade, wo es »um Leben und Tod« geht, die große Mehrheit des Volkes ihm keinen Glauben schenkt. Dasselbe gilt für den General G. Bastian: vgl. *Nachtrag 4.*

2.4.2. *Der »Krefelder Appell« – Höhepunkt einer 30jährigen Unterwanderungsgeschichte der westdeutschen »Friedensbewegung«* (von Klaus Rainer Röhl)

Auf Initiative und Einladung des Oberst a. D. Weber, dem sich

»bürgerliche Persönlichkeiten« wie Pastor Martin Niemöller, der Staats- und Verfassungsrechtler Helmuth Ridder, der Schriftsteller Gösta von Uexküll und der Jungdemokratenvorsitzende Strässer anschlossen, trafen sich am 15. und 16. November 1980 im Krefelder Seidenweberhaus über 1000 geladene Gäste zu dem sogenannten *Krefelder Forum.* Die Teilnehmer waren natürlich von den Einladern, in erster Linie also von dem Büro des Obersten Weber, ausgewählt worden. Sogenannte »antikommunistische« Linke, die in der Rüstungsfrage – auch gegen die SPD-Mehrheit – eine sehr radikale Haltung einnehmen (wie Jochen Steffen), aber aus ihrer unversöhnlichen Ablehnung des realen Sozialismus kein Hehl machen, waren selbstverständlich nicht eingeladen worden. Erst recht nicht die Mitglieder der durchweg antisowjetischen sogenannten K-Gruppen oder andere Linksgruppierungen, die eine deutliche Abgrenzung gegen den »Realen Sozialismus« mit dem Kampf gegen den Kapitalismus verbinden. D. h., es waren nahezu sämtliche Teilnehmer des sogenannten Bahrokomitees, das ein Spektrum der gesamten unabhängigen Linken widerspiegelte, *nicht* geladen.

Dennoch war die Zahl der Teilnehmer von über 1000 und die Vielzahl der z. T. prominenten Namen imponierend. Die als kommunistische Tarnorganisation angesprochene »Deutsche Volkszeitung« jubelte:

Eine »für unser Land ungewöhnliche Koalition von Arbeitern und Offizieren, Christen und Künstlern, Wissenschaftlern und Publizisten«: 1000 Teilnehmer aus denkbar verschiedenen Lagern waren dem Krefelder »Aufruf zum Gespräch« unter dem dramatischen Signum »Der Atomtod bedroht uns alle« gefolgt. Die Besetzung des Krefelder Podiums spiegelt die denkwürdige Allianz wider: Prof. Gerhard Kade, der Publizist Gösta von Uexküll, Oberst a. D. Josef Weber, die Politologin Petra Kelly, Generalmajor a. D. Gert Bastian, Gesamtbetriebsratsvorsitzender Peter Tümmers, der niederländische EG-Abgeordnete Wimm Albers und SPD MdB Klaus Thüsing.

Selbstverständlich waren die geladenen 1000 Gäste von niemandem delegiert und kamen keineswegs, um im Auftrag der Organisationen zu sprechen, denen sie angehörten. Sie waren sich bald einig, daß der Atomtod uns bedroht und daß keine (westlichen) Atomraketen in Europa (neu) installiert werden dürften, der Nato-Nachrüstungsbeschluß also revidiert werden müsse.

Die Vorarbeit, die die vielen hundert kommunistischen Kontaktpersonen und Tarnorganisationen, Zeitschriften usw. bei der Auswahl der Geladenen geleistet hatten, war gründlich (er beruht auf einer teilweise 20 Jahre langen, zähen Beeinflussung prominenter »Friedensfreunde«): in dem dann angenommenen »Krefelder Appell«, den die Zeitschrift der IG-Bergbau als »die taktische Meisterleistung der Deutschen Kommunistischen Partei (DKP) seit ihrem Bestehen« bezeichnete, wurde das Kunststück fertiggebracht, die von Monat zu Monat verstärkte sowjetische Raketen-Aufrüstung in Europa mit keinem Wort zu erwähnen. Der Abzug der russischen Mittelstreckenraketen (Atomtod ist schließlich Atomtod und – immerhin, es wäre ja nur eine Forderung, nur eine harmlose Unterschriftensammlung!) wird auf solchen »Friedenskongressen« nicht gefordert. Die Teilnehmer sind bei allen solchen Einladungen so ausgewählt, daß sich »die Frage für sie nicht stellt«.

Wir wollen hier an einige der SED-gesteuerten Organe, Organisationen und Personen erinnern, die seit den fünfziger Jahren so viele gutbürgerliche Schriftsteller, Professoren, Pfarrer und andere Intellektuellen dazu gebracht haben, fast alle von Kommunisten initiierten Kampagnen mitzutragen oder ihr sogar als Präsidiumsmitglieder und Aushängeschilder zu dienen und damit ihrerseits eine große Anzahl weiterer Intellektueller zu verleiten, sich in den Dienst solcher »Friedens«-Kampagnen zu stellen, nach dem Motto: wenn diese so ungeheuer sympathische und integere Frau Professor mitmacht, kann das keine schlechte Sache sein.

Der Verfasser dieses Artikels war seit seiner Studentenzeit ab 1951 selber Objekt solcher Werbungen und Kampagnen und ab 1956 als Mitglied der damals illegalen, von Ostberlin geleiteten KPD (der Vorgängerin der heutigen DKP) zusammen mit seiner damaligen Ehefrau Ulrike Meinhof daran beteiligt, bürgerliche Studenten, Professoren, Pfarrer und andere Intellektuelle kurz- oder langfristig für kommunistische Propagandaziele zu werben, leitete von 1955 bis 1964 die von Ostberlin bezahlte und gelenkte Tarnzeitschrift »konkret« und war 1962 Werbeleiter der von den Kommunisten intiierten und finanzierten DFU (Deutsche Friedensunion). Er hat die Methoden, mit denen der kommunistische Propagandaapparat die Friedenssehnsucht der meisten Menschen geschickt für die Ziele des sowjetischen Machtapparates ausnutzt, gründlicher studiert als die meisten, die heute noch in kommunistischen Tarnorganisationen mitarbeiten. Er selbst oder seine »konkret«-Mitarbeiter haben viele der heutigen Erstunterzeichner des »Krefelder Appells« für die Sache des »Friedens, der Entspannung und Abrüstung« schon damals für eine Mitarbeit gewonnen oder ihre Mitarbeit durch andere wichtige Tarnorganisationen wie die sehr rührigen »Blätter für deutsche und internationale Politik« persönlich verfolgen können.

Hier muß freilich auch erwähnt werden, daß es im Gegensatz zu heute in den fünfziger Jahren und bis weit in die sechziger in der Bundesrepublik weder ein nüchtern-entspannungspolitisches Klima (statt dessen einen blindwütigen, »regierungsoffiziellen« Antikommunismus) gab – noch eine unabhängige sozialkritische Publizistik; daher waren Bündnisse von Personen und Organisationen (bis hin zur GVP, s. u.), die den verhängnisvollen Adenauer-Dulles-Kurs ablehnten, mit mehr oder weniger kommunistischen Gruppierungen als Akt der Verzweiflung im »Kampf gegen den Atomtod« weitaus begreiflicher als heute – und um *überhaupt* der Stimme kritischer Vernunft Geltung zu verschaffen, publizierten selbst Leute wie Fritz Vilmar zeitweilig in den »Blättern f. dt. u. intern. Politik« – zumal diese, unter der Redaktion Achim v. Borries', in den sechziger Jahren zeitweilig eine wesentlich liberale und gelegentlich sogar vorsichtig-sowjetkritische Linie verfolgten.

Oberst Weber: Ein exemplarischer Fall

Im folgenden wollen wir versuchen, die Geschichte des Mannes zu rekonstruieren, der es von allen kommunistischen Mittelsmännern am meisten verstanden hat, in einem fast anonymen Hintergrund zu bleiben (die beiden größten und bestinformierten Archive der Bundesrepublik, das »stern«- und das »Spiegel«-Archiv, besitzen nicht eine Zeile über ihn): den ehemaligen Obersten der deutschen »Wehrmacht« Josef Weber.

Während der beginnenden Spaltung Deutschlands in einen westlich-kapitalistischen und einen östlich-staatskapitalistischen Teil ist die Politik der westdeutschen Kommunisten, die parlamentarisch bald zur Bedeutungslosigkeit herabsinken, schon bald darauf gerichtet, breite Kreise der bürgerlichen Intelligenz über

Nebenorganisationen für ihre Politik zu gewinnen. Im Gegensatz zu ihrer heutigen Abgrenzungspolitik heißt damals das Stichwort »national«, oder unter seiner neuen Modifizierung »gesamtdeutsch«. Während die straff organisierten Kader drüben unter der Tarnbezeichnung »Volkspolizei« eine paramilitärische Truppe aufbauen, aus der später die »Nationale Volksarmee« wird, schwärmen ihre Propagandisten in den Tarnorganisationen den Schriftstellern und Professoren, Pfarrern und Intellektuellen vom »gesamtdeutschen Zusammenhalt«, von der Wiedervereinigung und von einem einigen, friedlichen, demokratischen Deutschland vor.

Die wenigen geschickten kommunistischen Parteimitglieder und ihre Verbündeten finden im Kreis der ehrlichen Antifaschisten und Pazifisten viele Bundesgenossen für ihre Tarnorganisationen.

Da wird zum Beispiel der »Kulturbund des demokratischen Deutschlands« gegründet, der sich in seinen Glanzzeiten des ahnungslosen Ernst Rowohlt als Ehrenpräsident bedienen konnte. Da gibt es die FDJ, die als Freie Deutsche Jugend zunächst ein Sammelbecken verschiedener Jugendgruppen sein soll, und da gibt es die Nationale Front (...des demokratischen Deutschlands), in der Oberst Weber zum ersten Mal in Erscheinung tritt, möglicherweise noch als »bürgerlicher Bündnispartner« und noch nicht als treuer Diener seines Herrn. Aber im Zuge des nach Koreakrieg und Berlin-Blockade ausbrechenden Kalten Krieges wird die Luft dünn für die Kommunisten und ihre Tarnorganisationen. Es zeichnet sich ab, daß eines Tages die KP als verfassungsfeindlich verboten werden könnte. Schon 1953 wird die straff kommunistisch gelenkte FDJ in der Bundesrepublik verboten, ihre Mitglieder gehen in die Illegalität, die KP selbst bereitet sich auf die Illegalität vor.

KPD in der »Illegalität« und Webers Ersatzpartei

Illegalität, das hört sich für unsere Ohren heute ziemlich bedrohlich an, klingt nach Faschismus, Folter, Terror und verzweifeltem Widerstand. Nach Hitler, Chile oder Archipel Gulag.

In Wirklichkeit ist die Illegalität der damaligen Kommunisten dank der offenen Grenze nach Ostdeutschland und Ostberlin mehr eine Art Schauturnen, ein Räuber- und Gendarmspiel, bei dem die gesamte Büroarbeit in Ostberlin gemacht wird und nur ab und zu illegale Kuriere und Geldboten nach Westdeutschland eingeschleust werden, um die Parteibasis zu besuchen. Das Äußerste, was ihnen passieren kann, ist, daß sie verhaftet und nach einer längeren Untersuchungshaft wegen Verstoß gegen das Verbot ihrer Organisation ein paar Monate Gefängnis erhalten.

Die große Stunde für Oberst Josef Weber kommt, als die Westabteilung der SED, zuständig für die politische Arbeit der westdeutschen Kommunisten (die formal unabhängig sind, aber nicht die geringste Weisungskompetenz besitzen), beschließt, rechtzeitig vor dem Verbot der Partei eine Art Ersatzpartei zu gründen, eine große Sammelpartei, in der sich alle nationalen Kräfte vereinigen sollen: den Bund der Deutschen (BdD).

Das, was der zur Wahl von 1958 erstmalig auftretende »Bund der Deutschen« partout nicht sein will, ist kommunistisch oder auch nur sozialistisch. Nein, der Bund der Deutschen ist in erster Linie national, gesamtdeutsch und für den Frieden. Als bürgerliches Aushängeschild gewinnt er sogar den ehemaligen Zentrumspolitiker und zeitweiligen Reichskanzler Dr. Wirth (1921/22) zum Vorsitzenden. Sekretär und eigentlicher Leiter der Partei (Dr. Wirth ist 1879 geboren, 1957 also bereits 78 Jahre alt) wird der Oberst a. D.

Er und der Reichskanzler a. D. ziehen also 1957 in die Wahlschlacht und bleiben, von der SED nur halbherzig finanziell unterstützt und ohne die erwartete »breite Unterstützung durch Christen, Sozialisten, Kommunisten, Gewerkschaftler, Wissenschaftler, Professoren und andere Angehörige der Intelligenz«, ohne jeden Erfolg. Mit ihnen zieht, in einem begrenzten Wahlbündnis, eine ebenso kleine, aber echte, demokratische Partei in den aussichtslosen Kampf: Die Gesamtdeutsche Volkspartei (GVP) des ehemaligen Innenministers Gustav Heinemann und seines Sozius Posser, die, ebenso wie Erhard Eppler[1], glauben, das

---

[1] Laut ppp (Polit.-parlament. Pressedienst der SPD) v. 29. Juni '81 hat SPD-Präsidiumsmitglied Erhard Eppler im Rahmen eines Diskussionsbeitrages beim Juso-Bundeskongreß in Lahnstein die Ansicht vertreten, daß der »Krefelder Appell« zur Abrüstung kommunistisch beeinflußt sei. Eppler verwies in diesem Zusamenhang auf die Schlüsselrolle des Erstunterzeichners Oberst a. D. Weber.
Eppler sagte, er habe seine eigenen Erfahrungen mit Weber gemacht. Der SPD-Politiker erinnerte in diesem Zusammenhang an die Kontakte zwischen der Gesamtdeut-

Steuer der Politik von dem Kurs der Aufrüstung und Konfrontation in Richtung auf Abrüstung und langsame Wiedervereinigung herumreißen zu können. Fast ohne Geldmittel, geraten sie kurz vor der Wahl in das Zweckbündnis mit dem Obersten Weber und dessen von ihnen nicht erbetene Unterstützung. Zwar lehnen sie jede finanzielle Hilfe des Obersten ab, aber schließlich müssen tausende und abertausende Stellschilder hergestellt und aufgestellt werden. Die GVP besitzt keine Helfer und Stellschilder für ihre Plakate, aber der BdD hat sie und stellt sie überall bereitwillig zur Verfügung. Auf den Plakaten der GVP steht also hinten deutlich das BdD-Zeichen. Die GVP kann sich der Umklammerung der Tarnkommunisten schwer entziehen und wird in der Öffentlichkeit mit ihnen gleichgesetzt – zu Unrecht natürlich.

Publizistische Tarnorganisationen

Nach der Wahl zieht die KP fast alle Gelder zurück, rein formal bleibt der BdD, mit einem winzigen Büro unter Oberst Weber, noch bestehen, aber das Experiment gilt als mißglückt. Man hat längst andere Projekte in Gang gesetzt, die mehr versprechen und auch tatsächlich mehr für die Interessen der SED tun: 1955 werden fast gleichzeitig die Studentenzeitung »konkret« (damals noch »Studentenkurier«) und – mit Hilfe einiger Überläufer aus der Sozialdemokratie und der Gewerkschaft – »Die Andere Zeitung« (als Wochenzeitung) gegründet. Beiden gelingt es weit eher, so etwas wie eine breite Front von Kirchenleuten, Professoren, Schriftstellern und anderen Intellektuellen zu schaffen.

Forts. v. S. 146
schen Volkspartei (GVP) und dem linksgerichteten Bund der Deutschen (BdD) im Vorfeld der Bundestagswahl 1953. An diesen Spitzengesprächen zum Zweck eines Wahlbündnisses habe er als Jüngster der GVP-Delegation teilgenommen. Eppler: »Da habe ich auf der anderen Seite gemerkt, daß immer, wenn verhandelt wurde, wenn es knapp wurde, alle auf einen Mann geblickt haben, der gar keinen richtigen Namen hat, der aber die Kontakte hatte, dahin, wo damals für diese Leute entschieden wurde.« Dies sei auch der Grund, weshalb er den »Krefelder Appell« nicht unterzeichnet habe.
Eppler fügte hinzu, der »Krefelder Appell« sei auch ein Teil der Friedensbewegung, aber er dürfe nicht deren »Dach« sein. Die Friedensbewegung werde nur dann glaubwürdig sein, wenn sie auch Nein zur sowjetischen Rüstung sage. Er wolle nicht Nein sagen, meinte Eppler, »zusammen mit Leuten, die der anderen großen Weltmacht noch nie ein Nein entgegengesetzt haben und auch nicht die Absicht haben, dies jemals zu tun«.

Aber die Andere Zeitung, zuerst so gut getarnt, daß selbst erfahrene Politiker in ihr die Keimzelle für eine neue Unabhängige Sozialistische Partei sehen, verliert bald wieder Einfluß, weil klar wird, daß sie nichts so sehr fürchtet und bekämpft wie unabhängige Sozialisten. (Ein Test, an dem jede Tarnorganisation zu erkennen ist, weil Kommunisten des Sowjetblocks wie der Teufel das Weihwasser die Sozialisten des »Dritten Weges« fürchten, unabhängige Sozialisten wie den Gewerkschaftsfunktionär Heinz Brandt etwa oder Jochen Steffen, Günther Jansen, Peter v. Oertzen und andere.)

Erfolgreicher erweisen sich die Zeitschriften »konkret« und die »Blätter für deutsche und internationale Politik« aus dem Pahl-Rugenstein-Verlag, deren Chefredakteure Ulrike Meinhof und Paul Neuhöfer, beides Mitglieder der seit 1956 illegalen KPD, geradezu darin wetteifern, wer mehr Mitarbeiter aus Kirchen- und Professorenkreisen, angeführt von dem damaligen Kirchenpräsidenten Niemöller und dem berühmten Staatsrechtler Prof. Helmuth Ridder, in seinen Mitarbeiterkreis ziehen kann.

Fast alle älteren Unterzeichner des Krefelder Appells sind nicht von Oberst Weber, sondern schon in den 60er Jahren von diesen beiden erfolgreichsten publizistischen fellow-travellern gewonnen und in vielen langen Abendgesprächen auf die Linie des »Anti-Antikommunismus« gebracht worden. D.h., ihre Vorbehalte gegen das Regime in der Sowjetunion, den Kulturbarbarismus der DDR, die brutale Unterdrückung fremder und der eigenen Völker und die forcierte Aufrüstung des Sowjetblocks sind ihnen als »antikommunistische Propaganda« erläutert worden, bzw. als Abwehrmaßnahmen der Sowjetunion gegen den kriegslüsternen westdeutsch-amerikanischen Imperialismus. (Eine Einschätzung, die in den fünfziger und sechziger Jahren, angesichts einer 2:1-Hochrüstung der USA (NATO) gegenüber dem Warschauer Pakt noch wesentlich mehr Wahrheitsgehalt hatte als heute, da das Rüstungsverhältnis (im monetären Vergleich) fast 1:1 ist.)

Ein drittes, ebenso erfolgreiches Zentrum »demokratischer« Tätigkeit leitet – mit Hilfe von verschiedenen Organisationen (die letzte heißt »Pressedienst Demokratischer Schriftsteller«, PDI) – ein Mann namens Kurt Hirsch, dessen besondere Spezialität Schriftsteller und Journalisten sind.

Noch 'ne Partei: DFU

Zur Bundestagswahl 1961 versuchen es die immer noch illegalen Kommunisten ein zweites Mal mit einer Parteigründung. Die Aussichten scheinen besser zu sein. Ein breites Unbehagen der Bevölkerung, insbesondere der Jugend, an der Adenauerschen Politik hat sich in der 1958 von der SPD initiierten »Bewegung gegen den Atomtod – in Ost und West« niedergeschlagen. Mehr prominente Intellektuelle als bisher sind bereit, es noch einmal zu wagen, so Frau Professor Renate Riemeck, der Falkenführer Lorenz Knorr und der SPD-Bundestagsabgeordnete Arno Behrisch. Wieder wird der Frieden als einigendes Band strapaziert – die Partei nennt sich »Deutsche Friedensunion«.

Die Führung der DFU liegt von allem Anfang an bei den Kommunisten in Ostberlin, Geld wird nur in bescheidenem Umfang bewilligt und über ein DFU-Präsidiumsmitglied, den etwas weltfremden Grafen von Westphalen, eingeschleust. Abweichungen von der in Ostberlin beschlossenen Linie werden in keinem Fall geduldet und in endlosen, nächtelangen »Diskussionen« mit den »bürgerlichen« Präsidiumsmitgliedern, die durchaus Gehirnwäsche-Aktionen gleichen, »ausdiskutiert«.

Im Notfall bleibt die zynisch-offene Drohung, den Geldhahn zuzudrehen, die der Verfasser dieses Berichts nicht nur einmal miterlebt hat. So gelingt es nicht, auch nur in einem einzigen Satz des Parteiprogramms Kritik an der Sowjetunion und damit eine gewisse Glaubwürdigkeit einzubringen.

Es kommt, wie es kommen muß. Trotz größtem Einsatz Tausender von idealistischen Mitgliedern, trotz der Formel »Neutral-atomwaffenfrei« (über 70% der Bevölkerung haben sich gegen Atomwaffen und für eine eventuelle Neutralisierung ausgesprochen), bleibt die DFU mit 2,2% der Stimmen hoffnungslos im Sperrgitter der 5%-Klausel hängen. Wieder ziehen die Kommunisten verärgert und brutal alle Geldmittel ab, viele DFU-Büros müssen binnen weniger Wochen schließen, das ganze Gebilde löst sich in Nichts auf. Nur die leere Hülle einer Parteizentrale mit wenigen Hilfskräften bleibt erhalten, ebenso wie beim Bund der Deutschen, der schon in der Wahl die DFU unterstützt hat und später korporativ mit dieser vereinigt wird. Seitdem sitzt Oberst Weber im Präsidium der Deutschen Friedensunion.

Neue »Legalität« – und neue »Friedens«-Aufgaben für Oberst Weber

Mit dem Jahre 1968 beginnen wieder die Zeiten der Legalität für die westdeutschen Kommunisten. Damit geraten viele der früher so wichtigen Tarnorganisationen fast in Vergessenheit, nur einige hauptamtliche Mitarbeiter, wie Oberst a. D. Weber, bleiben im Amt und werden anderweitig eingesetzt. Die »Friedensbewegung« ist gewissermaßen auf Eis gelegt, bis sie 1980 im Interesse der sowjetischen Europapolitik wiederbelebt wird.

Oberst Weber leitet, mit Adresse und Büro, nacheinander die Portugal-Initiative (die die Entwicklung in Portugal zugunsten der sowjetischen Politik, sprich der »Kräfte des Friedens«, unterstützen soll), die Griechenlandinitiative, die westdeutsche Aktivitäten gegen die Militärjunta kanalisiert und eine Delegation nach Athen schickt. (Gegen deren Willen unternimmt der nach Athen mitgefahrene Wallraff seine Selbstankettungsaktion auf dem Sintagmaplatz!) Nach dem Zusammenbruch der Militärjunta in Griechenland gibt es immer noch ein Betätigungsfeld für den unermüdlichen Oberst Weber: Aber wo? An welchem entfernten Winkel der Erde treffen wir wieder auf die Spur des vielverwendungsfähigen Obersten?

Der Verfasser befindet sich auf einer Informationsreise durch Zypern. Er nimmt auch Kontakt mit dem Vorsitzenden der Kommunistischen Partei Zyperns auf. Dieser schützt zunächst Übersetzungsschwierigkeiten vor, plötzlich aber bricht er die ganze Übersetzung ab und sagt in breitem Sächsisch (Studium in Leipzig):

»Ich habe verstanden was ihr wollt, aber wir sagen so: Wenn einer mit uns Kontakte machen möchte, das läuft alles über die ›Zypern-Initiative‹, die ist in Düsseldorf und die leitet der Genosse Oberst Weber, zu dem haben wir Vertrauen!«

Ende November war es dann soweit. Vergessen die Zypern-Initiative, Griechenland und Portugals Bauern. Die tiefgefrorene »Friedensbewegung« wird aufgetaut, um den den Russen unangenehm werdenden Nato-Nachrüstungsbeschluß wenigstens propagandistisch unter Beschuß zu nehmen. Und was 20 Jahre lang nicht geglückt war, tritt ein, die Initiative hat einen selbst von den Kommunisten nicht im entferntesten geahnten Erfolg. Der treue Oberst a. D., immer im Dienst für die Sache des »Friedens«, hätte eine Ernennung zum General a.D. verdient. Der DKP-Vorsitzende Mies konnte zum Jahresbeginn '81 die Parole ausgeben: Bis zum September 1 Million Unterschriften sammeln! – und am 4. April konnte er sich, freudestrahlend und fernsehwirksam, wie die »einheit« der IG Bergbau schrieb (Nr. 8/81), »ganz öffentlich an die Spitze der Bewegung stellen«. Und die Gewerkschaftszeitung schreibt weiter: »Im Augenblick sind es erneut die DKP und ihre zahlreichen Tarnorganisationen, die mit viel Geschick und wenig Skrupel das Streben der Arbeitnehmer und ihrer Gewerkschaften nach Abrüstung und Frieden in Freiheit zu mißbrauchen versuchen. Während sie die schon seit einigen Jahren andauernde massive Mittelstrecken-Raketenrüstung der Sowjetunion für notwendig erklärten, organisieren sie über vorgeschobene Mittelsmänner in der Bundesrepublik und auch in anderen westeuropäischen NATO-Staaten gewaltige Kampagnen mit dem Ziel, Gewerkschafter, Sozialdemokraten, Kirchen und Parteilose für ihre Zwecke einzuspannen. Alles nach dem Motto: Keine Raketen im Westen, viele Raketen im Osten.«

Nach Informationen des ausgezeichneten Informationsdienstes »Das Junge Wort« vom 29. 4. 81 hatten bis April '81 etwa 300000 unterschrieben – und es hätten sich folgende Organisationen, die keineswegs alle als kommunistisch bzw. als unterwandert gelten können, der Aktion angeschlossen:

- Marxistischer Studentenbund Spartakus (MSB)
- Sozialistische Deutsche Arbeiterjugend (SDAJ)
- Vereinigung der Verfolgten des Nazi-Regimes/Bund der Antifaschisten (VVN/BdA)
- Deutsche Friedens-Union (DFU)
- Demokratische Fraueninitiative (DFI)
- Deutsche Friedensgesellschaft/Vereinigte Kriegsdienstgegner (DFG/VK)[1]
- Sozialistischer Hochschulbund (SHB)
- Arbeitervereine der Türkei (FIDEF)

[1] In der DFG/VK gibt es neuerdings eine organisierte Opposition, die den DKP-nahen Bündniskurs der jetzigen Vorstandsmehrheit nicht akzeptiert und z.B. anstelle des »Krefelder Appells« den gleichgewichtigen Aufruf der Russell-Stiftung unterstützt (vgl. taz vom 16. 6. 81; Redaktion des Oppositions-infos: M. Adam, Am Torhaus 21, 6600 Saarbrücken).

- Komkar (Organisation der Arbeiter aus Kurdistan in der Bundesrepublik)
- Naturfreundejugend Deutschlands (NFJD)
- Deutsche Jungdemokraten (DJD)
- Landesjugendring Hamburg
- Landesjugendring Rheinland-Pfalz
- Hessischer Jugendring
- Bremer Landes- und Stadtjugendring
- Landesjugendring Berlin (vgl. dazu Nachtrag 5!)
- Landesjugendring Niedersachsen
- Katholische Studierende Jugend (KSJ)
- Arbeitsgemeinschaft Katholischer Studenten- und Hochschulgemeinden
- Konferenz der Studentenpfarrer in der Evangelischen Studentengemeinde
- Landesversammlung des Verbandes Christlicher Pfadfinder Niedersachsen
- Delegiertenkonferenz der Arbeitsgemeinschaft Evangelische Schülerarbeit
- Aktion »Christen für Abrüstung«
- Gesamtschülervertretung Bremen
- Anti-Apartheid-Bewegung (AAB)
- Arbeitsgemeinschaft sozialistischer und demokratischer Verleger und Buchhändler
- Republikanischer Anwaltsverein
- bundesdeutsche Sektion des Weltbundes zum Schutz des Lebens
- Deutscher Freidenkerverband

2.5. Das Beispiel der Stamokap-Jusos in Berlin

Vorbemerkung

Die Gesellschaftsanalyse und vor allem die Bündniskonzeption der Sowjetmarxisten ist in einem Theorieentwurf über den sogenannten »Staatsmonopolistischen Kapitalismus« (kurz »Stamokap«) entwickelt worden. Im »Marsch der DKP . . .« (149–169) ist dieses Ideologiegebäude ausführlich dargestellt, seine wissenschaftliche Brüchigkeit aufgewiesen und seine bündnispolitischen Absichten offengelegt worden. Eine starke Fraktion innerhalb der Jungsozialisten, deren Berliner Exponent im Juni '81 fast zum Juso-Vorsitzenden gewählt worden wäre, hat seit Jahren diese Ideologie und ihre sowjetkommunistisch orientierte Bündnispolitik übernommen – allerdings wurde die Stamokap-Theorie, wie ich oben (1.2.4.) gezeigt habe, von einigen Kreisen in dieser Fraktion im Sinne einer stärkeren Differenzierung gegenüber dem »Sozialismus«, den Demokratie- und Bündnisvorstellungen der Sowjetkommunisten weiterentwickelt.

In der folgenden Dokumentation, der Ausarbeitungen sogenannter »undogmatischer Jungsozialisten« zugrunde liegen (insbesondere von Rudolf Schulz-Kindt und Rudolf Steinke), wird gezeigt, mit welchen einer demokratischen Partei hohnsprechenden Kadermethoden insbesondere die Berliner Juso-Hochschulgruppe auf Stamokap-Kurs gehalten wurde und wie ein solcher Kurs Unglaubwürdigkeit, Sterilität und Isolierung der Juso-(Hochschul-)Arbeit zur Folge hat.

Denn es bleibt sehr fraglich, ob der Wechsel vom »Hamburger Strategiepapier« zu den »Herforder Thesen«[1] diese Fraktion in der Substanz glaubwürdiger macht. Bei ihr nämlich geht es nicht nur um eine andere, marxistisch-antireformistische Meinung, sondern es geht um konkrete Bündnistendenzen und Bündnisideologien gegenüber dem Sowjetkommunismus – also einer Sozialismus-Variante, die die Sozialdemokratie, ganz gewiß aber die Jungsozialisten in höchstem Maße unglaubwürdig zu machen droht. Die Berliner Stamokap-Fraktion war dabei noch vor kurzem so weit gegangen, in ihrer Zeitschrift den sowjetischen Einmarsch in Afghanistan als »brüderliche Hilfe« der Sowjetunion zu begrüßen und, ein sozialistisches Manifest der KZ-Häftlinge Buchenwald zitierend, zu dekretieren: »Die deutsche Außenpolitik muß im engsten Einvernehmen mit der Union der Sozialistischen Sowjetrepubliken geführt werden.«[2] Nach jahrelanger Vogel-Strauß-Politik der Berliner SPD-Führung und nach endlosen »Dialog«-Bemühungen seitens Peter Glotz' in Berlin war dessen

---

[1] Bezirksvorstand der Jungsozialisten in der SPD Ostwestfalen-Lippe (Hg.), Herforder Thesen. Zur Arbeit von Marxisten in der SPD (wesentlich überarbeitete, erweiterte Ausgabe), Berlin 1980. Vgl. dazu die Einschätzung seitens der DKP, Fußnote 2 zu S. 85 dieses Buches.

[2] Zitiert nach: Tagesspiegel vom 10. 10. 80.

Geduld nun allerdings am Ende. In einer Presseerklärung vom 31. 10. 1980 erklärte er: »Ich will auch nicht mein grundsätzliches Unverständnis gegenüber der Politik dieser Juso-Gruppe verhehlen. Erstens sind nach eindeutigen Beschlüssen der SPD selbst punktuelle ›Bündnisse‹ mit Gruppen wie SEW und DKP schädlich. Selbst bei Berücksichtigung der besonderen Probleme des Handlungsfelds Hochschule ist es aber schlechthin unverständlich, wie nach der Intervention in der ČSSR 1968, den Fällen Biermann und Bahro und den Ereignissen in Polen eine sich als demokratisch und sozialistisch verstehende Gruppe noch mit dem immer kleiner werdenden Rest von SEW- und DKP-Grüppchen liebäugeln kann ... Nachdem im Juso-Info der FU in den letzten Tagen auch noch der Einmarsch in Afghanistan als ›brüderliche Hilfe‹ der Sowjetunion begrüßt wurde, kann ich nur sagen: diese Gruppe manövriert sich selbst aus der SPD heraus (S. 5).«

2.5.1. Kaderherrschaft autoritärer Stamokap-Bürokraten
(Bericht von R. Schulz-Kindt über Gründe für die Gründung einer »undogmatischen Jusogruppe«; Auszug)

... Im Dezember 1975 beschlossen die Berliner SHB-Gruppen (Sozialistischer Hochschulbund) an der Freien Universität, Technischen Universität und an der Fachhochschule für Wirtschaft den Austritt aus dem Bundesverband des SHB. Fortan tritt man als Juso-HSG (Juso-Hochschulgruppe) Landesverband Berlin (West) auf. Im September 1976 wurde die Grundsatzerklärung verabschiedet, welche die DKP-nahe Ideologie der »Gewerkschaftlichen Orientierungen« festschreibt. Als derart deutlicher Nachfolger des SHB definiert sich die Juso-HSG gleichwohl als eigenständig, mit eigenen Statuten (Satzung). *Wer Mitglied werden will (auch SPD-Mitglieder!), muß erst in die Juso-HSG aufgenommen werden.* Auch eine aktive Mitarbeit in den einzelnen Fachgruppen der Juso-HSG ist ohne Mitgliedschaft nicht möglich.

Am 27. Juni 1980 kommt es zum Konflikt, der vorerst durch den Austritt bzw. Aufkündigung der Mitarbeit von 15 Genossen aus der Juso-HSG an der FUB »geklärt« wird. Die Genossen sahen keine Chance, ihre Position in der Juso-HSG vorzustellen. Sie konnten sich nicht durchsetzen (obwohl sie eine Mehrheit der Aktiven waren), da zu wichtigen Sach- und Personalentscheidungen die orthodoxen Kader gerufen wurden, und so durch eine »Notbremsung« die Juso-HSG wieder auf den »richtigen Kurs« gebracht wurde.

Die Kritik richtete sich zu diesem Zeitpunkt vor allem gegen folgende Punkte:

- Cliquenherrschaft der »Oberfunktionäre«;
- selektive Kommunikation, dem Genossen wird nur das mitgeteilt »was ihm nützt«;
- Innovationsfeindlichkeit von Genossen gegenüber anderen Denkanstößen, man richtet sich im wesentlichen aus an der ADS (der SED-hörigen »Aktionsgem. v. Demokraten u. Sozialisten«), nur mit dieser Gruppe ist eine Bündnispolitik möglich;
- erpresserisches Durchpeitschen eines Stamokap-Aktionsprogramms zur Wahl des Stupa, die Mehrheit der Genossen auf der MV enthielt sich der Stimme oder stimmte dagegen;
- Genossen, obwohl SPD-Mitglieder, wurden und werden nicht in die Juso-HSG aufgenommen oder, wenn »falsches Bewußtsein« vorliegt, hinausgeworfen.

Die Kritik an den Politikformen der Stamokap-Vertreter ist partiell auch schon eine Kritik an der Theorie selbst gewesen, von der die Formen nicht unabhängig sind. Die eigentliche Problematik lag jedoch darin, daß die Kritik an den Politikformen von den Vertretern der herrschenden Meinung mit einem Angriff auf die Inhalte identisch gesetzt wurde. Dieser Konflikt wurde jedoch nie auf einer theoretischen Ebene ausgetragen – soweit ließ man es nie kommen –, sondern manifestierte sich eben auf der Ebene der praktischen Auswirkungen, führte also z. B. zu endlosen unfruchtbaren Debatten über Bündnispolitik oder über die Rolle von Öffentlichkeit und Geheimhaltungen. Statt einer Auseinandersetzung über die Kritik hatte ein Kampf um Machtpositionen Vorrang, mit denen die offiziellen Theorieversatzstücke »verankert« werden sollten.

Die politische Arbeit verkürzt sich also auf

a) die Verwaltung der eigenen Juso-HSG;
b) die Produktion von Anträgen für Mitgliederversammlungen und Studentenparlament, Herausgabe von Presseerklärungen und Flugblättern;
c) Entwickeln von »Austricksstrategien« gegenüber den anderen politischen Gruppen im Studentenparlament.

Die mangelnde Mitarbeit in der FU-Gruppe wird beklagt, aber Mobilisierung von Betroffenen, Mitgliedern, Sympathisanten erfolgt ausschließlich über das geschriebene Wort. Universitätspolitik »machen« beschränkt sich auf Sitzungen, »Kungelgesprächen«, »Stupa-Abstimmungsmaschine«, »Posten-Ergattern« – die eigene Identität wird hier weitgehend nur noch über die diversen Funktionen, die man innehat, definiert.

Aufnahme- und Ausschlußverfahren

Im Frühjahr 1979 wird ein Genosse, der als »Trotzkist« gilt, aus der Fachgruppe Geschichte der Juso-HSG ausgeschlossen: Er nimmt dazu wie folgt Stellung:

»Diese Drohung entbehrt nicht der Kuriosität, denn bisher hat sich die Juso-HSG der FU geweigert, meine Beitrittserklärung überhaupt zur Kenntnis zu nehmen und mich zu ihren Sitzungen einzuladen. Dieser Vorgang wirft ein Licht auf die politischen Methoden der Juso-HSG. Auf meine Anfrage, in welcher Weise ich denn Mitglied der Juso-HSG werden könne, wurde mir folgendes beschieden: *Die Juso-HSG bestimmt selbst auf ihrer Mitgliederversammlung, wer Mitglied werden darf und wer nicht. Aber einen solchen Antrag kann nicht etwa der Betreffende selbst stellen, sondern er muß von einer Fachgruppe eingebracht werden.* In meinem Falle wäre also die Fachgruppe »Geschichte« dafür zuständig. Sie aber bereitet meinen »Ausschluß« vor. Ich kann also folgendes feststellen:

Während die Jungsozialisten eine Arbeitsgemeinschaft der SPD sind, in der jeder Genosse im entsprechenden Alter Mitglied ist und mitarbeiten kann, handelt es sich bei der Juso-HSG der FU um eine Partei in der Partei, deren Mitgliedschaft durch die Methode der Kooption geregelt wird. Die Juso-HSG will ihre Reihen ›rein‹halten. Es fragt sich nur, für ›welche Politik‹«?

Die SPD-Betriebsgruppe an der FU verabschiedete zu den undemokratischen Aufnahmeverfahren der Stamokap-Juso-HSG folgende Erklärung:

»1. Die JUSO-HGs sind Bestandteil der Arbeitsgemeinschaft ›Jungsozialisten in der SPD‹. Sie sind daher keine parteiunabhängige ›Projektgruppe‹.

2. Aus diesem Grund kann jedes Mitglied der SPD durch einfa-

che Willenserklärung Mitglied der JUSO-HSG werden. Ein gesondertes Aufnahmeverfahren, um Mitglied der JUSO-HSG zu werden, ist daher nicht zulässig. Dem entgegenstehende Regelungen sind nichtig.

3. Bei Nicht-SPD-Mitgliedern sind Aufnahmeverfahren seitens der JUSO-HG möglich. Solche Mitglieder können jedoch kein Stimmrecht beanspruchen.

4. Beschluß über Nicht-Mitgliedschaft von SPD-Mitgliedern oder Ausschluß aus der JUSO-HG ist ausschließlich Angelegenheit des zuständigen SPD-Ortsvereine. JUSO-HSGs können diesem lediglich entsprechende Anträge zuleiten, falls parteischädigendes Verhalten vorliegt.

5. Aus den genannten Gründen ist die Nicht-Zulassung der Genossen . . . als Mitglieder der JUSO-HG unzulässig. Eine erneute Erklärung der genannten Genossen, Mitglied der JUSO-HG werden zu wollen, ist unverzüglich positiv, im Sinne einer einfachen Aufnahmebestätigung zu beantworten.«

Die Aufnahmepraxis und Ausschlüsse sind also nicht vereinbar mit dem Organisationsstatut der SPD vom 15. November 1975, (§ 10 Arbeitsgemeinschaften, § 34 Schiedskommission, § 35 Parteiordnungsverfahren), sowie mit dem Parteiengesetz, (§ 10 Rechte der Mitglieder, § 14 Parteischiedsgerichte).

. . .

2.5.2. Zusammenfassender Bericht zur Lage der Juso-Studentengruppen an den Berliner Hochschulen
(Auszug aus einem Bericht von R. Steinke)

Die zunächst nicht von spürbaren Richtungsänderungen begleitete Umwidmung des Berliner SHB[1] in den Landesverband der JuSo-Hochschulgruppen hat der Wahlattraktivität der Kandidatenlisten anfänglich (1976/77) beachtlich Auftrieb gegeben, weil allein der neue Name auch ohne ein – im Vergleich zu anderen Organisationen der Linken – überwältigendes Engagement für Sympathie bei vielen politisch interessierten, aber nicht kontinuierlich aktiven Studenten bürgte. Der Mitgliederstamm blieb jedoch mit insgesamt ca. 100–150 im Land Berlin seit den Zeiten

[1] Der SHB (Sozialist. Hochsch.bund) ist sowjetkommunistisch orientiert.

des SHB relativ konstant. Das wichtigste Rekrutierungsfeld des »Nachwuchses« sind durch JuSo-AGs politisierte Gymnasiasten, die bei Übertritt in die Hochschule ihre zuvor erworbenen Überzeugungen und Verhaltensweisen gemeinhin mit einbringen, so daß in diesen Gruppen wenig neue Impulse aufgenommen werden.

Entgegen ihrem ideologischen Anspruch repräsentieren die meisten Jusos (nicht nur an den Universitäten) einen höchst traditionalistischen Typus von Politik, der sich um Gremien, Institutionen, Wahlen, Organisations- und Öffentlichkeitsarbeit gruppiert und intellektuelle sowie persönlich-emotionale Bedürfnisse weitgehend unbefriedigt läßt. Folglich zählen geistige und menschliche Sensibilität nicht gerade zu den hervorstechenden Eigenschaften eines durchschnittlichen Funktionärs der JuSo-Hochschulgruppen. Ebenso wie die »Theoriefixierbarkeit« des politökonomisch reduzierten Marxismus ihren Niederschlag bei den Jusos bestenfalls in der Übernahme einiger Schlagwörter fand ... hat man es ... in den letzten Jahren nicht verstanden, die Theorie- und Organisationsverdrossenheit einer jüngeren Studentengeneration in ihrem rationalen Kern zu begreifen und vor dem Abgleiten in die resignative »Aussteiger«-Mentalität ... zu bewahren.

Erst der rasche und durchgreifende, ohne einen allzu schlagkräftigen Organisationsapparat erzielte Erfolg der Basisgruppen hat den Mitte der siebziger Jahre sich im Aufwind wähnenden Jusos den Eindruck vermittelt, daß sie auf Sicht nicht zur führenden Kraft der Berliner Hochschulpolitik werden können ... Vielmehr müssen Jungsozialisten mehr denn je durch ihre praktische, den konkreten studentischen Interessen dienende Politik den Beweis antreten, daß sie besser als konkurrierende Strömungen in der Lage sind, mit den aktuellen Problemen fertig zu werden.

Der Übergang von der »Kaderpolitik« zur »undogmatischen Ära« des linken Universitätsmilieus hat die Juso-Studentengruppen zunächst einmal in eine Identitätskrise gestürzt, der nicht wenige demonstrative Austritte oder zumindest Privatisierungstendenzen zuzuschreiben sind.

Längerfristig betrachtet schafft jedoch der zu verzeichnende Stimmungsumschwung eher wieder die Voraussetzungen für eine günstigere Ansprechbarkeit breiterer Studentenkreise durch Jungsozialisten, weil die Enttäuschung über das Scheitern der revolutionären Illusionen und der selbsternannten »Avantgarden des

Proletariats« die Empfänglichkeit für sozialdemokratisches Gedankengut zwar nicht als »Theorie«, aber als Praxis der punktuellen Lösung konkreter Probleme des Lebensalltags steigert.

Die momentanen Probleme der einzelnen Juso-Hochschulgruppen

a) FU Berlin

Als die größte Gruppe innerhalb des Landesverbandes hatten die FU-Jusos bereits zu Zeiten des SHB eine führende Stellung inne, was sicherlich auch damit zusammenhängt, daß die Mehrzahl der akademischen JuSo-Aktivisten geistes-, sozial- und wirtschaftswissenschaftliche Fachrichtungen studiert und die FU Berlin ohnehin seit der Studentenbewegung als ein Zentrum der Politisierung galt. Ebenso hat die bis zur Personalidentität reichende Verbindung zwischen dem FU-Gruppenvorstand und dem JuSo-Landesverband eine längere Tradition. Die unter dem Stichwort »Stamokap« holzschnittartig zusammengefaßte Mehrheitsposition der Berliner Jungsozialisten hat in führenden Vertretern der FU-Gruppe stets ihre zuverlässigste Stütze gefunden ...

Erst der ... Kurswechsel in der TU-Gruppe sowie die mit ihm eng verflochtene Öffnung zur undogmatischen Linken samt ihrer prinzipiell kritischen Haltung zu den Staaten des »realen Sozialismus« hat auch in der FU dazu geführt, daß bislang meist nur auf der Ebene individuellen Rückzuges oder punktueller Ereignisse ausgetragene Meinungsverschiedenheiten ans Licht der (Juso)-Öffentlichkeit gelangten. Der spektakuläre Austritt von 14 oppositionellen Mitgliedern kurz vor den Sommersemesterferien 1980 war lediglich der Endpunkt einer Kette von sich eskalierenden Richtungskämpfen, die teilweise bis auf das Niveau von Fälschungsversuchen und Handgreiflichkeiten absanken und die Gruppe in ihrer Aktionsfähigkeit nach außen hin nahezu lahmlegten ... Das unerwartet schlechte Abschneiden bei den ersten Studentenparlamentswahlen im Juni 1979 (15,4% der Stimmen) kann gleichermaßen als Ergebnis der vorausgegangenen inneren Verhärtung der Gruppe wie als weiterer Markstein der Auseinandersetzung über die Ursachen der politischen Erfolgslosigkeit gelten.

Eines der maßgeblichen Probleme der FU-Gruppe besteht seit

Jahren in einer autoritären Führungsstruktur, die alle Informationen und Initiativen auf einen kleinen Kreis von Daueraktivisten begrenzt und bei neu hinzugekommenen Gruppenmitgliedern das Gefühl der Ohnmacht und der Überflüssigkeit hervorruft. Allenfalls »geschulten« Funktionären ... gelingt bald nach Studienbeginn der Eintritt in das »Establishment« der Juso-Hochschulgruppe, wo die wichtigen Entscheidungen oft hinter dem Rücken der als »unzuverlässiger« angesehenen »Basis« fallen. Der Vorwurf, daß altgedienten Hochschulgruppenfunktionären die Eierschalen der berüchtigten SHB-Kaderpolitik, die Schritt um Schritt alle nicht auf die Zwangsehe mit dem (sowjetmarxistischen; F. V.) MSB-Spartakus eingeschworenen Sozialdemokraten aus der Organisation verdrängt hat, noch immer nicht abzustreifen vermochten, ist zuweilen mit einigem Recht vorgebracht worden.

b) TU Berlin

An der TU ist es nach dem Übertritt aus dem SHB in der Juso-Hochschulgruppe zu einer grundlegenden politischen Umorientierung zumindest der Mehrheit (im Jahre 1977) gekommen. Diese politische Veränderung resultierte wesentlich aus persönlichen Differenzen, fand dann jedoch seinen Niederschlag in einer anderen politischen Grundorientierung. Dominierend wurde keine neue politisch-ideologische »Linie«, sondern eine pragmatische, undogmatische Position, die sich weder unkritisch zur Politik der Sozialdemokratie bekannte, noch Konflikte um des Konflikts Willen suchte. Die Juso-Gruppe bestand im aktiven Kern nach dem Wechsel vom SHB aus 5–7 Mitgliedern. Aufgrund ihrer eigenständigen Rolle gegenüber vor allem der ADS (DKP-nahe »Aktionsgemeinschaft von Demokraten und Sozialisten«), aber auch den Basisgruppen und den damals noch starken BL-Gruppierungen, gelang es ihr, ein eigenständiger politischer Faktor mit eigenen Initiativen und großem Sympathiesantenanhang zu werden.

Es gelang ... der pragmatisch-linkssozialistischen Position durch Entwicklung eigenständiger politischer Initiativen, für deren Umsetzung sie auch persönlich einstand, eine gewisse neue Identität der Juso-Gruppe zu formulieren und wirksam in der TU-

Öffentlichkeit umzusetzen. Dies drückte sich sowohl in der Unterstützung des IV. Russell-Tribunals aus, in der Unterstützung des Bahro-Kongresses und des aktiven Engagements in der weiteren Arbeit des Bahro-Komitees, als auch in Veranstaltungen wie »Zurück zur politischen Diskussion«, »Perspektiven der Linken«, zur Ökologiediskussion aus Anlaß der Berliner SPD-Parteitages mit Eppler, Bahro, Traube und Jungk. Diese kontinuierliche universitätsöffentliche Arbeit, unterstützt von einer fachbereichsbezogenen Arbeit (wenn auch in relativ geringem Maße) und einer kontinuierlichen Gremienarbeit, verschaffte der Juso-HSG in der studentischen Öffentlichkeit der TU, die ähnlich wie die FU eine starke basisdemokratische Strömung in der Studentenschaft aufweist, politische Glaubwürdigkeit und Resonanz. Sie entwickelte sich in den Gremienwahlen (bis zur Wahl des 1. Studentenparlaments) zur stärksten politischen Gruppierung, während die ADS, welche vorher die bedeutendste Gruppierung gewesen war, stark in den Hintergrund gedrängt wurde. Die unglaubwürdige und politisch verantwortungslose Position bei der Berger-Abwahl[1], die es der ADS ratsam erscheinen ließ, sich mit den konservativen Teilen der Professorenschaft gegen Berger zu verbünden, kosteten sie viel Ansehen und Einfluß.

Die Entwicklung der pragmatisch-linkssozialistischen Politik an der TU war zwangsläufig von heftigen Auseinandersetzungen mit der Juso-Landesvorstandslinie und der FU-Juso-Gruppe begleitet.

In landesweiten Koordinationsgremien setzte die Landesvorstandsströmung ihre Position durch und sprach bei allen zentralen Veranstaltungen mit im Namen der Juso-HSG TU. Ihre Politik der Kooperation mit der ADS und der SEW wurde von der TU-Gruppen-Mehrheit entschieden abgelehnt. Aufgrund dieser Linie kam es zu weitgehendem Rückzug der TU-Jusos aus der Landeskoordination und der Selbstfinanzierung der Aktivitäten durch eigene Büchertische, Beiträge und Getränkeverkauf, da die Landesebene auch die finanzielle Unterstützung der TU-Gruppe entzog.
(Vgl. zur politischen Jugendarbeit in Berlin auch den Nachtrag 5!)

---

[1] Durch intrigantes Zusammenspiel rechter und linker Interessengruppen wurde der TU-Präsident Berger gestürzt. (F. V.)

3. Teil:

Zur Soziologie links-elitärer Kaderpolitik

3. 1. Politische Apathie plus Kaderpolitik: Der Tod der Demokratisierung

Wir müssen uns nunmehr, gerade auch auf dem Hintergrund dieser exemplarischen Fälle (denen viele ähnliche in ähnlichen »progressiven« Institutionen an die Seite zu stellen wären), der immer wieder gestellten Frage zuwenden: Wie können relativ kleine Gruppen von Aktivisten, meist mit minimaler Anhängerschaft, in wichtigen »linken« Organisationen und Bildungsbereichen einen derart bedrohlichen Einfluß erzielen? Und: Was bedeutet dies für den demokratischen Willensbildungsprozeß in gesellschaftlichen Teilbereichen?

1. Die Antwort auf die erste Frage lautet, daß diese Erfolge das Ergebnis sind von zwei auf sehr verschiedene Weise undemokratischen Verhaltensweisen: *Politischer Apathie* der großen Mehrheit auf der einen Seite – *totaler Präsenz und Kaderpolitik* einer Minderheit auf der anderen Seite. Gefahr kann unserer Demokratie und unseren demokratischen Organisationen also nur darum von ihren – *zahlenmäßig* bedeutungslosen! – Gegnern zur Rechten und zur Linken drohen, weil es jene inaktive und konfliktscheue Biedermannshaltung der Mehrheit gibt, die das zerstörerische Wirken der rechten oder linken Antidemokraten (Antireformisten) *allein dadurch ermöglichen, daß sie sich selbst weder geistig noch politisch engagieren.* Das Kalkül mit der Apathie der großen Mehrheit, das kleinen Aktivistengruppen, welcher Couleur auch immer, auf völlig »demokratischem« Wege völlig undemokratische Machtanteile verschafft, ist schrecklich einfach: Ein politischer oder gewerkschaftlicher Ortsverband, ein Fachbereich, ein Jugendverband etc. mag 2000 Mitglieder haben. Wenn von ihnen nur 5–10% aktiv sind, und wenn von diesen 100 bis 200 Aktiven, die bei »Voll«- oder Mitgliederversammlungen, bei Demonstrationen und politischen Aktionen anwesend sind, nur 60–120 (meist kaum identifizierbare, sich nicht zum Sowjetmarxismus offen bekennende) DKP-Freunde sind, *so bestimmen diese 3–6% eben die »Linie« des Verbandes, sie werden zu Delegierten und in*

Gremien gewählt (sie werden auch auf die Funktionärs(hoch)schulen geschickt), während 94–97% Andersdenkende dies als bequeme, inaktive Biedermänner geschehen lassen.

Mit diesem scheinbar simplen Zahlenbeispiel sind wir an einem entscheidenden Punkt unserer gesamten Erörterung angelangt: an der sich ausbreitenden Gefahr einer Zerstörung demokratisierter Strukturen durch Apathie der großen Mehrheit einerseits und zielbewußte Kaderpolitik einer kleinen Aktivistengruppe andererseits. Es ist an dieser Stelle notwendig, die Brisanz etwas genauer zu verdeutlichen, die in dem einfachen Zahlenbeispiel steckt. An sich ist es weder neu, noch erscheint es für demokratische Organisationen besonders besorgniserregend, daß demokratische Prozesse – von der wichtigen Ausnahme der politischen Wahlen abgesehen! – von Minderheiten, meist sehr kleinen Minderheiten in Parteien und Organisationen[1] getragen werden, und daß die von diesen Minderheiten gewählten Vertreter und Exekutiven: die Delegierten, Räte, Sprecher, Ausschüsse, de facto oft nur von einem Bruchteil der Betroffenen ausgewählt werden; angesichts des Mangels an Personen, die bereit sind, ehrenamtliche Funktionen zu übernehmen, kann häufig nicht einmal von Wahl oder Auswahl auf dieser verminderten Basis die Rede sein. Man ist froh, wenn sich jemand bereit erklärt! Mit diesem zweifellos demokratisch defizienten Modus von Demokratisierungsstrukturen, -prozessen, -funktionsträgerschaften konnte man sich – insbesondere wenn man ein bestimmtes Maß an politischer Apathie als unausweichlich glaubte in Kauf nehmen zu müssen – so lange abfinden, wie davon ausgegangen werden konnte, daß jene aktiven Minderheiten und Funktionärsträger, wenn auch *formal* nicht sehr breit demokratisch legitimiert, sich *inhaltlich* legitimierten, indem sie nach bestem Wissen und Gewissen im Interesse aller Betroffenen und ihrer »Flügel« Konzepte, Willensbildungen, Interessenvertretung einzubringen und durchzusetzen versuchten[2].

---

[1] Vgl. dazu z. B. die Untersuchung von Bodo Zeuner: Innerparteiliche Demokratie; Berlin 1970; insbes. S. 72–85.

[2] Diese materiale Legitimation wird auch noch nicht dadurch in Frage gestellt, daß Aktivisten und Funktionärsträger in Demokratisierungsprozessen, Bürgerinitiativen etc. in der Regel zugleich auch *sich selbst* verwirklichen und darstellen, sich in der Öffentlichkeit zur Geltung bringen möchten. Die Korruption beginnt dort, wo sie fremde, den Meinungen u. Interessen ihrer »Basis« kaum entsprechende Zielsetzungen ins Spiel bringen.

Die Krise und schließlich die Zerstörung demokratisierter Strukturen und schließlich des gesamten Demokratisierungskonzepts aber tritt dann ein, wenn diese Voraussetzung: daß die Aktivisten (sosehr sie sich auch im einzelnen untereinander um den richtigen Weg streiten mögen) mit subjektiver Redlichkeit und in *adäquat pluralistischer Zusammensetzung* als Interessenvertreter ihrer Basis fungieren, nicht mehr oder nur noch sehr eingeschränkt gilt[1]. Genau dies aber: daß die Akteure nicht mehr ihrer Basis entsprachen, *ist eine bittere Erfahrung des hinter uns liegenden Jahrzehnts zahlloser Demokratisierungsversuche* in Schulen und Hochschulen, in Parteien, Gewerkschaften und in spontanen Kampagnen (– weniger in Bürgerinitiativen, da in ihnen unmittelbare Beteiligung und Kontrolle der Betroffenen meist größer ist!).

Das eklatanteste Beispiel einer solchen Pervertierung von Basisdemokratie bieten zweifellos die Einflußstrategien von Sowjetkommunisten und ihrer Bündnispartner, die in Friedenskampagnen, in studentischer Interessenvertretung an Hochschulen, in Juso-Gruppen, in der gewerkschaftlichen Jugend- und Bildungsarbeit unentwegt die politischen und ideologischen Positionen der DKP/SED/KPdSU agitatorisch miteinfließen lassen und bündnisfähig zu machen versuchen, so, als seien dies die Interessen der Basisgruppen.

Aber man wäre unredlich, vor allem: man würde das Ausmaß der Gefahr, daß dem Gesamtkonzept einer Reform der Gesellschaft durch gesamtgesellschaftliche Demokratisierung droht, zu gering und einseitig einschätzen, wenn man nicht sähe, daß Demokratisierung *von vielen Interessen- und Parteigruppen* als trojanisches Pferd mißbraucht worden ist: Als legitimatorische Basis

---

1 Beachtlicherweise hat der DGB-Bundesvorstand des DGB dies in einem neuen »Positionspapier zur gewerkschaftlichen Jugendarbeit« in These 21 erstmals beim Namen genannt, wenn auch leider der konkrete Hinweis auf die Gemeinten, nämlich die DKP-Freunde, fehlt: »Wenn die Zahl von aktiven jungen Mitgliedern, die auch zur Übernahme von Funktionen bereit sind, zu gering bleibt, *wird politischen Gruppierungen innerhalb der Gewerkschaftsjugend die Besetzung von Funktionen in einem Ausmaß ermöglicht, das in keinem Verhältnis zu ihrer tatsächlichen Mitgliedsstärke steht.* Damit . . . entsteht auch die Gefahr des Mißbrauchs gewerkschaftlicher Funktionen für parteipolitische Zwecke. Damit wird gewerkschaftliche Arbeit nach innen und außen diskreditiert und den Gewerkschaften insgesamt Schaden zugefügt. Deshalb muß gewerkschaftliche Jugendarbeit bestrebt sein, die Arbeit so zu gestalten, daß ein möglichst großer Kreis von Jugendlichen bereit ist, eigene Aktivitäten zu entwickeln und Funktionen zu übernehmen.« (Zitiert nach »Gewerkschaftl. Umschau« der IG Chemie, Nr. 1/81, S. 23, Hervorheb. v. mir, F. V.)

in den verschiedensten gesellschaftlichen Subsystemen, in denen man, nachdem ihre Leitungs- bzw. Sprechergremien »erobert« waren, das sehr begrenzte und oft sehr basisferne Fraktionsinteresse als das aller »Betroffenen« ausgeben konnte. So hat die CDU in Hessen, mit Hilfe ihres »Elternvereins«, einen großen Teil der Elternbeiräte in der Sekundarstufe beeinflußt und eine rein parteipolitisch orientierte (und finanzierte) Anti-Gesamtschul-Politik über diesen »basisdemokratischen« Weg lanciert. So haben zahllose Interessengruppen seit Jahren sich den legitimierenden Gemeinwohl-Mantel von Bürgerinitiativen umgelegt, um auf diese Weise ihrem Interesse beim Kampf gegen *tatsächlich* gemeinnützige Maßnahmen eine stärkere Rechtfertigung zu verschaffen.

Diese allgemeine Feststellung kann aber nicht darüber hinwegtäuschen, daß wir es auch und vor allem mit einem Problem »linker« Manipulation demokratischer Strukturen[1] zu tun haben – die allerdings mittelfristig selbstzerstörerische Folgen hat. Daß es »die anderen« auch nicht besser machen, sollte hier nicht zur billigen Entschuldigung dienen.

3.2. Von der Zerstörung der Demokratisierung zur Selbstzerstörung der Linken; die Beispiele SPD-München und Labour in England

Daß es bei alldem nicht um demokratietheoretische Spitzfindigkeiten geht, sondern um die Existenzbedrohung bis dahin intakter

[1] Man muß in diesem Zusammenhang erkennen, daß es nicht nur einen sozusagen traditionellen, klassenherrschaftlichen, »rechten« Elitismus und eine ihm entsprechende Geringschätzung demokratischer Mehrheitsentscheidungen gibt, sondern kaum weniger ausgeprägt auch im linken Spektrum: de facto bei Angehörigen der Machtelite in den großen Organisationen mit ihren oft nur akklamatorischen Verbandstagen – ganz ausgesprochenermaßen aber bei marxistisch-leninistisch orientierten Intellektuellen und Funktionären, nicht nur, weil ihre »Klassiker« demokratische Grundrechte und Mehrheitsentscheidungen überwiegend für Volksbetrug erklärt haben, sondern im Grunde weit mehr noch, weil sie es, im Besitz der »objektiven« marxistischen Wahrheit über die revolutionäre Entwicklung der kapitalistischen Gesellschaft, innerlich überhaupt nicht akzeptieren können, daß das Volk dummerweise (verdummterweise) gar nicht daran denkt, sich für die Revolution und ihre Sachwalter zu entscheiden.
Im »Marsch der DKP . . .« haben wir diese antidemokratische Grundhaltung en detail nachgewiesen: 139–145; 156–166.

demokratischer, insbesondere linker Organisationen, ist am Fallbeispiel der Selbstzerstörung der Münchener SPD, an der Selbstlähmung der Jungsozialisten seit Mitte der 70er Jahre – vor allem aber, im großen Format, an der drohenden Selbstzerstörung der britischen Labour Party zu erkennen: Infolge der Apathie der Basis und des Aktivismus dogmatisch-marxistischer (nicht unbedingt nur: *sowjet*marxistischer) Kader ist in allen Fällen eine Paralyse der Organisation eingetreten. Und da in diesen Entwicklungen das, was wir im DGB nur als – noch durchaus begrenzte! – *Tendenz* diagnostizieren, zur organisationspolitischen Katastrophe führte, mag die Kassandrafrage berechtigt sein: Zeigt die Labour-Party dem DGB das Bild seiner Zukunft?

1. Kommen wir zunächst auf den kleineren, an Ort und Stelle allerdings auch katastrophal wirkenden Paralysefall: die (Fast-) Zerstörung der SPD-Organisation und ihrer Opposition in München. Georg Kronawitter, der, nachdem Hans-Jochen Vogel an den Parteilinken gescheitert war, 1972–78 den (schließlich ebenfalls scheiternden) Versuch unternommen hatte, eine vermittelnde Position in München zu konsolidieren, legte ein Jahr später die bittere Bilanz dieser Bemühungen vor – und das heißt vor allem: der höchst erfolgreichen »Strategie und Taktik der dogmatischen Linken in der SPD«[1]. Man kann nun zweifellos an der Begriffsbildung Kronawitters Kritik üben. Seine Definition der »dogmatischen Linken« als »jene Mitglieder, die sich der Marxschen Welt- und Problemsicht verschrieben haben und sie verabsolutiert vertreten« (11), berücksichtigt nicht den qualitativen Unterschied zwischen unabhängig-marxistischen und sowjetmarxistischen Positionen[2].

---

1 Georg Kronawitter, Mit allen Kniffen und Listen, Strategie und Taktik der dogmatischen Linken in der SPD. Mit einem Vorwort von K. Sontheimer. München (Molden) 1979.

2 Kronawitter leistet damit, ohne es zu wollen, zum Teil der kontraproduktiven Pauschalkonfrontation »der« Rechten und »der« Linken in der Arbeiterbewegung Vorschub, die gerade die differenzierte Auseinandersetzung mit den Antireformisten erschwert und den Sowjetmarxisten die Möglichkeit verschafft, sich in einem solchen weiten Mantel der »marxistischen Linken« »unidentifizierbar« zu machen, um dann alle Kritik an ihnen als »Kritik an der Linken« umzufälschen – mit entsprechendem Solidarisierungseffekt bei vielen Linken und Linksliberalen, die immer wieder auf diesen alten Trick hereinfallen. So besonders typisch sogar die STERN-Redakteure, die die DKP-Kritik in den Gewerkschaften in einen Kampf rechter gegen linke Sozialdemokraten umfälschen – vgl. S. 75ff.

Dieser kritische Einwand kann in unserem Zusammenhang aber vernachlässigt werden, da die hier relevante Leistung des Buches davon unberührt bleibt: Es geht um die verheerenden Wirkungen von Basisapathie einerseits und Kaderpolitik andererseits, egal ob die letztere von Sowjetmarxisten, dogmatischen Antireformisten, ethischen Sozialisten, von rechtssozialdemokratischen Fritz-Erler-Kreisen oder anderen Cliquen betrieben wird. Genau darum aber geht es in Kronawitters Arbeit. Diese geht aus von einer organisationssoziologischen Beschreibung des normalen gemütlich-apathischen, theoriefern-kleinbürgerlichen Parteilebens, in das nach dem Krieg erst sehr langsam, insbesondere im Laufe der sechziger Jahre, intellektuell anspruchsvollere Mitglieder integriert wurden, ohne jedoch die Dominanz der *damaligen* Führungselite, der kommunalpolitischen und Parteihonoratioren (in München also vor allem: Vogels!) in Frage zu stellen[1].

In diese »zufriedene, homogene, wenig politisierte« Organisation wirkte seit Ende der sechziger Jahre die »Rebellion der jungen Generation« hinein: »Die SPD erlebte einen Ansturm von gebildeten jungen Leuten, Schülern, Studenten, Assistenten, jungen Professoren. Sie waren intellektuell geschult, diskussionserfahren und theoriebeflissen.«[2]

Kronawitter beschreibt (S. 29–37), wie diese meist mit dogmatisch-marxistischen Zielvorstellungen ausgestattete Gruppe nicht nur die bislang parteiloyale AG der Jungsozialisten auf eine parteioppositionelle marxistisch-sozialistische Programmatik hin umorientierte, sondern durch gezielte Fraktionsarbeit und intellektuelle Überlegenheit in den meisten Ortsvereinen und schließlich im Münchener Unterbezirk die Macht übernahm: »Der Marsch durch die Institutionen der SPD muß notwendigerweise

---

[1] Bereits 1963 stellte in München eine Kommission, die wegen eben dieses apathischen Zustandes des Parteilebens eingesetzt wurde, unter anderem fest: »Zusammenfassend stellt die Johann-Kommission über das Ortsvereinsleben der Münchener SPD fest: Veranstaltungsfolge und Veranstaltungsablauf ähneln sich in den meisten Sektionen ... Der Vorsitzende quält sich mit der Referentensuche ab. Möglicherweise gibt es noch einen Ausflug und eine Weihnachtsfeier. Schön brav wie jeder Verein. Das ist das Einerlei einer Sektion. Etwas Abwechslung bringt gelegentlich noch die Generalversammlung, bei der ein Teil der Mitglieder sich jährlich aufs neue freut, ohne Funktionen davon gekommen zu sein. Der liebgewordene, weil bequeme Trott geht weiter (S. 24f.)«

[2] Kronawitter, a.a.O., 26f.

an seiner untersten Gliederung, dem Ortsverein, beginnen. Dort werden die Delegierten für die Kreisverbandskonferenz, die zum Beispiel den Landtagskandidaten nominiert, sowie für den Unterbezirk, der als das eigentlich politische Machtinstrument einer größeren Gebietseinheit gesehen werden muß, gewählt. In dieser Urzelle der Partei mußten daher zuerst Mehrheiten gewonnen werden, um nachfolgende übergeordnete Gremien beherrschen zu können ... Aufgrund der Vielzahl der Ortsvereine (in München ca. 70) ... ließen sich hier im Einzelfall relativ rasch Mehrheiten ändern. Es kam darauf an, in einem einzelnen Ortsverein von den durchschnittlich etwa 20 bis 40 Versammlungsteilnehmern mehr als die Hälfte für sich zu gewinnen, um sowohl den Vorstand des Ortsvereins als auch die Delegierten für die nachfolgenden Gliederungen bestimmen zu können. Diese Änderung von Mehrheiten wird als das Kippen eines Ortsvereins bezeichnet.«[1]

Georg Kronawitter beschreibt im einzelnen die Mittel, um solches Kippen, solche Machtübernahme Schritt für Schritt zu realisieren, und er faßt sie schließlich zusammen:

- »konzentrierte Eintritte in einen Ortsverein durch dogmatische Linke, vielfach unter Umgehung der Satzung;
- Totalkonfrontation durch permanente Grundsatzdiskussion, heftige Kritik. Verhöhnung und Verleumdung all jener, die Widerstand leisten. Damit Zerstörung der traditionell freundschaftlichen Atmosphäre und des »Vereins«-Lebens;
- Resignation bei den traditionellen Mitgliedern, die in der ersten Phase verwirrt und konsterniert zu Hause bleiben, später auch aus der SPD austreten;
- Umorientierung des Ortsvereins. Es kommen zu Veranstaltungen vorwiegend nur noch jene, die der dogmatischen Linken anhängen, sich anpassen oder als überzeugte und kämpferische Godesberger zum weiteren Widerstand entschlossen sind;
- Versuch der Konsolidierung mit einem neuen Vorsitzenden und der rigorosen Abschottung gegenüber jenen, die die eingetretene Entwicklung wieder zu verändern suchen.«[2]

Der Erfolg dieser Einflußstrategie war, daß bereits 1972 die

---

[1] a.a.O., S. 32.
[2] a.a.O., S. 36f.

Münchener SPD durch eine »zahlenmäßig immer ... verschwindend kleine, wenn auch sehr aktive und wirksame Minderheit« beherrscht wurde. Und die weitere Folge war, daß die innerparteilichen Querelen, aber auch der Wortradikalismus dieser – weitgehend *nicht sowjetmarxistischen,* sondern unabhängig-marxistischen – Minderheit zu einem katastrophalen Prestige-, Vertrauens- und schließlich auch zu erheblichem Mitgliederverlust der SPD in München führte – vor allem aber zu einem schließlich katastrophalen Stimmenverlust: »Selbst für abgebrühte Politiker ist es ein herausragendes Ereignis, wenn die Münchener SPD (1978) mit einem Schlag 15% der Stimmen verliert, den Oberbürgermeister, den sie 30 Jahre lang ununterbrochen stellte, die absolut Mehrheit – und damit die entscheidende politische Gestaltungsmöglichkeit« – und dies ganz wesentlich deshalb, weil Georg Kronawitter, der als Oberbürgermeister und Nachfolger Vogels die Stadt 6 Jahre lang erfolgreich regiert hatte, nach Auffassung der linken Mehrheit der Partei als Kandidat »nicht mehr vermittelbar« war[1]. Der »linke« Kandidat freilich war der Mehrheit der *Bevölkerung* nicht »vermittelbar«.

2. Die Apathie, insbesondere das fast totale, von Horst Heimann analysierte[2] Theoriedefizit der SPD-Mehrheit auf lokaler wie auf Bundesebene ermöglichte auch innerhalb der Jungsozialisten im Laufe der siebziger Jahre den Durchmarsch kleiner marxistischer Weltanschauungsgruppen – wobei antireformistische, dem Sozialistischen Büro nahestehende Gruppen mit sowjetmarxistischen (»Stamokaps«) im Wettbewerb standen, gegenüber der reformsozialistischen Linken aber sich seit 1977 verbündeten. War diese reformsozialistische Linke (»Bundesvorstandslinie«) 1969 noch als Ergebnis eines breiten links-sozialdemokratischen Konsens' – also nicht aufgrund von Kader- und Fraktionsarbeit

---

1 a.a.O., S. 11; 5.

2 Horst Heimann, Theoriediskussion in der SPD. Ergebnisse und Perspektiven. Frankfurt/Köln (EVA) 1975, hat im einzelnen gezeigt, daß viele Jungsozialisten im Bemühen um eine anspruchsvolle demokratisch-sozialistische Neuorientierung und Perspektive von der theoretisch desinteressierten, »apathischen« Partei weithin im Stich gelassen wurden und daß daher »Theorieimporte« besonders seitens des Sozialistischen Büros und der Sowjetmarxisten (Stamokap) nicht nur ein theoretisches Vakuum zu füllen schienen, sondern auch die Basis für antireformistische Einflußstrategien schufen, die sich bald gegenüber den theoretischen Ansprüchen verselbständigten: vgl. insbesondere S. 148–262.

der Anhänger anti-sozialdemokratischer »Theorie-Importe« – zustande gekommen, und hatte sie auf dieser Basis erheblichen partei- und kommunalpolitischen Einfluß geltend machen können, so hatten die dogmatisch-marxistischen Zirkel seit Mitte der siebziger Jahre die Konfrontation mit eben dieser links-sozialdemokratischen Position an die Stelle einer partei- und außenwirksamen demokratisch-sozialistischen Politik gesetzt. Das Ergebnis war die hochgradige Paralyse der jungsozialistischen Arbeit und ihres öffentlichen Einflusses – bis hin zur Absetzung eines ihrer Vorsitzenden (Benneter) wegen dessen allzu DKP-freundlichen Einstellungen. (Vgl. dazu die exemplarische Darstellung, Kap. 2.5.)

3. Alle diese Beispiele freilich erscheinen harmlos im Vergleich zu der Apathie auf der einen Seite und der links-aktivistischen Kaderpolitik auf der anderen Seite, die zur Systemveränderung und schließlich zur Spaltung in der britischen Labour-Party geführt haben[1]. Dieses große aktuelle Beispiel für den Durchmarsch einer entschlossenen linken – übrigens wohl nicht primär sowjetmarxistischen – Minderheit ist in mehrerlei Hinsicht ein Lehrstück in unserem Zusammenhang.

Die erste – hier geradezu überdimensional zutage tretende »Lehre«, in Kronawitters Beschreibung bereits angedeutet, ist: daß nicht etwa *vorhanden* gewesene verbandsdemokratische Verhältnisse erst durch »dogmatische Linke« zugunsten ihrer Kaderdiktatur umgestürzt werden, sondern, formal-strukturell gesprochen, lediglich *eine* Form linker Elitenherrschaft durch eine *andere* abgelöst wird[2]. Das »Katastrophale« dabei ist, in England wie hier, erstens die Inanspruchnahme und zugleich Pervertierung der Demokratisierungsidee durch die neuen linken Kader, und zweitens die Tatsache, daß die »rechten« Eliten, meist aus

---

1 Vgl. zusätzlich zur hier zitierten Berichterstattung vor allem noch: Georg Clark, Social Democrats begin their political crusade, in: The Times vom 27. 3. 1981; Werner Sabiers, Auszug in die politische Wüste. Nach dem Sieg der Linken in Wembley droht der Labour-Party eine Spaltung, in: Vorwärts vom 29. 1. 1981; Edwin Roth, Quittung für Labour-Linksdrall. Sozialdemokratische Partei verändert politische Szenerie Englands, in: Tagesspiegel vom 28. 3. 1981, ferner den Nachtrag 6!

2 Vgl. zur Bedeutung von tonangebenden Gruppen und Cliquen in der SPD die umfassende Untersuchung von Ferdinand Müller-Rommel: Innerparteiliche Gruppierungen. Eine empirische Studie über informell-organisierte Gruppierungen in der SPD von 1969–1980; Opladen/Köln 1981.

staatlichen (kommunalen), gewerkschaftlichen oder Parteifunktionen kommend, mit ihren pragmatischen Zielsetzungen *bisher* relativ näher am politischen Bewußtsein der Wählerbasis waren – die »linken« Eliten dagegen die Wählerbasis zu verlieren pflegen. (Was freilich keineswegs als Rechtfertigung eines platten tagespolitischen Pragmatismus mißverstanden werden sollte.)

Die – normative wie faktische – Partei-Verfassung der Labour-Party war, wie jetzt offenbar wird, auf geradezu abenteuerliche Weise demokratisch defizient, basisfern und apathiefördernd: Die Unterhaus-Fraktion, nicht der Parteitag wählte den Parteiführer, und die Abgeordneten galten in ihren Wahlkreisen, solange sie nicht von sich aus verzichteten, automatisch als wieder aufgestellt. Das örtliche Parteileben war u.a. auch aus diesen Gründen nahezu erloschen.

Kein Wunder, daß, ineins mit der Krise des von der gemäßigten Führungselite nach '45 entwickelten »Wohlfahrtsstaat«-Kurses, eine sich formierende, durchaus vielgestaltige, wenn auch im Kern vielfach militant-marxistische Parteilinke, mit der Leitfigur Anthony Wedgewood-Benns an der Spitze, sich als *Gegenelite* formierte und, mit Unterstützung oder zumindest Duldung der Mehrheit der mächtigen Gewerkschafts-Stimmblöcke in der Labour-Party[1], ohne große Mühe im Laufe der letzten Jahre die »Basis« eroberte – ganz ähnlich wie es in kleinerem Maßstab der Linken im Münchener Beispiel gelang.

Und »im gleichen Zuge, wie der aktivistische linke Flügel die Ortsvereine erobern konnte (was bei der traditionell geringen Teilnahme der Parteimitglieder an Sektionsversammlungen nicht sehr schwierig war), richtete er seine Anstrengung darauf, die tradierten Privilegien der überwiegend gemäßigten Unterhaus-Fraktion zu beseitigen.«[2] Seit den Parteitagen (Oktober '80 und Januar '81), auf denen die Mehrheit – mit Unterstützung gewerkschaftlicher Blockstimmen – einen extrem linken Vorstand wählte, müssen sich die Unterhausabgeordneten der Wahl durch ihre Wahl-

---

[1] Die britischen Gewerkschaften, die Anfang des Jahrhunderts die Labour-Party gegründet und seitdem weitestgehend finanziert haben, haben das satzungsgemäße Recht, eine ihren Finanzierungsleistungen entsprechende Zahl von Stimmen auf den Parteitagen geltend zu machen. Mit diesen Millionen fiktiver Stimmen können die großen Gewerkschaften, bzw. ihre Führer, die Parteitage beherrschen.

[2] G. Gillessen, Die Gewerkschaften haben den Linken in der Labour-Party den Sieg nur geliehen, in: FAZ v. 28. 1. 1981.

kreisorganisation stellen, und der Parteiführer wird nicht mehr allein von der Fraktion, sondern unter Beteiligung von Delegierten der Basis und der Gewerkschaften gewählt. Ein längst fälliger Sieg des – von Tony Benn oft beschworenen – Demokratisierungs-Prinzips, so wird man, prima facie, sagen. Aber »die lokalen Parteiausschüsse in Großbritannien werden von den Linksextremen beherrscht. Sie sind eine Minderheit in der Labour-Party, doch sie beherrschen viele Wahlkreisparteien, *weil sie bereit sind, immer zu allen Parteiversammlungen zu kommen, und die Routinearbeit der Partei zu tun.* Denn für diese Leute ist marxistische Politik nicht nur die liebste Freizeitbeschäftigung, sondern auch eine Art Religion«[1].

Wenn der Korrespondent des »Tagesspiegel« mit seiner Einschätzung auch polemisch überziehen mag – im Kern stellt er *exakt dasselbe Zusammenspiel von Apathie der Organisationsmehrheit und Durchmarsch einer kadermäßig geschulten und aktiven Minderheit fest, das wir als Kernproblem des gesamten hier beschriebenen, drohenden Zusammenbruchs des Demokratisierungs-Konzepts ausgemacht haben. An Stelle von wirklich durchgesetzter »Basisdemokratie«:* auch in Großbritannien *Machteroberung einer aktiven (nicht immer, aber oft: links-dogmatischen) Minderheit.* Und auch hier – nun freilich im nationalen Maßstab: Zerstörung der Einheit, Geschlossenheit und Mehrheitsfähigkeit der linken Organisationsstruktur: »Heute steht die britische Labour-Party links von der italienischen kommunistischen Partei. Die die Labour-Party unterstützende Tageszeitung ›Daily Mirror‹ schrieb gestern unter der großen Schlagzeile ›Triumph des Wahnsinns‹ in ihrem Leitartikel: ›Frau Thatcher könnte ruhig den Konservativen-Parteitag nächste Woche absagen. Der Labour-Parteitag hat ihre ganze Arbeit für sie getan.‹«[2] Wenige Wochen später erfolgte *die Spaltung der Labour Party und die Gründung einer »Social Demokratic Party«,* die in kürzester Zeit außergewöhnliche Sympathie-Kundgebungen und Parteibeitritte[3] registrieren konnte, und

---

[1] Edwin Roth, Harte Absage an die EG. Stärkung der Labour-Linken auf dem Parteitag in Blackpool, in: Tagesspiegel vom 3. 10. 1980. Hervorhebung von uns; d. Verf.

[2] ebenda

[3] Laut »Dokumentation und Analyse« Mai 1981, S. 21: »Ende März offiziell gegründet, erhielt die neue Partei bis Mitte April mehr als 44000 Mitglieder; mehr als umgerechnet 1,9 Mio. DM an Spenden (einschl. der Mitgliedsbeiträge in beliebiger Höhe).«

die ernsthafte Chancen haben soll, gemeinsam mit den Liberalen bei künftigen Wahlen eine Parlamentsmehrheit zu gewinnen[2].

Man sollte die »katastrophale« Wirkung des »Kippens« etablierter Organisations-Machtverhältnisse (mitsamt ihren altetablierten Eliten) und der neuen Spaltungen in der Arbeiterbewegung vielleicht nicht überdramatisieren: Könnten sie nicht zu Klärungen innerhalb der Linken führen, zu einer offenen Vielfalt, die, falls ihre organisatorischen Elemente koalitionsfähig bleiben, politisch redlicher und demokratietheoretisch wünschenswerter sein mögen, als die – alle inneren Differenzierungen platt walzenden – »Einheits«-Gewerkschaften und »Volks«-Parteien?

Dies mag generell eine Perspektive sein. Das Risiko freilich ist in *unserem* Untersuchungsfall (zu dem wir hiermit zurückkehren) weitaus größer: Wenn nicht einfach irgendeine linke Machtergreifung stattfindet, sondern eine *sowjetkommunistische,* die in diesem Lande keinerlei Basis in der Wählerschaft hat, so könnte das Ergebnis sehr wohl nicht eine sinnvolle Aufgliederung, sondern *nur* die Aufspaltung, die Organisationsschwächung und *schließlich die Zerstörung eines linken Organisations- und politischen Machtpotentials sein.* Die Opferung des Einheitsgewerkschafts-Prinzips zu Gunsten sowjetkommunistisch dominierter und eindeutig nicht-kommunistischer Gewerkschaften könnte zu einer Zerreißprobe der Gewerkschaftsbewegung werden, die auf Kosten jener dringend notwendigen geschlossenen Gegenmachtbildung sich vollzieht, deren die abhängig Arbeitenden bedürfen.

Im 4. Teil – Schlußfolgerungen – werden wir daher nicht zuletzt einige essentials organisations- und insbesondere satzungspoliti-

---

[2] Inzwischen scheint ein sensationelles Nachwahlergebnis diese Chancen zu erhärten:
»Die erst vor vier Monaten ... gegründete *Social Democratic Party* (SPD) überbot bei ihrer ersten Teilnahme an einer Nachwahl in dem denkbar ungeeigneten Industrie-Wahlkreis Warrington (in Mittelengland) selbst die optimistischsten Erwartungen und kam, den ihr vorausgesagten Stimmenanteil von 30 Prozent weit übertreffend, auf 42, 5 Prozent ...
In einem Drei-Parteien-System, wie es jetzt etabliert erscheint, ergeben vierzig Prozent der Stimmen ... nicht zugleich vierzig Prozent der Mandate, sondern weit eher eine absolute Mehrheit an Sitzen. Die grobe Faustregel ... lautet: Bei 34 Prozent beginnen die großen Chancen ... und bei 39 oder 40 Prozent winkt bereits die absolute Mehrheit an Mandaten.« (Süddeutsche Zeitung vom 16. 7. 81)
Übrigens scheint der orthodox-kommunistische Einfluß in der Labour Party zuzunehmen – vgl. Nachtrag 6!

scher Art vorlegen (vgl. S. 184ff.), die – weit über die Gewerkschaften hinaus – in allen von Unterwanderung bedrohten gesellschaftlichen Organisationen, Initiativen, Redaktionen, Bildungs- und Kultureinrichtungen als unabdingbare Regeln werden eingeführt werden müssen, soll mit dem »Durchmarsch« entschlossener, hochaktiver Minderheiten die Idee und der gesamte Prozeß der Basisdemokratisierung nicht in wesentlichen Bereichen mit deren Selbstzerstörung enden.

4. Teil:

Schlußfolgerungen für die Bildungs- und Organisationsarbeit – Appell an die Öffentlichkeit

Ohne Zweifel ist der Sowjetmarxismus ein Problem politikwissenschaftlicher und speziell innersozialistisch-theoretischer Kritik, die in die politische Bildungs- und Organisationsarbeit eingehen sollte. An dieser Stelle muß es genügen, zunächst in Thesenform noch einmal die Hauptdefizite der sowjetkommunistischen Theorie und Praxis zusammenzufassen um, davon ausgehend, einige Schwerpunkte für die Aufgaben einer ideologiekritischen Aufklärung in der politischen und gewerkschaftlichen Bildungsarbeit zu benennen (4.2.). Ferner ergeben sich grundlegende organisations- und satzungspolitische Konsequenzen (4.3.) – vor allem aber – wichtiger als alles andere – bislang völlig vernachlässigte Wächterfunktionen einer demokratischen Öffentlichkeit (4.4.).

4.1. Kommunismus-Kritik und politische Bildungsarbeit

Eingehende Analysen der sowjetmarxistischen Ideologien[1] haben ergeben:

1. Sowjetmarxismus ist trotz demokratischer Bekenntnisse antidemokratisch:
- er beschwört zwar die »Verteidigung der demokratischen Grundrechte«, die parlamentarische Demokratie lehnt man jedoch als »bürgerliche Demokratie«, d.h. als »Herrschaftsform des Kapitals« ab;
- er setzt mit dem Ideal der »sozialistischen Demokratie« die Herrschaft der Arbeiterklasse, bzw. ihrer parteipolitischen »Avantgarde« an die Stelle einer Mehrheitsherrschaft auf der Basis allgemeiner freier Wahlen;
- er erhebt die Sowjetunion mit ihrer undemokratischen Herrschaftsstruktur zum Leitbild eines sozialistischen Staatswesens.

---

[1] Vgl. deren ausführliche Darstellung in: »Der Marsch der DKP . . .«, Kapitel V – IX, S. 121–206.

Politische Wissenschaft und Bildungsarbeit haben deshalb die Aufgabe, die Widersprüchlichkeit der sowjetmarxistischen Demokratie-Theorie und Praxis gründlich zu analysieren und – vor allem in der gewerkschaftlichen und sozialistischen Bildungsarbeit – zum Bewußtsein zu bringen: ständig von Demokratie redend, sich auf Demokratie berufend, hängen Sowjetkommunisten gleichwohl antidemokratischen politischen Grundsätzen, Strukturen und Praktiken an. Um so unzweideutiger muß gewerkschaftliche und demokratisch-sozialistische Theorie wie Bildungsarbeit die *Verfassungsordnung der parlamentarischen Demokratie* als unabdingbare Grundlage jeder Gesellschaftsreform und Gewerkschaftspolitik bewußt machen.

2. Sowjetmarxismus ist Leninismus und daher eine Verfälschung des Marxismus:

Der Sowjetmarxismus enthält zwar marxistische Theorieelemente und redet unentwegt in marxistischen Wendungen, in entscheidenden Aussagen aber steht er in unaufhebbarem Widerspruch zur Lehre von Marx:

- Die Arbeiterschaft als politischer Akteur wird entmündigt und die politische Macht auf eine zentralistische, elitäre und totalitäre Parteibürokratie übertragen.
- Die nicht-revolutionäre, reformpolitische Entwicklung der westdeutschen Arbeiterbewegung wird aus personalen, bzw. ideellen statt materiellen Faktoren erklärt: aus dem »Verrat« von »rechtssozialdemokratischen« Führern (Männer machen Geschichte!) und deren falschen, reformistischen Ideen statt aus den veränderten sozio-ökonomischen Bedingungen.
- Die »klassenlose Gesellschaft« und die freie Selbstverwaltung der Produzenten als sozialistische Zielvorstellungen werden aufgegeben und ersetzt durch das totalitär-zentralistische Herrschafts- und Ideologiesystem der UdSSR als Leitbild jedes Kommunisten.

Es muß klar werden: *Die DKP und ihre Freunde betreiben mit der für viele aktive Linke durchaus noch maßgeblichen marxistischen Theorie des Sozialismus einen Etikettenschwindel. Sie treten auf als die allein noch ungebrochenen, »getreuen« Wahrer des »revolutionären« marxistischen Erbes, obwohl sie die marxistische Lehre in entscheidenden Punkten ihrer analytischen und freiheitlich-emanzipativen Gehalte zugunsten der leninistischen Sowjetideologie beraubt haben.* Nur indem Ideologiekritik und Bildungsarbeit die Vertreter des Sowjetmarxismus des sozialistischen Heiligenscheins entkleiden, als seien sie die einzigen Sachwalter der »wahren«, marxistischen Theorie und Praxis des Sozialismus in der Bundesrepublik, wird die Diskussion mit ihnen real und nüchtern.

3. Sowjetmarxismus verewigt marxistische Irrtümer:

Während in DKP-nahen Schriften *einerseits* marxistische Theorien und Zielvorstellungen verfälscht werden (s. o.), wird *andererseits* gerade an solchen (vulgär)-marxistischen, bzw. leninistischen Vorstellungen wie an unbezweifelbaren Glaubenssätzen festgehalten, die in der unabhängigen marxistischen Theorie längst als zweifelhaft oder irrig, bzw. überholt gelten; z. B.

- hält man fest an einem wissenschaftlich naiven und intoleranten Begriff von alleinrichtiger, gültiger Erkenntnis der Welt durch die »marxistisch-leninistische Weltanschauung«, die die »objektive Realität« richtig »widerspiegelt« (was Unterdrükkungsmaßnahmen gegenüber Andersdenkenden legitimiert)
- behauptet man nach wie vor einen angeblich *»naturnotwendigen« Ablauf* der Geschichte, der durch unvermeidliche kapitalistische Krisen hindurch zur revolutionären Umwälzung und zur »Diktatur des Proletariats« – damit aber ebenso notwendig zum Sieg des Sozialismus führt;
- hält man fest an einem ökonomistischen Gesellschafts- und damit Politikverständnis, dem unser gesellschaftliches System als Marionettentheater erscheint, in dem alle und alles an den Fäden des allmächtigen Spielers »Monopolkapital« hängen, der vom willigen Diener »Staat« unterstützt wird.

Dies fixiert das sozialistische Denken auf die Sozialisierung des großen Kapitals als die allein entscheidende revolutionäre Wende und Bedingung des Sozialismus. Damit werden alle anderen Veränderungsstrategien, etwa im Bildungssektor, im Parlamentarismus, in der Arbeitsorganisation, in der Familie, in der Qualität des kommunalen und Organisationslebens, in der staatlichen Verwaltung etc. als bloß »bürgerliche« Reformen abgewertet, denen die Phase der »eigentlichen«, revolutionären sozialistischen Umwälzung erst noch folgen muß. Diese Abwertung macht auch die Bekenntnisse der Sowjetmarxisten zu einer »antimonopolistischen Bündnispolitik« widersinnig, da nach ihrem eigenen Begriff von parlamentarischer Demokratie als politischer Herrschaftsform des Kapitals diese von ihnen angestrebten Bündnisse und Koalitionen zu systemverändernder, sozialistischer Politik grundsätzlich nicht fähig sein können. Politische Wissenschaft und Bildung haben genau diese Widersprüche: das unglaubwürdige Verhältnis zur Demokratie und die politisch lähmenden Wirkungen zum Bewußtsein zu bringen, die der dogmatische Marxismus in der Form der DKP-nahen Ideologien hervorbringt.

Die hiermit ausgesprochenen Herausforderungen an die linke Theorie- und Bildungsarbeit provozieren natürlich zugleich die Frage, wo die personellen Kräfte und die theoretischen Vorleistungen zu finden sind, mit deren Hilfe die notwendige Auseinandersetzung geführt werden kann; angesichts weithin mangelnder Ansätze in unserer (linken) Politischen Wissenschaft und Bildung zu solcher kritischen Analyse der sowjetmarxistischen Ideologien eine ebenso heikle wie brisante Frage.

Deshalb verdient an dieser Stelle eine wissenschaftliche Initiative erwähnt zu werden, deren Studientexte und personelle Potentiale von allen Interessierten genutzt werden können: die *»Hochschulinitiative Demokratischer Sozialismus«*. Dieser Theorie-Arbeitskreis, dem über 300 Wissenschaftler, Pädagogen und Publizisten angehören, ist 1975 mit dem Ziel gegründet worden, für die Politische Wissenschaft und Bildung Grundlagen zu erarbeiten, die sich nicht im sozialliberalen Pragmatismus erschöpfen, vor allem aber eine Alternative darstellen zu jenem praxisfernen dogmatischen Marxismus, wie er in der Akademischen Linken in den letzten zehn Jahren Mode geworden ist und insbesondere im Sowjetmarxismus zu einem katechismusartigen Schulungs- und Herrschaftsinstrument wurde. Die Arbeit der Hochschulinitiative hat ihren Niederschlag in allgemeinverständlich geschriebenen »Studientexten«[1] gefunden, die wesentliche Grundlagen bieten,

---

[1] Die bisherigen »Studientexte« sind außer Bd. 10 in der Europäischen Verlagsanstalt (EVA) erschienen und haben folgende Titel:

1. Autorenteam der HDS, Zur Einführung in die Theorie des Demokratischen Sozialismus
2. Gerhard Kiersch, Reimund Seidelmann (Hrsg.), Sicherheit und Entspannung in Europa. Die Antwort des Demokratischen Sozialismus
3. Karl Georg Zinn (Hrsg.), Strategien gegen die Arbeitslosigkeit
4. Fritz Vilmar, Karl Otto Sattler, Wirtschaftsdemokratie und Humanisierung der Arbeit

um den Sowjetmarxismus durch sachliche Kritik und positive Alternativen zu widerlegen. Im übrigen bleibt abzuwarten, ob sich das Sozialistische Büro, ganz absorbiert von seiner dogmatischen Ablehnung sozial-liberaler und reformsozialistischer Politik und Theorie seitens einiger seiner führenden Theorieproduzenten, dazu hinreißen läßt, nach dem Motto »Antireformisten aller Fraktionen vereinigt Euch« zu einer derart wichtigen Auseinandersetzung zu schweigen – oder ob es einen öffentlich wirksamen und hilfreichen eigenen (nicht zuletzt gewerkschaftspolitischen) Beitrag leistet zur Unterscheidung eines *freiheitlichen Marxismus*[1] von einem Marxismus, der sich zum Diener sowjetischer Selbstrechtfertigung und Herrschaftsansprüche herabwürdigt.

4.2. Schlußfolgerungen für die sozialdemokratische und gewerkschaftliche Bildungsarbeit

Die soeben nochmals in drei Schwerpunkten zusammengefaßte idologiekritische Auseinandersetzung muß naturgemäß insbesondere in SPD und DGB geführt werden. Bildungs-, satzungs- und organisationspolitische Maßnahmen müssen aber in der Verhinderung des »verdeckten« Machtgewinns, in der Identifikation und unerbittlichen sachlichen Kritik DKP-naher Personen, Gruppen, Medien, Initiativen, Komitees etc. bestehen, nicht dagegen in Ausschlüssen – solange eine Person oder Gruppe nicht *durch konkrete politische Aktionen* eindeutig und (schieds) gerichtsnotorisch gegen die Verbandssatzungen verstößt. Die *strukturell* antidemo-

---

(Forts. d. Fußnote v. S. 180)

5. Joseph Huber, Jiři Kosta (Hrsg.), Wirtschaftsdemokratie in der Diskussion
6. Christian Fenner, Ulrich Heyder, Johano Strasser (Hrsg.), Unfähig zur Reform?
7. Horst Heimann (Hrsg.), Dialog statt Dogmatismus
8. Gerhard Kiersch, Reimund Seidelmann (Hrsg.), Eurosozialismus
9. Johano Strasser, Grenzen des Sozialstaats?

10 Flechtheim/Rudzio/Vilmar/Wilke, Der Marsch der DKP durch die Institutionen (Fischer-TB)

11. Thomas Meyer (Hg.), Grundwerte und Gesellschaftsreform
12. Hans Kremendahl, Th. Meyer (Hg.), Menschliche Emanzipation. Rudolf Bahro und der Demokratische Sozialismus
13. W. Meißner, J. Kosta, J. Welsch, Für eine ökonomische Reformpolitik

[1] Die präziseste Gegenüberstellung der freiheitlichen und der zwangshaft-deterministischen Elemente in der Marx'schen Theorie lieferte Thomas Meyer: Der Zwiespalt in der Marx'schen Emanzipationstheorie, Kronberg 1973.

kratische Position des Sowjetmarxismus ist in offener und öffentlicher Kritik, in der politischen Informations- und Bildungsarbeit der Parteien und Verbände sowie durch strengere Verfahrensregeln bei Gremienwahlen etc. ins allgemeine Bewußtsein zu bringen, nicht aber administrativ zu bekämpfen – solange sie sich nicht *ausdrücklich* gegen die Satzungen der Verbände richtet.

Die wichtigste Folge ist selbstverständlich, daß eben diese Auseinandersetzung mit aller Entschiedenheit in der SPD (vor allem bei den Jusos) und im DGB zum Bildungsschwerpunkt gemacht wird. Für diese Bildungsarbeit, aber auch für eine wohl unabdingbare Ergänzung in der Satzung der SPD wäre es schon ein großer Schritt nach vorn, wenn die Partei und die reformsozialistischen Gruppen der Jungsozialisten so rasch wie möglich die grundlegenden Gegensätze zwischen Demokratischem Sozialismus und Sowjetmarxismus in einem verbindlichen Positionspapier für alle Mitglieder herausarbeiteten. Daß dies klar und deutlich, auch zusammengefaßt formulierbar ist, zeigt das folgende Tableau[1]:

Demokratische Sozialisten	*Sowjetkommunisten*
– begreifen *Sozialismus* als *ständige Aufgabe* unabschließbarer *Gesellschaftsreform*;	– begreifen *Sozialismus* als grundlegend hergestellt durch *Sozialisierung der Produktionsmittel* in einem *revolutionären Akt*;
– orientieren sich an *Grundwerten,* über deren politische Umsetzung immer neu *Übereinstimmung* (»Konsens«) erzielt werden muß;	– orientieren sich an *marxistisch-leninistischer Kenntnis* des Geschichtsablaufs;
– begreifen die *Verfassung* der *parlamentarischen Demokratie* als unabdingbare politische Norm;	– begreifen *Parlamentarismus« als »bürgerliche Demokratie«,* daher *nicht* als unabdingbare politische Norm;
– lehnen daher die *Sowjetunion* als *Sozialismusmodell* ab.	– akzeptieren dagegen die *Sowjetunion* als Vormacht und *Vorbild des Sozialismus.*

[1] nach »Der Marsch der DKP . . .« S. 173.

Der Linken insgesamt sollte vor Augen geführt werden, daß Solidarität mit der DKP/SEW politische Selbstaufgabe ist, daß Solidarität für sie kein Verhalten auf Gegenseitigkeit, sondern nur das Ausnutzen von »nützlichen Idioten« ist: wenn diese Partei mit als Bündnispolitik getarnter Infiltration Gewerkschaftssektionen oder Vereinigungen der Linken, Komitees unterwandert, die Führung an sich reißt und die undogmatische Linke hinauswirft; wenn sie Publikationsorgane der unabhängigen Linken (wie »Argument«, »Sozialistische Politik«, »Stimme der Gemeinde«, »Konkret«) übernimmt oder wenn sie im universitären Bereich gegen andere Linke Berufsverbote fordert, oder sogar de facto in Berufungskommissionen exekutiert.

Die Gewerkschaften sind, wie gezeigt, in hervorragendem Maße zum Aktionsfeld sowjetmarxistischer Einflußstrategien geworden. In ihnen vor allem sind Defizite an offener Auseinandersetzung mit der Sowjetideologie, an unmißverständlicher Kritik sowjetkommunistischer Unterwanderungstaktik offenbar geworden, die durch die peinlichen Beschwichtigungsversuche bestimmter Gremien und einiger Vorstandsmitglieder (vor allem von Benz und Preiß in der IG Metall, D. Hensche in der IG Druck, Georgi in der IG Holz, Schwegler in der HBV) nur noch deutlicher wurden. Auch in den Gewerkschaften ist ein breiter Bewußtseinsbildungsprozeß über Taktik und Ideologie der Sowjetkommunisten das Wichtigste[1].

Der Vorstand des Deutschen Gewerkschaftsbundes ist angesichts dieser höchst dringlichen und ungelösten Aufgabe daran zu erinnern, daß in seinem Archiv – als umfangreiches Manuskript gedruckt für alle DGB-Funktionäre – *eine in der Anlage vorbildliche Bildungsaktion dokumentiert vorliegt, die es lediglich zu überarbeiten und zu aktualisieren gälte:* Aufgrund eines Vorstandsbeschlusses vom 4. Juli 1960 wurden neun »Ost-West-Seminare für die Kreis- und Ortsausschuß-Vorsitzenden des DGB« durchgeführt, in denen u. a. das »Sozialistische Machtsystem«, die »Sowjetische Deutschlandpolitik«, »Kommunistische Taktik und Diskussionstechnik mit Kommunisten«, »Die Lage der Arbeiter

---

[1] Man darf gespannt sein, ob der Vorschlag, den nach unseren Informationen Erich Frister (GEW) im Bundesvorstand einbrachte, das Thema der sowjetkommunistischen Einflußstrategien und -Ideologien zum Bildungsschwerpunkt zu erheben, in der nächsten Zeit verwirklicht wird.

in der DDR«, »Die Westarbeit des FDGB« etc. zur Diskussion standen. Der DGB-Vorsitzende Willi Richter ließ es sich nicht nehmen, mit einem – der Dokumentation eingefügten – Brief vom 25. Jan. 1962 den wichtigsten DGB-Funktionären den Abschlußbericht und die Referate zu übersenden mit der Feststellung: »Wie aus dem vorliegenden Bericht hervorgeht, sind diese Seminare als voller Erfolg unserer Ost-West-Arbeit zu bezeichnen, weshalb auch den Gewerkschaften empfohlen wird, ähnliche derartige Ost-West-Seminare für ihre hauptamtlich beschäftigten Mitarbeiter und Mitarbeiterinnen zu veranstalten, damit auch diese in die Praktiken und Taktiken des Kommunismus eingeweiht werden.«

Was hier an Aufklärungsarbeit – gerade auch in der gewerkschaftlichen Medien- und Bildungsarbeit – zu leisten ist, ist oben im allgemeinen bereits umrissen worden. Jedoch ergibt sich für die Gewerkschaften *darüber hinaus wohl die Notwendigkeit einer prinzipiellen Positionsbestimmung, d. h. einer offiziellen Klärung des Verhältnisses des Deutschen Gewerkschaftsbundes zur DKP- und DKP-nahen Gruppierungen.*

4.3. Schutz gegen Unterwanderung in den Satzungen und »Entkriminalisierung« der sowjetkommunistischen Position

Hier kommen wir zu einer weiteren sehr wesentlichen Schlußfolgerung. Es wäre naiv, von Bildungsmaßnahmen und Aufklärung allein einen Schutz gegen den Einmarsch und Machtgewinn zielbewußter sowjetkommunistischer – oder auch anderer ferngesteuerter – Kader und »Bündnispartner« zu erwarten. Es wird unabdingbar notwendig sein, in künftigen Satzungen von Partei- und Gewerkschafts(unter)organisationen, Studentengruppen, Initiativen etc. sowohl *Verfahrens*regelungen wie auch *inhaltliche* Bestimmungen aufzunehmen, die es erschweren, daß Kadergruppen »unidentifizierbar« und dank der Apathie der Mehrheit (die auf Mitglieder- und »Voll«-Versammlungen nicht erscheint) Machtpositionen erobern. Unsere entsprechenden Hinweise im »Marsch der DKP . . .« wurden immer wieder absichtsvoll dahingehend verfälscht, als zielten wir im Grunde auf »Ausgrenzung«, »Unvereinbarkeit«, personalpolitische Maßnahmen. Wir wollen daher hier noch einmal mit aller Deutlichkeit feststellen: Auch derjenige, der die inhaltliche Auseinandersetzung vorzieht, darf sich nicht so naiv stellen, daß er die Bindung von Organisationsmitgliedern an Satzungsregeln für unnötig hielte – allerdings müssen diese satzungsmäßigen Regelungen gerade nicht auf den »Rausschmiß« von Kommunisten hinzielen (es sei denn bei nachweislich organisationsschädigendem Verhalten), sondern: erstens auf die Verhinderung ihrer Manipulation von »Basisdemokratie« und zweitens auf die unabdingbare Verpflichtung, ihre politische Position offenzulegen. Und schließlich, wenn tatsächlich »Unvereinbarkeit« festgestellt wird, so können die damit verbundenen Sanktionen eine sehr abgestufte Folge von Maßregelungen beinhalten, deren letzte erst der Ausschluß sein muß.

Die erste Forderung im hier zu diskutierenden Zusammenhang ist, die basisdemokratischen Delegations-Verfahren so abzusichern, daß nicht die oben beschriebene Manipulation kleiner aktiver Kadergruppen weiterhin als »Basisdemokratie« firmieren kann. Zur Zeit erleben wir in der Tat, wie S. 163ff. dargestellt, in vielen Bereichen eine Pervertierung des gesamten Demokratisierungskonzepts, die deren Bestand überhaupt zerstören kann, wenn man nicht wirksamere Voraussetzungen für die Gewährleistung ihrer Prinzipien schafft. Gerade derjenige, der an der theoretischen Begründung und Durchsetzung dieses Konzepts einer Ergänzung der parlamentarischen Demokratie durch die Demokratisierung aller gesellschaftlichen Teilbereiche intensiv beteiligt war[1], muß nach einem Jahrzehnt der Praxis feststellen, daß zwar in zahllosen Fällen die durchgesetzte demokratische Mitbestimmung an der Entscheidungsbildung wirklich qualitative Fortschritte gegenüber der autoritären (Allein-)Herrschaft der etablierten Eliten gezeitigt hat, daß aber in anderen Bereichen die dargestellte Pervertierung zu einer kritischen Überprüfung und Revision des Procedere zwingt. Das bedeutet konkret:

1. Wo immer eine bestimmte *Minderheit* der Betroffenen Widerspruch gegen die Zusammensetzung ihrer durch Wahlen in »Basisversammlungen« zustandegekommenen Gremien, ihrer Vertreterschaft anmeldet (seien es nun Vertreter bzw. Gremien der Eltern, der Schüler, der Jugendgruppen – insbesondere Stadt- oder

---

1 Vgl. Fritz Vilmar, Strategien der Demokratisierung, Bd. 1: Theorie der Praxis; Bd. 2: Modelle und Kämpfe der Praxis, Darmstadt 1973.

Landesjugendringe! –, der Studenten, der Bürgerinitiativen oder der Belegschaften, der politischen oder gewerkschaftlichen Jugendverbände, der Lehrer oder Hausbesetzer oder Stadtteilbewohner ...) dort müssen *Neuwahlen unter strengeren Bedingungen stattfinden:* Anstelle einer Wahl durch die de facto Anwesenden oder Wählenden einer Gesamtheit (von Eltern, Betroffenen, Studenten, Mitgliedern ...), muß eine *Urwahl mit unabdingbarer Mindestbeteiligung oder Wahlpflicht treten*[1]. Außerdem muß die Möglichkeit einer *Auswahl* (mehr Kandidaten als zu Wählende) bestehen. Und *drittens* ist es unabdingbar notwendig, daß Kandidaten ihre politische Position und speziell ihr (Bündnis-)Verhältnis zur Sowjetunion und zum Sowjetkommunismus bei Strafe des Funktionsverlustes offen darlegen.

Nur durch konsequente Anwendung dieser beiden Mindestregeln kann *reale* Basisdemokratie in gesellschaftlichen Teilbereichen gesichert werden – an Stelle einer bloßen Farce von Basisdemokratie, bei der zwar von den Kadern die Basis beschworen, in Wahrheit aber nur eine kleine Minderheit in »Vollversammlungen« etc. mobilisiert wird, die bestenfalls eine Basis *symbolisieren* kann, in der Regel aber *zur Basis selbst* hochstilisiert wird. Dabei wird es, wohlgemerkt, nach wie vor viele Bereiche geben, wo die »Basis« auch durch solche »Voll«- oder Mitgliederversammlungen und deren Vertreter, Wahlakte, Resolutionen, Entscheidungen etc. sich adäquat widergespiegelt finden kann. Wo immer aber, wie gezeigt, kleine kadermäßig organisierte politisch extreme Minderheitengruppen durch ihre Aktivität solche »VVs« oder »MVs«, die nur einen kleinen Bruchteil der Basis ausmachen, dominieren, wird *ohne* Anwendung jener formulierten Regeln die Basisdemokratie, die gesellschaftliche Demokratisierung in ihr Gegenteil verkehrt: In die de-facto-Diktatur einer kleinen politischen Machtelite.

Bei der Formulierung des dritten Grundsatzes meldet sich natürlich sofort Zweifel, ob und wie man DKP-Anhänger und ihre Bündnispartner dazu bringen kann, ihren politischen Standort zu

---

[1] Entgegen verbreiteten Irrmeinungen ist die Wahlpflicht – wie andere staatsbürgerliche Pflichten auch – ein demokratisch absolut legitimes Mittel, um einer die demokratische Legitimationsbasis zerstörenden politischen Apathie entgegenzuwirken. Dasselbe gilt natürlich noch vielmehr von der Vorschrift einer Mindestbeteiligung an Wahlen, d.h. eines Mindestprozentsatzes von Stimmenabgaben als Voraussetzung für die Gültigkeit einer Wahl.

bezeichnen. Diese Zweifel sind um so berechtigter, als es in Friedenskampagnen, Jusogruppen, in der gewerkschaftlichen Jugend- und Bildungsarbeit wie an »fortschrittlichen« Hochschulen ja gerade deren Wille ist, unerkannt, »unidentifizierbar« zu bleiben, der die Auseinandersetzungen mit den DKP-Freunden und ihren Einflußstrategien so mühsam macht wie das Greifen nach etwas Qualligem – und so notwendig! Sicher jedenfalls ist, daß die normale Frage, welcher Partei oder welcher parteipolitischen Richtung einer »nahestehe«, hier wenig hilft, da in diesem Dunstkreis der »aufrechte Kommunist«, der sich zur DKP bekennt, eine höchst respektable Ausnahmeerscheinung ist, die meisten DKP-nahen Aktivisten aber eben, oft mit dem SPD-Parteibuch in der Tasche, sich nicht direkt zur DKP, sondern zum »fortschrittlichen«, »antimonopolistischen« Bündnis bekennen. Dies ist daher die entscheidende Standortbestimmung (und die Unterscheidung gegenüber wirklichen Sozialdemokraten und Demokratischen Sozialisten!): Daß die Sowjetkommunisten und ihre Freunde ein von den sozialistischen und demokratischen Grundwerten her *inakzeptables Leitbild des »Bündnisses« von Sozialdemokraten und Gewerkschaftern mit der DKP – d.h. immer auch: mit dem Gesellschafts- und Machtsystem Osteuropas – hegen.* Genau dieses muß daher künftig bei der Auswahl jungsozialistischer oder gewerkschaftlicher (oder wo immer zur Wahl stehender) Funktionsträger unerbittlich hinterfragt und geklärt werden – nicht um Personen *auszugrenzen* oder zu kriminalisieren, sondern schlicht, um den Wählenden Klarheit über deren Positionen zu verschaffen.

Um aber mit organisations- und satzungspolitischer Legitimation diese zentrale Frage stellen zu können und unwahre Antworten mit gravierenden Sanktionen bestrafen zu können, müssen SPD wie DGB inhaltliche Normen in ihre Satzungen aufnehmen.

Was die Sozialdemokratische Partei betrifft, so sollte es *klare Satzungsbestimmungen* geben: *Für Mitglieder der SPD, die nicht nur einige analytische Elemente der Stamokap-Theorie, sondern auch die sowjetmarxistische »antimonopolistische« Bündniskonzeption übernehmen und politische Aktionen oder Koalitonen mit DKP-Tarnorganisationen machen, muß schlicht gelten: daß dies mit der SPD-Mitgliedschaft unvereinbar ist,* und daß es als schwer parteischädigendes Verhalten offen und öffentlich artikuliert wird. Wobei »Unvereinbarkeit« keineswegs mit »Rausschmiß« gleichgesetzt werden muß, sondern *eine Folge von Sanktionen* nach sich ziehen kann: öffentliche Rüge, zeitweiliges Ruhen von Funktionen, bzw. der Wählbarkeit in Funktionen, zeitweilige Aberkenntnis des Stimmrechts etc. – bis hin zum Parteiausschluß: also eine flexible, versöhnungsbereite Partei-Ordnungsstrategie.

Was die Gewerkschaften betrifft, so müßte zumindest die Offenlegung der partei- und bündnispolitischen Position für Gewerkschaftsmitglieder, die sich für irgendeine Funktion zur Wahl stellen, unabdingbar satzungsmäßig verankert sein. Denn es nützt wenig, auf die formelle DKP-Mitgliedschaft abzustellen – im Gegenteil, die »offenen« Kommunisten sind gar nicht (oder am wenigsten) unser Problem. Fragwürdig also, weil nur noch mehr »Wegtauchen«, noch mehr »Panzerschrankkommunisten« erzeugend, ist der Rat einiger Gewerkschaften, keine DKP-Mitglieder zu wählen[1].

Weitaus bedeutsamer wäre eine ganz präzise satzungsmäßige Abgrenzung der Gewerkschaften von der sowjetkommunistischen Theorie und Praxis[2] *als einer mit den demokratischen und sozialen Grundsätzen, zu denen sich das DGB-Grundsatzprogramm bekennt, unvereinbaren,* und die Verpflichtung von Funktionären zur Offenlegung ihrer Position, aber *ohne* die DKP-(nahen) Positionen mit Sanktionen zu belegen. »Bestraft« werden sollte kein Gewerkschafter, weil er Kommunist ist, wohl aber, wenn er seine Einstellung zum »Sozialistischen Lager« und seiner Führungsrolle *verschweigt,* wenn er »Panzerschrankkommunist« ist.

Über eines freilich müssen sich alle Beteiligten im klaren sein: Wenn wir einerseits alles dazu tun müssen, in den linken Diskussionen das vernebelnde Gerede von »fortschrittlichen Kräften«, »antifaschistischen« oder »antimonopolistischem« Bündnis, »Marxisten in der SPD« etc. – also die Sucht der Sowjetkommunisten und ihrer Freunde in SPD und DGB, »unidentifizierbar«

---

[1] Bei der Postgewerkschaft und NGG gibt es entsprechende offizielle Empfehlungen, und in der IG Chemie äußerte sich der 1. Vorsitzende ähnlich: »Ich plädiere nicht für eine Wiederholung der organisatorischen Maßnahmen von 1953 ... Ich sehe aber auch keinen vernünftigen Grund, DKP-Mitglieder und -Funktionäre etwa zur Mitarbeit in unserer Organisation zu ermuntern. Ich persönlich würde nie und nirgendwo durch meine Stimme einem DKP-Mitglied oder -Funktionäre Einfluß in irgendeiner gesellschaftlichen Organisation verschaffen. Ich würde auch keinem Mitglied oder Funktionär unserer Gewerkschaft empfehlen, das zu tun.« (Karl Hauenschild, a. a. O. vgl. S. 10)

[2] Die bloße Nicht-Einbeziehung der Kommunisten – s. S. 66ff. – in der Präambel des DGB-Programms nützt hier wenig.

zu bleiben – zu durchkreuzen – wenn wir rückhaltslos darauf bestehen müssen, daß diejenigen, die innerhalb oder außerhalb der DKP das Bündnis mit dem kommunistischen Machtsystem Osteuropas für progressiv und notwendig halten, in allen politischen, gewerkschaftlichen und wissenschaftlichen Organisationen offen dazu stehen, *so müssen wir andererseits mit gleicher Entschiedenheit darauf bestehen, daß diese sowjetkommunistische Position künftig zwar ebenso offen kritisiert, nicht aber länger kriminalisiert werden kann.* Denn es wird bei der Kritik kommunistischer Unterwanderung allzu oft übersehen (und vielleicht haben wir es sogar in unserer Darstellung über den »Marsch der DKP ...« nicht deutlich genug herausgearbeitet), daß es einen dialektischen Zusammenhang gibt zwischen jenen Methoden des verdeckten, sich einnebelnden Kampfes und Machtgewinns einerseits und der Kriminalisierung der sowjetkommunistischen Option – der Bedrohung von Sowjetkommunisten mit Berufsverbot, öffentlicher Verketzerung etc. andererseits.

Zugegebenermaßen ist es für normale Bürger, insbesondere aber für Demokratische Sozialisten, schwierig, denjenigen, der ein pseudosozialistisches Diktaturregime idealisiert – ein Regime, das sich tagtäglich unzähliger Verbrechen gegen die Menschenrechte schuldig macht, die in keiner der kapitalistischen Demokratien mehr möglich sind –, nicht auch selbst einer illegalen, einer im Sinne der Verfassungs- und Menschenrechte »kriminellen« Position zu bezichtigen. Hier jedoch gilt es, wie uns scheint, mit Entschiedenheit die kleine Zahl derer, die in der Tat als Zyniker parteipolitisch-diktatorischer Machtausübung im sowjetkommunistischen Einzugsbereich tätig sind, von der großen Mehrheit derer zu unterscheiden, *die mit subjektiver Redlichkeit, wenn auch, nach unserer Auffassung, mit vollkommen falschen Vorstellungen über das »sozialistische Lager« und/oder über demokratische und sozialistische Grundregeln und Grundwerte, daran glauben, daß linke Politik in der weltweiten Auseinandersetzung zwischen dem US-amerikanischen und dem sowjetrussischen Machtzentrum nur möglich ist, indem man sich »irgendwie« dem »sozialistischen Lager« verbündet.*

Nur in dem Maße, wie in der Bundesrepublik auch Sowjetkommunisten bis zum Beweise des Gegenteils (also direkt-landesverräterischer Tätigkeit im Dienste der Sowjetunion bzw. SED) die subjektive Redlichkeit ihres politischen Denkens und Handelns zugebilligt wird, so daß sie ohne Angst vor Berufsverboten und öffentlicher Kriminalisierung ihre politischen wie ihre Lebens- und Berufschancen wahrnehmen können – nur in dem Maße wird die allerdings unabdingbar notwendige Forderung nach jederzeit offener Darlegung und unverschleierter Vertretung ihrer Position realisierbar.

Wie bedeutungsvoll dieser Prozeß der »Entkriminalisierung« der unter uns lebenden Kommunisten ist, zeigt die angstvolle, schrille Reaktion eines Betroffenen, der in der »Neuen« (13. 3. 81) die Autoren des »Marschs der DKP . . .« beschimpft, hauptsächlich eben darum, weil sie so unmenschlich sind, von ihm und seinen Gesinnungsgenossen offenes Einstehen für ihre Position zu fordern. Eric Nohara schreibt: »Der Hauptvorwurf gegen DKP-Mitglieder und -Anhänger (also, um es noch einmal in Erinnerung zu rufen, gegen Stamokap-Jusos, Falken etc.) ist deren Auftreten in verdeckter Form (»ohne ihre kommunistische Position offen darzustellen«). Damit, so argumentieren die vier, würde die Linke ungeheuer beeinträchtigt . . .

Aber es gehört abgrundtiefe Dummheit oder Für-Dumm-Verkaufen-Wollen dazu, den DKP-Leuten oder ihren Sympathisanten beispielsweise in der SPD (denn auch so etwas gibt es im Einzelfall) vorzuwerfen, daß sie sich nicht mit freier Brust zu ihrer Überzeugung bekennen, um dafür dann ihren Beruf zu verlieren bzw. ihn gar nicht erst antreten zu können.«

Allerdings muß sich Eric Nohara fragen lassen, ob er sich selbst nicht auch ein wenig dumm stellt. Denn einen anderen, mindestens ebenso wesentlichen Grund, warum die Sowjetkommunisten und ihre Freunde sich »nicht mit freier Brust zu ihrer Überzeugung bekennen«, »vergißt« er: ihr wohlberechnetes Kalkül, daß nur wenige sie wählen, sich mit ihnen verbünden, ihre Resolutionen unterschreiben würden, wenn sie sich offen zu ihrer politischen Heimat oder Bündniskonzeption bekennen würden.

4.4. Wächterfunktionen einer demokratischen Öffentlichkeit

Niemand sollte sich Illusionen machen über die Realisierungschancen der in den beiden letzten Abschnitten skizzierten Strategien gegen eine sowjetkommunistische Unterwanderung. Solche möglichst konkreten Vorschläge zu machen und damit betroffene Organisationen in einer kooperativen und kritsch-solidarischen Form nicht nur auf Verantwortlichkeiten, sondern auch auf realistische Handlungsmöglichkeiten hinzuweisen, halte ich zwar für eine unabdingbare Aufgabe von Politikwissenschaft, die nicht selbstgenügsam in – letztlich steriler – Analyse verharren will; und es ist auch sicher, daß einiges an Gegenmaßnahmen, an demokratischer Wachsamkeit in Gang kommen wird.

Aber die – nicht zuletzt in diesem Buch dokumentierten – Mechanismen des Untern-Teppich-Kehrens, die Methode Biedermanns: »Beseitigung« der sowjetkommunistischen Gefahr durch Nichtbeachtung (plus Verketzerung der Warner) muß leider auch in Zukunft in linken Organisationen, Initiativen und Gremien als sehr wirksam eingeschätzt werden. Alle Bürokratien, und speziell die politischen bzw. gewerkschaftlichen, neigen dazu, ihre inneren Konflikte und Kontroversen mit dem Stempel »streng geheim« zu versehen; die linken machen da keine Ausnahme. Weitaus schlimmer, bedrohlicher aber ist etwas weiteres: *Interner Gruppendruck und teilweise ganz konkrete Abhängigkeiten – z. B. Furcht, nicht genügend Stimmen für eine Wiederwahl zu bekommen – haben gerade in stark unterwanderten Organisationsbereichen zu einer derartigen Konfliktunfähigkeit der verantwortlichen Funktionäre (die selbst keineswegs sowjetkommunistisch orientiert sein müssen) geführt, daß sie eine Auseinandersetzung mit den DKP-Freunden und ihren Strategien nicht mehr riskieren.*

Ich komme aufgrund all dieser Erfahrungen und Indizien zu der wichtigsten der in diesem Teil formulierten Schlußfolgerungen: *daß die betroffenen Politik- und Gewerkschaftsbereiche weithin nicht mehr in der Lage sind, allein aus eigener Kraft mit der sowjetkommunistischen Unterwanderung fertig zu werden, daß sie vielmehr massiven Drucks, nachhaltiger Unterstützung einer zu mobilisierenden Öffentlichkeit bedürfen.*

Um es für den wichtigsten, den gewerkschaftlichen Organisationsbereich sehr konkret und zugespitzt zu formulieren: H. O. Vetters selbstbewußt klingendes Postulat, die Auseinandersetzung mit den kommunistischen Gewerkschaftsstrategien müsse der DGB ohne Hilfe von außen »in eigener Verantwortung durchstehen« – s. S. 70! – *wird sich als Selbstüberschätzung erweisen*, damit nicht nur als Selbsttäuschung, sondern als – wenn auch ungewollte – Täuschung der Öffentlichkeit.

So schließen diese Analysen und Schlußfolgerungen mit einem dringenden Appell an eben diese demokratische Öffentlichkeit, *die Friedens- und Reformbewegungen* (-parteien, -gewerkschaften, -initiativen und Bildungsinstitutionen) *in dieser Auseinandersetzung nicht allein, nicht sich selbst zu überlassen, sondern wachsam, weitaus wachsamer zu werden und kritisch öffentlich einzugreifen.*

Das aber heißt vor allem:

Erstens: Demokratische Öffentlichkeit konstituiert sich auch, aber nicht primär in den »veröffentlichten Meinungen« der Medien, sondern vor allem *in der Informiertheit und Zivilcourage jedes Bürgers:* jedes Lehrers und Studenten, jedes Gewerkschafts- und Parteimitglieds, aller Eltern und jedes Mitglieds im Elternbeirat, in Jusogruppen – und vor allem in Friedensverbänden oder -Initiativen: die vorgestanzten »antifaschistischen«, »Abrüstungs-« und »Bündnis«-Parolen der Sowjetkommunisten und ihrer Mitläufer/Bündnispartner, ihre geflissentliche »Schonung« des sowjetkommunistischen Lagers bei aller Sozial- und Rüstungskritik *öffentlich bewußt zu machen und zurückzuweisen, ihre einäugigen Resolutionsentwürfe und organisatorischen Führungsansprüche zu verhindern und ihnen demokratische Alternativen entgegenzusetzen.*

Zweitens: Demokratische Öffentlichkeit konstituiert sich dann freilich in einem bei weitem aufmerksamer auszufüllenden Wächteramt der Presse und des Funks, was Aufklärung über sowjetkommunistische Ideologien und Einflußstrategien betrifft. Nichts getan ist hier mit antikommunistischen Allgemeinheiten oder gar Pauschalurteilen à la ZDF-Magazin, wobei schon jeder kritische (Sozial)-Demokrat, der, wie auch der Autor, die amerikanische Atomrüstungs-Strategie angreift, als Moskaufreund oder »nützlicher Idiot« eingestuft wird.

Was nottut, sind präzise Informationen über Einflußstrategien vor Ort in Betrieben, Jugendgruppen, (Hoch-)Schulen, Friedensinitiativen – wobei »präzise« heißt, den Leser – und die örtliche Öffentlichkeit – genau über die ideologischen Versatzstücke und die organisations- bzw. gremienpolitischen Tricks ins Bild zu setzen, die die Freunde des »antimonopolistischen Bündnisses« einzubringen versuchen. (Vgl. dazu das kleine Wörterbuch sowjetmarxistischer ideologischer Klischees im »Marsch der DKP ...« S. 125–134!)

Im Gegensatz also zur organisations- und speziell gewerkschaftsinternen Meinung, solche Kontroversen gehörten nicht auf den offenen Markt, das »nutze nur den Gegnern«, *ist der offene Markt der Medien das klassische Forum demokratischer Meinungs- und Willensbildung – um so lebenswichtiger, wenn in den Medien der Organisationen (vom »Vorwärts« bis zur »Welt der Arbeit«, um von den anderen hier nicht nochmals zu reden) die Schicksalsfrage kommunistischer Unterwanderung untern Teppich gekehrt wird.*

Nachträge

Seit der Fertigstellung des Buchmanuskripts sind noch einige Ereignisse und Informationen bekanntgeworden, die das in diesem Buch Analysierte in bedeutsamer Weise ergänzen und bestätigen. Um nicht eine völlige Neugestaltung des bereits vorliegenden Umbruchsatzes und damit eine Gefährdung des Erscheinungstermins zu verursachen, habe ich mich entschlossen, diese »letzten Meldungen« in Gestalt der folgenden Nachträge anzufügen; im jeweiligen Analysezusammenhang des Buches wird auf sie verwiesen.

Nachtrag 1: Sowjetkommunistisch orientierte DGB-Jugend-Mehrheit majorisiert Weltjugendtreffen des IBFG

Der Skandal auf der DGB-Jugendkonferenz 1977 (s. S. 36f.) wird möglicherweise noch in den Schatten gestellt durch die Art und Weise, wie eine wohlvorbereitete Mehrheit der westdeutschen Mammutdelegation (1000 von *insgesamt* 5000 Teilnehmern!) auf dem Weltjugendtreffen des (nichtkommunistischen) Internationalen Bundes Freier Gewerkschaften (IBFG) Ende August 1981 sowjetkommunistisch orientierte Friedens- und Abrüstungsparolen durchpeitschte. Georg Benz, der »rein zufällig«, auf Urlaub, auch am Tagungsort Sevilla weilte, wird danach seinen Protest gegen das »Gerede von der kommunistischen Unterwanderung« (vgl. S. 36) wohl kaum aufrechterhalten können. Unter maßgeblicher Beteiligung des IG-Metall-Bundesjugend-Sekretärs Horst Richter (unser »Rezensent«, vgl. S. 74) bewegte sich diese Mehrheit wie ein kommunistischer Elefant im Porzellanladen der nicht-sowjetkommunistischen Gewerkschaftsinternationale. Der Redakteur der »Einheit« (IG Bergbau), Norbert Römer, referierte und dokumentierte diesen neuen politischen Skandal (Einheit Nr. 18 v. 15. Sept. '81):

»Das 2. Weltjugendtreffen hatte noch nicht ganz begonnen, da gab es schon den ersten politischen Paukenschlag: IBFG-Generalsekretär Otto Kersten offenbarte zur Eröffnung, daß die kommunistische Regierung Polens 20 jungen Mitgliedern der neuen und unabhängigen Gewerkschaft »Solidarität« die Ausreise nach Sevilla verweigert hatte. Die Reaktion war unterschiedlich. Besonders bei deutschen Teilnehmern reichte sie von empörten Pfiffen bis hin zu Bravo-Rufen.

Kein Zweifel: Gängige Menschenrechtsverletzungen auf kommunistisch schlagen sich bei uns schon lange nicht mehr in eigentlich für Gewerkschafter selbstverständlichem Protest nieder. Auch bei diesem Treffen nicht. Im Gegenteil: Besonders viele Deutsche versuchten mit allen Mitteln jegliche Kritik an der Sowjetunion und/oder ihren Bündnisstaaten zu verhindern.

Diese Haltung wurde vor allem beim Thema *»Frieden und Abrüstung«* deutlich, das von der politisch einseitig eingestimmten Mehrheit der DGB-Jugend, die den weit überwiegenden Teil der Konferenzteilnehmer stellte, eindeutig bestimmt wurde. Diese sowohl die Arbeitsgruppen als auch die Konferenzen zu *»Frieden und Abrüstung«* beherrschende Mehrheit ignorierte nicht nur andere Auffassungen innerhalb der DGB-Jugend, sondern auch ihrer einseitigen Position entgegenstehende Meinungen anderer Nationen.

Eine Begründung für diese nur gegen die »Hochrüstungspolitik der USA« gerichtete Kritik lieferte der Bundesjugendsekretär der IG Metall, Horst Richter: ›Ich fühle mich von sowjetischen Mittelstreckenraketen nicht bedroht.‹ . . .«

Die Weigerung der Mehrheit der deutschen Teilnehmer, sich kritisch nicht nur gegen die Hochrüstungspolitik der NATO, sondern auch gegen die der UdSSR sowie gegen deren Interventionspolitik zu wenden, verhinderte, wie Norbert Römer referiert, die Erarbeitung einer »für die Delegationen aller Einzelgewerkschaften tragbaren und die vorhandenen unterschiedlichen Auffassungen in der Gewerkschaftsjugend berücksichtigenden Position. Dabei hatten sich vorher die Delegationsleiter nach mehrstündiger Diskussion einstimmig auf solch eine gemeinsame Position der DGB-Jugend geeinigt und ebenfalls einstimmig verabredet, in den Arbeitsgruppen und Konferenzen dies auch zu vertreten. Aber selbst der Satz, *›die in Osteuropa stationierten SS 20 sind eine Bedrohung‹*, fiel der dogmatischen Mehrheits-Zensur zum Opfer.

Dabei kam es zum endgültigen Bruch innerhalb der DGB-Jugend, als einige Delegationsleiter – unter ihnen Bundesjugendsekretäre und Landesbezirksjugendsekretäre – an genau dieser Stelle gegen die mit ihren Stimmen verabredete Position stimmten und trotz wie-

derholter Warnungen eine gemeinsame Position der DGB-Jugend verhinderten. Aus Protest verließen andere – unter ihnen IGBE-Teilnehmer – die Arbeitsgruppe.

IGBE-Jugendsekretär Udo Wichert: *›Es ist der Gipfel der Unverschämtheit, abends getroffene Absprachen am nächsten Morgen nicht mehr einzuhalten. Das lassen wir uns nicht bieten.‹*

Dagegen erklärte Horst Richter im Kreis der Delegationsleiter auf die wiederholte Frage, ob er denn zukünftig Absprachen auch nicht einhalten wolle: ›Darüber entscheide ich von Fall zu Fall.‹

Folgerichtig erklärte dann Bundesjugendsekretär Hanns Brauser, was er für einen solchen Fall bereits unmißverständlich angekündigt hatte: *›Jetzt gibt es keine gemeinsame Position der DGB-Jugend mehr.‹*

Auch auf der Abschlußkonferenz fehlte der Mehrheit im DGB jegliche Sensibilität für die Probleme und Interessen anderer Nationen ebenso wie die Toleranz als Grundlage einheitsgewerkschaftlichen Zusammenhalts. Dabei fiel auf, daß diese dogmatische Linie vor allem von hauptamtlichen Gewerkschaftssekretären vertreten wurde. Von IGBE-Jugendsekretär Udo Wichert eingebrachte Änderungsvorschläge . . . erhielten zwar neben internationaler Unterstützung auch die Zustimmung von Teilnehmern anderer Gewerkschaften, hatten aber gegen die sich vornehmlich aus deutschen Gewerkschaftern zusammensetzende Mehrheit keine Chance.«

Udo Wichert brachte »fünf Ergänzungsvorschläge zu der vorgelegten Erklärung ein. Ähnlich war auch ein Vorschlag der norwegischen Delegation. Auch die österreichische Gewerkschaftsjugend wollte Änderungen. Die Konferenzmehrheit lehnte alles ab. Hier die von Udo Wichert vorgetragenen Ergänzungsvorschläge:

- Der sowjetische Einmarsch in Afghanistan wird als Friedensgefährdung eingeschätzt.
- Auch sowjetische Mittelstreckenraketen wie SS 20 werden als Bedrohung für Westeuropa empfunden.
- Für Nordeuropa werden die SS-4- und SS-5-Rakten der Sowjetunion als atomare Bedrohung empfunden, weshalb Teile der Sowjetunion in eine atomwaffenfreie Zone in Nordeuropa einbezogen werden müssen.
- In der Unterstützung der Befreiungsbewegung in El Salvador und Afghanistan wird ein wichtiger Beitrag gegen das Hegemoniestreben der Supermächte gesehen.

● An den Präsidenten der USA und den Parteichef der KPDSU wird appelliert, alles dazu beizutragen, daß die nationale Integrität und Souveränität Polens gesichert bleibt.«

Mehrfach dokumentiert N. Römer, wie die – offensichtlich in großen Massen nach Spanien gebrachte und bereits eine Woche *vor* Konferenzbeginn in der Küstenstadt Huelva auf ihre »Linie« eingeschworene – sowjetkommunistisch orientierte Mehrheit der deutschen Delegation die sonst (solange man noch in der Minderheit ist!) so oft beschworene Gewerkschaftseinheit auf offenem internationalen Forum zuschanden werden ließ: »Ein fataler Höhepunkt: Der DGB-Bundesjugendsekretär Hanns Brauser wurde wegen seiner klaren Absage an politische Einseitigkeit von deutschen Teilnehmern in Spanien lauthals ausgepfiffen und ausgebuht.« In der Tat wird die deutsche Gewerkschaftsjugend durch solche Einäugigkeit einiger Kader zutiefst unglaubwürdig.

In seinem Kommentar (a. a. O. S. 2) beschreibt Römer die verheerende Wirkung, die das Durchregieren der DKP-Freunde zeitigte: »Das Gespenst eines deutschen Friedensimperialismus überschattete die Konferenz zu »Frieden und Abrüstung« beim Weltjugendtreffen in Sevilla . . . Allerdings schreckte es kaum; es verbreitete Frösteln, Abscheu – es erstickte Argumente, Meinungen, Empfindungen. Vor allem bei jungen Gewerkschaftern aus anderen Ländern. Sie resignierten vor so viel feindseligem Friedenswillen.

Die Friedensimperialisten in der deutschen Delegation gewannen ihren Krieg. Sie waren gut vorbereitet, emotional eingestimmt und organisierten die absolute Mehrheit. Sie . . . offenbarten urdeutsche ›Tugenden‹: Intoleranz und besserwisserische Arroganz. Sie klatschten und stimmten allen anderen rücksichtslos ihre politisch einseitige Position zu Frieden und Abrüstung auf.

Ihr Sieg bedeutete gleichzeitig eine Niederlage für die deutsche Gewerkschaftsjugend. Die Maßlosigkeit und politische Engstirnigkeit vieler und die eiskalte Kalkulation einiger ließen mühsam erworbenes internationales Ansehen des DGB und wiedergewonnenes Vertrauen in ihn . . . schwinden.«

Nachtrag 2: Erich Frister mußte Antikriegstags-Rede abbrechen

Daß der Vorsitzende der Lehrergewerkschaft zum Antikriegstag '81 in München auch den sowjetkommunistischen Friedenspropagandisten (vgl. S. 140ff.) einige bittere Wahrheiten sagen würde, mußte allen Beteiligten klar sein. Daß der organisierte sowjetkommunistische Einfluß (gelegentlich verstärkt durch Negativbündnisse mit linken Chaoten und Antireformisten) bei gewerkschaftlichen Kundgebungen aber inzwischen derart beherrschend werden kann, daß ein Gewerkschaftsvorsitzender sein Referat nicht mehr halten kann – dies ist eine neue Stufe der Eskalation gegenüber den Vorfällen bei der Vetter-Rede (vgl. S. 37). Die Süddeutsche Zeitung (v. 3. 9. '81) referierte präzise einige zentrale kritische Aussagen[1] Fristers sowie die – vorgeplante Terrorisierung des Referenten:

»Der DGB-Kreis München, der am Dienstagabend zusammen mit dem Landesbezirk Bayern im Circus-Krone-Bau den Antikriegstag veranstaltete, hatte bereits Tage vor dem Treffen von rund 2000 organisierten Arbeitnehmern davon Kenntnis, daß der Bundesvorsitzende der Gewerkschaft Erziehung und Wissenschaft (GEW), Erich Frister, bei seinem Referat gestört werden sollte ... Frister wurde zu Beginn seiner Ausführungen durch ein minutenlanges Pfeifkonzert und massive ›Nie wieder Krieg‹!-Rufe am Reden gehindert ...

Der GEW-Chef hatte vor dem erzwungenen Abbruch seines Referats, unter ersten Pfiffen und Buh-Rufen, die Anhänger von politischen Auffassungen kritisiert, ›die in ihrem Herrschaftsbereich zum 1. Mai ... ihre jungen Bürger mit reaktionärem preußischen Stechschritt dressieren‹ und das Fazit ›Gewalt wird nur durch Androhung von Gegengewalt verhindert‹ aus der bisherigen Geschichte gezogen. Gleichzeitig verurteilte der Redner die ›Fülle scheinheiliger Aktionen‹ in der Friedensbewegung.

---

[1] Man kann bestimmte Aussagen Fristers – insbesondere über Gewalt und Gegengewalt – durchaus ihrerseits kritisieren. Wer jedoch die Rede in ihrer Gesamtheit liest, muß ihr absolut nüchterne, rationale, gegenüber beiden Supermächten kritische Argumentation attestieren. Als blanke Demagogie ist daher die Bemerkung eines ebenfalls in München referierenden »Friedensforschers« Mechtersheimer zu bewerten, Frister habe »wie Goebbels« geredet.

Nach dem Satz ›Die Minderheit der Gewalttäter, die andere töten oder töten lassen wollen, muß durch wirkungsvolle Drohung mit der Vernichtung der eigenen Existenz in Schach gehalten werden‹, verhinderte ein fünfminütiges Pfeifkonzert den Fortgang des Referats.

Nach Ansicht des Münchner DGB-Vorsitzenden hätten die Störer des Antikriegstages, *die er überwiegend unter den anwesenden DKP-Mitgliedern ausmachte*... hinnehmen müssen, daß auch andere Ansichten als die ihren zu Wort kommen. ›CSU- und ebenso SPD-Anhänger müssen sich im DGB oft Dinge anhören, die ihnen nicht passen!‹ sagte Mittermüller.«

Nachtrag 3: Die Gewerkschaftlichen Monatshefte »verzichten auf eine Weiterführung der Debatte«

Wir haben oben auf die Verdienste der »Gewerkschaftlichen Monatshefte« bei der *allgemeinen* Erörterung sowjetmarxistischer Ideologien hingewiesen (S. 58 ff.).

Völlig versagt hat diese Zeitschrift, die immerhin als offizielles Diskussionsorgan des DGB deklariert wird, dagegen bislang bei der konkreten, offenen Dokumentation und Analyse *der schwerwiegenden innergewerkschaftlichen Auseinandersetzungen* um die sowjetkommunistischen Einflußstrategien und -erfolge. Ein Zeitgenosse, der heute oder in späteren Jahren über diese immerhin existentiellen, vielleicht in noch weitaus krisenhaftere Prozesse einmündenden Kontroversen in und zwischen den Gewerkschaften sich informieren möchte, wird in der wichtigsten gewerkschaftlichen Zeitschrift *in vier ereignisreichen Jahren (1978–81)* so gut wie nichts Konkretes finden. Gespenstisch: als wäre nichts je passiert von alldem, was an alarmierenden Fakten und Diskussionen seit 1977 vorliegt. Das Wichtigste ist hier – S. 35–56 – noch einmal zusammenfassend referiert, aber bereits vor einem Jahr, im »Marsch der DKP...«, eingehend dokumentiert worden. Auch dieses Buch löste in den Gewerkschaften, wie aufgezeigt, heftig-kontroverse Reaktionen aus. Aber mit Totschweigen wird auch diese in der ganzen Bundesrepublik diskutierte, von allen größeren Medien (außer dem »Vorwärts« und der »Frankfurter Rundschau«) besprochene Publikation übergangen, die eine Schicksalsfrage der deutschen Gewerkschaftsentwicklung zur Debatte stellt. Auf meine Anfrage schrieb mir der Chefredakteur, Hans Hemmer am 5. 8. 81: »Da ich der Meinung bin, daß die bisherigen Beiträge in den ›Monatsheften‹ zu diesen Themenbereichen die solidesten und fundiertesten Informationen und Meinungen in der notwendigen Auseinandersetzung bieten, möchte ich zur Zeit auf eine Weiterführung der Debatte verzichten – zumal ich keine Aspekte sehe, die bei uns nicht schon angesprochen gewesen wären. Natürlich werden wir die Problematik nicht aus den Augen lassen und auf neue Gesichtspunkte jederzeit eingehen.«

Wahr ist, daß von den konkreten organisationsinternen »Aspekten« kein einziger in den GM angesprochen wurde. Aber dem Kollegen Hemmer ist solches Ausweichmanöver nur bedingt zur Last zu legen. Denn er ist schließlich weisungsgebunden an den Herausgeber, den DGB-Vorsitzenden Vetter. Und so gilt von den GM, was auch vom DGB-Vorsitzenden gilt, wie oben gezeigt (66ff.): Flagge zeigen, aber nicht zu sehr.

Nachtrag 4: General Bastians Verdienst und sein tragisches politisches Harakiri

Die in der Friedensbewegung (S. 141ff.) aufgezeigte Zerstörung eines guten, ja lebenswichtigen politischen Engagements durch die sowjetkommunistische Unterwanderung trifft in geradezu tragischer Weise auf das Engagement Gert Bastians zu. Der wegen seiner Kritik an der Atomwaffen-Strategie der NATO vorzeitig pensionierte General verdient die ausdrückliche Anerkennung und Sympathie aller um die Rettung des Friedens in Europa mit Recht zutiefst besorgten Menschen: Was Friedensforscher wie v. Weizsäcker, Afheldt, Vilmar[1] Anfang der siebziger Jahre nur kleinen Minderheiten klarmachen konnten, ist durch die Hochrüstungspolitik der Sowjetunion und der USA, aber speziell auch durch die spektakuläre Kritik des Generals Bastian endlich in die

---

[1] In der Arbeit (mit W. Möller) »Sozialistische Friedenspolitik für Europa«, Reinbek 1972 habe ich bereits vor einem Jahrzehnt, auf zahlreiche Analysen gestützt, das im »Ernstfall« tödliche Sicherheitsrisiko der NATO-Strategie der »flexible response« dargestellt und Vorschläge für ein alternatives Verteidigungskonzept formuliert.

breite politische Diskussion gekommen: daß man mit der von den USA uns aufgezwungenen – durch die gewaltige sowjetische Mittelstreckenraketen-Rüstung aber später »akzeptierte« – Strategie der »flexiblen Reaktion«, d.h. der abgestuften atomaren Vergeltungsschläge im Falle eines nicht anders »abzuwehrenden« sowjetischen Angriffs, im »Ernstfall« in Europa unsere gesamte zivilisatorische Existenz vernichtet – und daß *gleichzeitig* die vielbeschworene nukleare Abschreckungswirkung nicht verbessert, sondern vermindert wird, da ein solcher *zunächst* außerhalb der eigenen Grenzen geführter »kleiner« Atomkrieg den Supermächten eher riskierbar erscheinen kann.

Aller Respekt also gebührt Gert Bastian dafür, daß er unter Aufopferung seiner Karriere geholfen hat, vor dieser Strategie des europäischen kollektiven Selbstmords öffentlich zu warnen. Um so unerbittlicher freilich muß man ihm nun den Vorwurf machen, durch unentschuldbare politische Instinktlosigkeit *seine wichtige, kaum ersetzbare Rolle als kompetenter militärischer Kronzeuge in der Friedensbewegung verspielt zu haben: durch organisatorische, ideologische und publizistische Liaison mit den Sowjetkommunisten.*

Wer sich als ein Hauptinitiator der von dem Kommunisten Josef Weber organisierten »Krefelder Initiative« herausstellen läßt – wer deren »Krefelder Appell« mitverantwortet, in dem die Mitschuld der sowjetischen SS 20-Raketen-Hochrüstung am gegenwärtigen neuen atomaren Rüstungswettlauf[1] demagogisch unterschlagen wird – wer, um das Maß voll zu machen, seine (für uns alle wichtigen) Schriften – die einer der angesehenen sozialkritisch orientierten Verlage sofort zur Publikation übernommen hätte! – bei dem sattsam bekannten sowjetkommunistischen Millionär und Winkelverleger Klaus Hübotter und in den sowjetmar-

---

[1] In den vielen so schrecklich nutzlosen, weil unglaubwürdigen Briefen, die Gert Bastian nun herumschickt, um gegen den Vorwurf der kommunistischen Steuerung des »Krefelder Appells« anzukämpfen, wiederholt er auch immer wieder das militärisch so richtige, politisch aber so falsche Argument, daß trotz der SS 20-Raketen »keine zur ›Nachrüstung‹ zwingende Unterlegenheit des Westens besteht«, wenn man »einen Kräftevergleich auf alle von Ost und West bereitgehaltenen ›Nuklearkräfte in und für Europa‹ ausdehnt«. Bastian »vergißt« dabei nur, daß diese rüstungs*statistische* Richtigkeit rüstungs*politischer* Unsinn ist, da sie die *politische* Provokation nicht vom Tisch bringt, die die – ebenso »unnötige« – sowjetische Hochrüstung mit zahlenmäßig dem Westen weit überlegenen, sehr schlagkräftigen Mittelstreckenwaffen darstellt.

xistisch gesteuerten »Blättern f. dt. u. intern. Politik« (9/81) erscheinen läßt: der manövriert sich selbst auf eine fast tragische, aber *auch auf schuldhafte Weise* ins politische Abseits; denn soviel politische Naivität darf sich selbst der Unerfahrenste nicht zugute halten lassen, wenn er ein für die Friedensbewegung so wichtiger Kronzeuge ist. Oder war.

Nachtrag 5: Sowjetkommunistisch orientierte »antifaschistische« Stadtrundfahrten des Landesjugendringes Berlin

Sowjetkommunistischer Einfluß reduziert sich in der Berliner politischen Jugendarbeit offenbar nicht auf die zur Zeit (noch) vorherrschenden Juso-Führungs-Kader (vgl. S. 153 ff.). Am 12. März nahm der Leiter einer Berliner Oberschule, H.-J. Ebert, an einer *»Stadtrundfahrt zu den Stätten der Arbeiterbewegung, des Faschismus und des Widerstandes«* teil, die der Landesjugendring Berlin regelmäßig durchführt. Am folgenden Tag schrieb er aufgrund seiner Rundfahrt-Erfahrungen folgenden kritischen Brief an den LJR:

»Das Programm war so einseitig, prokommunistisch, daß es zwar unverändert von der FDJ übernommen werden könnte, von einem zur Ausgewogenheit verpflichteten Lehrer, der als Beamter jederzeit für die freiheitlich demokratische Grundordnung einzutreten hat, auf keinen Fall aber Schülern während der Unterrichtszeit zugemutet werden darf.

Am Reichstag wurde nicht auf die Kreuze zum Gedenken an die dort von DDR-Kommunisten erschossenen Arbeiter hingewiesen, am Brandenburger Tor nicht auf den dort von Vopos erschossenen Falken Scheunemann, am Checkpoint Charly nicht auf das Peter-Fechter-Denkmal, in der Wilhelmstraße am Haus der Ministerien nicht auf den Widerstand, der dort am 17. Juni 1953 dem SED-Regime von der Berliner Arbeiterschaft geleistet wurde, in der Joachimstaler Straße nicht auf die Gedenktafel für den dort verstorbenen ersten deutschen Reichspräsidenten, der vorher SPD-Vorsitzender war, auf dem John-F.-Kennedy-Platz und dem Platz der Republik nicht auf die gewaltigen Demonstrationen, die von den Gewerkschaften und den Parteien, z. B. mit dem Arbeiterführer und SPD-Vertreter Ernst Reuter als Redner veranstaltet wurden, als die Freiheit Berlins von den Kommunisten mit der Blockade und dem Chruschtschow-Ultimatum bedroht wurde. Zeit war während der Rundfahrt ausreichend vorhanden. Sie wurde mit kommunistischen Lobliedern auf Lenin und den Kampf der Kommunisten gegen die SPD und die Weimarer Republik vertan.

Es wurde wahrheitswidrig behauptet, daß die Kommunisten immer und entschieden die Nazis bekämpft haben. Verschwiegen wurde, daß vom Hitler-Stalin-Pakt im August 1939 bis zum Überfall auf die Sowjetunion diese und die Kommunisten hier die Nazis im Krieg gegen die Westmächte mit riesigen Lieferungen unterstützten.

Die Stamokapthesen über die Beherrschung der Bundesrepublik Deutschland durch die Konzerne, die schon die Naziherrschaft herbeigeführt haben, die Hetze gegen die Bundeswehr und die Verteidigungsanstrengungen der demokratischen Staaten in der NATO und viele andere, ständig wiederholte Agitpropfloskeln waren Programmbestandteil.

So machen sie den notwendigen Kampf gegen die NS-Ideologie und alle anderen extremen Verfassungsfeinde unglaubwürdig.«

Die Bildungsreferentin des Landesjugendrings antwortete Ebert am 23. 3. '81, indem sie fälschlich die Thematik der Stadtrundfahrten auf die »Entstehungsbedingungen des Faschismus« einengte und im übrigen keinen der Vorwürfe Eberts zu entkräften vermochte: »Die Teilnehmer sollen ausdrücklich auf Plätze, Gebäude und Orte hingewiesen werden, an denen sie mehr oder weniger häufig vorbeikommen oder die ihnen aus dem Stadtbild ein Begriff sind. Dabei wird insbesondere darauf eingegangen, welche Rolle sie in der *Zeit des Faschismus gespielt haben.* Oberstes Ziel bei diesen Stadtrundfahrten ist es, ein Bewußtsein über antifaschistische Traditionen der Berliner Bevölkerung zu wekken, bzw. zu wahren. Darüber hinaus soll die Notwendigkeit einer ständigen Wachsamkeit gegenüber neofaschistischen Bestrebungen jetzt und für die Zukunft deutlich werden.

Die Leiden des deutschen Volkes unter der Nazi-Zeit sind für den Landesjugendring Anlaß, nach dem Schwur Nie wieder Krieg – nie wieder Faschismus zu handeln. Dazu gehört ein geschlossenes Handeln aller Antifaschisten. Wir wissen, welche bitteren Konsequenzen die Zerrissenheit der Arbeiterbewegung damals hatte. Deshalb lehnen wir heute einen Antikommunismus ab, der zur Propagierung von ›kalten Kriegs- und Konfrontationsdenken‹ genutzt wird. Statt dessen setzt sich der Landesjugendring für eine aktive Friedens- und Entspannungspolitik sowie für beiderseitige Abrüstung ein.«

Ebert antwortete daher am 25. 3.: »Ihr Brief enthält mehrere falsche Behauptungen und keinerlei Begründung, wieso die von mir aufgezählten Stätten der Arbeiterbewegung und des Widerstandes während der Fahrt nicht gewürdigt werden. Meine Liste läßt sich verlängern. Wenn der Bus vor dem Fenster des Reichstages hält, wo ein Führer der Arbeiterbewegung, Scheidemann, am 9. 11. 18 die Deutsche Republik ausgerufen hat, ist das erwähnenswert, auch wenn er der SPD und nicht der KPD angehörte. Wenn der Bus am Grundstück des Vorwärtsgebäudes der SPD vorbeifährt, das während des Spartakistenaufstandes von den Kommunisten besetzt und auf Befehl des SPD-Ministers Noske nach Artilleriebeschuß geräumt wurde, ist das wichtiger als ein Kommunistensong von der Kassette.

Wenn die Ursachen des Zweiten Weltkrieges erklärt werden sollen, müßten an der Stelle, wo Molotow von Hitler nach dem gemeinsamen Überfall auf Polen mit SS-Ehrenformation empfangen wurde, Erläuterungen zum kommunistisch-nazistischen Bündnis gegeben werden.

Falsch ist Ihre Behauptung von der angeblichen Beschränkung auf die Zeit des »Faschismus« . . . Der erste Stopp findet vor der Luxemburg/Liebknecht-Gedenktafel statt. Sie haben nicht den Nationalsozialismus, sondern die parlamentarische Demokratie der Weimarer Republik, die Wahlen zur Nationalversammlung am 19. 1. 19 und die rechtmäßige Regierung (Rat der Volksbeauftragten) unter dem SPD-Vorsitzenden Friedrich Ebert bekämpft, obwohl der Reichskongreß der Arbeiter- und Soldatenräte mit 400 Stimmen für den SPD-Antrag auf parlamentarisches Mehrparteiensystem und Nationalratswahlen und nur mit 50 Stimmen für das von den Spartakisten (= Kommunisten) geforderte Rätesystem gestimmt hatte.

Auch die skurrile Erklärung der Siegessäule, sie sei zur Erinnerung an die Generäle errichtet worden, die 1870/71 viele tausend deutsche und französische Soldaten ermordet haben, beweist, daß nicht nur die NS-Zeit behandelt werden sollte. In Ihrem Programm ist die Station Gedenk- und Bildungsstätte Stauffenberg angekündigt. Dort wurde nicht Station gemacht. Im Vorüberfahren wurde gesagt, das seien einige Generäle gewesen, die die NS-durch eine Militärdiktatur ersetzen wollten. Die daran beteiligten Vertreter der Arbeiterschaft, z. B. Leber, und andere Demokraten wurden nicht gewürdigt.

Am Wedding wird zum »Blutmai« erklärt, dort hätten die Arbeiter gegen die Faschisten gekämpft. In Wirklichkeit kämpften dort bewaffnete Kommunisten gegen die SPD-Stadtverwaltung und die preußische SPD-Regierung unter Braun. Die Kommunisten werden, wie schon früher, mit der Arbeiterschaft, die SPD mit den Faschisten gleichgesetzt.

Wie in der Stauffenbergstraße wird auch am jüdischen Gemeindezentrum verfahren, keine Station, nur kurze Erwähnung mit einem Satz, lange nachdem der Bus vorbeigefahren ist.

Von einer beiderseitigen Abrüstung war nie die Rede. Es wird nur gegen die Abwehrwaffen der Bundeswehr und die Nachrüstung polemisiert. Nur der KPdSU-Standpunkt wurde vorgetragen . . .«

Nachtrag 6: Die Labour Party auf dem Wege zum »breiten« sozialistisch-kommunistischen Bündnis?

Oben (S. 171 ff.) bin ich noch von der Hypothese ausgegangen, daß die z. Z. in der Labour Party durchregierenden extrem linken Kräfte nicht primär dem orthodox-kommunistischen Lager zuzurechnen sind. Die im folgenden von Edwin Roth dokumentierten Auseinandersetzungen (Tagesspiegel v. 10. Sept. '81) lassen dagegen Zweifel aufkommen: »Dennis Healey, ehemaliger Schatzkanzler und ehemaliger Verteidigungsminister, sagte dieser Tage: »Es gibt Grund zu größter Sorge, daß jetzt ein Teil der Labour Party bereit ist, mit den von ihr als ›Die Breite Linke‹ bezeichneten Leuten zusammenzuarbeiten, um ihre Ziele innerhalb der Labour Party zu erreichen. In dieser sogenannten ›Breiten Linken‹ sind Leute, die ganz offen eine gewaltsame Revolution als Mittel der Gesellschaftsveränderung fordern, nämlich die trotzkistische ›Sozialistische Arbeiterpartei‹ und die Kommunistische Partei. Dieser Teil der Labour Party begrüßt in ihrem internen Kampf innerhalb der Partei die Unterstützung von Leuten, die nicht in der Labour Party sind und die tatsächlich gegen die Labour Party kämpfen. Dies kann nicht geduldet werden.«

Was Healey in dieser Erklärung sorgfältig umschrieb, ist, daß sich Trotzkisten und Kommunisten in der Labour Party festgesetzt haben, und daß diese sogenannte »Breite Linke« die Labour Party von innen heraus erobert. Doch Healey will nicht Labour Party-Mitglieder als Trotzkisten oder Kommunisten bezeichnen – jedenfalls vorläufig nicht. Daher seine sorgfältige Umschreibung.

Der 68jährige linkssozialistische Labour-Parteiführer Michael Foot griff in seiner Rede vor dem Jahreskongreß des Gewerkschaftsbundes in der nordenglischen Stadt Blackpool Wedgwood Benn äußerst scharf an ... In seinem Angriff auf Wedgwood Benn verteidigte Foot leidenschaftlich die politische Freiheit und Unabhängigkeit aller Labour-Abgeordneten im Unterhaus. Foot sagte, er selbst habe während seiner gesamten Laufbahn als Labour-Abgeordneter seit 1945 diese politische Freiheit, seine eigenen Überzeugungen öffentlich auszudrücken und nach seiner eigenen Überzeugung zu stimmen, immer voll ausgenützt und er selbst werde immer dafür kämpfen, daß auch in Zukunft jeder Labour-Abgeordnete im Unterhaus sowie auch außerhalb des Unterhauses diese persönliche politische Freiheit haben muß ...

Wedgwood Benn und seine Anhänger stehen auf dem Standpunkt, daß alle Labour-Abgeordneten des Unterhauses nur noch so abstimmen und sich öffentlich nur noch so äußern dürfen, wie es ihnen vom jährlichen Parteitag, vom Nationalen Parteivorstand und von den lokalen Gremien in ihren Wahlkreisen auferlegt wird.«

Robert
Graham

Iran

Die Illusion der Macht

Mit einer Einführung
von Peter Scholl-Latour

Ullstein Buch 34503

das aktuelle
Ullstein Buch

Mit diesem Buch legt der international renommierte Korrespondent der »Financial Times«, Robert Graham, ein Resümee der jüngsten Entwicklung in Persien vor. Der Autor präsentiert bisher unbekanntes Material und stützt sich auf Originalquellen, eigene Kontakte und Recherchen.